大
方
sight

闲谈,沉睡的访谈
马蒂斯访谈录

ΔGORΔ

法兰西文艺访谈录系列
张博 主编

[法] 亨利·马蒂斯 / 皮埃尔·库尔蒂翁 著
张慧 译 / 张博 校

HENRI MATISSE
BAVARDAGES,
LES ENTRETIENS ÉGARÉS

中信出版集团｜北京

图书在版编目（CIP）数据

闲谈，沉睡的访谈：马蒂斯访谈录 /（法）亨利·
马蒂斯，（法）皮埃尔·库尔蒂翁著；张慧译 . -- 北京：
中信出版社，2024.1
（法兰西文艺访谈录）
书名原文：Bavardages: les entretiens égarés
ISBN 978-7-5217-6050-7

I. ①闲… II. ①亨… ②皮… ③张… III. ①马蒂斯
(Matisse, Henri 1869-1954) －访问记 IV.
① K835.655.72

中国国家版本馆 CIP 数据核字 (2023) 第 197675 号

闲谈，沉睡的访谈：马蒂斯访谈录
著者： ［法］亨利·马蒂斯 ［法］皮埃尔·库尔蒂翁
译者： 张 慧
出版发行：中信出版集团股份有限公司
　　　　　（北京市朝阳区东三环北路 27 号嘉铭中心　邮编　100020）
承印者： 河北鹏润印刷有限公司

开本：880mm×1230mm　1/32　　　印张：11.5
字数：228 千字　　　　　　　　　　插页：16
版次：2024 年 1 月第 1 版　　　　　印次：2024 年 1 月第 1 次印刷
书号：ISBN 978-7-5217-6050-7
　　　　　　　　　　　定价：65.00 元

总序
露天广场中的对话

　　对话，是古希腊文化的核心要素之一，从苏格拉底开始，对话便成为古希腊人逻辑思辨、去伪存真的根本手段。古希腊的整个公民社会，也都建立在对话的基础之上，对话由此成为希腊精神的活力之源。而古希腊公民畅所欲言之所，便是雅典的露天广场，人们在那里讨论政治、经济、文化、宗教等各类话题。人人各抒己见、据理力争，并最终达成共识、形成决议。露天广场是城邦社会政治秩序的最佳体现，并由此成为公共空间的经典象征。这一传统也被古罗马人继承了下来，如今罗马城中宽阔静谧的广场遗迹，依然能令人怀想起昔年人声鼎沸时的激昂活力。在古希腊语中，露天广场被称作"ἀγορά"（转写作 agorá）。在法语、英语、西班牙语、意大利语等诸多欧洲语言中，"agora"一词得到了普遍沿用。至于在拉丁语中，这种集会广场则被命名为"forum"，这个词发展到今天，常常用来表示"论坛、研讨会、座谈会"，其中依然可以看到对话精神的遗存。

今天，之所以用"agora"作为总题编订一套全新的丛书，立意便在于，以露天广场为象征，构建一个畅所欲言的交流空间，让不同的声音都能在此拥有一席之地，以古希腊式的对话精神开启一场自由的精神历险。在丛书的第一辑中，我选择了六本对话录，它们分别是：

《即兴记忆：克洛岱尔访谈录》

《闲谈，沉睡的访谈：马蒂斯访谈录》

《我的真相：柯莱特访谈录》

《爆破边界：杜尚访谈录》

《不屈的历险：布勒东访谈录》

《孤独与团结：加缪访谈录》

六本访谈录，六位受访对象。无一不是法国现代文艺界的扛鼎人物。具体而言，克洛岱尔身兼作家与外交官的双重身份，晚清时曾在中国工作过十五年，诗歌及戏剧创作也在法国名噪一时；马蒂斯作为野兽派的代表，为绘画的色彩、构图、线条使用带来了巨大的突破，再一次激发了绘画的生命力；柯莱特，波伏娃之前法国文坛最有分量的女作家，她我行我素的生活与独树一帜的创作早已成为独立女性的最佳表征；杜尚，艺术史中最惊人的颠覆者，用独属于他的方式突破视网膜霸权，打开了全新的艺术空间；布勒东，超现实主义的"教皇"，一手引领着这个 20 世纪上半叶最具活力的文艺思潮；加缪，荒诞世界中的反抗者，在严寒中寻找一条通向阳光与生命的道路。每一本访谈背后，都跃动着独一无二的鲜活人生，以对话体的方式直抒胸臆地呈现着他们的所思所感，体现着各自鲜明的性格特征。

　　与此同时，各本访谈之间同样可以形成隐秘的对话。杜尚承认，他之所以在年轻时走上艺术道路，观看马蒂斯的画作起到了至关重要的作用。谈起自己在朱利安学院求学的往事时，杜尚说自己总是"去打台球而不是去画室"，但并没有交代其中的因由，令读者感觉此人颇为疏狂散漫。而马蒂斯在访谈中恰好详细回忆了他在朱利安学院的求学经历，他毫不留情地指出："在朱利安学院，我面前都是一些表现裸体男性或女性的绘画，手法完美，却空洞无物，完完全全、彻彻底底的空洞无物——只有一套程序而已。我觉得自己没有任何理由去画这些东西。为了做出这些东西，我看不出自己能够跨出第一步。"马蒂斯的论述，为我们填补了杜尚没有说出的内容，让我们理解了他去打台球的真实原因。杜尚在访谈中数十次提及好友布勒东，甚至颇为傲娇地说道："我不明白布勒东为什么不联系我……只要他能够努力迈出一步，我就会立刻回应。"令人忍俊不禁。而在布勒东的访谈中，杜尚也是被他频繁引述的艺术家之典范。这些对话见证了一段友谊。谈到与自己发生龃龉的加缪时，布勒东会说："尽管我们近来有所争执，但我还是得说，回过头来看，阿尔贝·加缪当时在《战斗报》上发表的那些文章是多么振聋发聩、直击人心。"而在加缪看来："我恐怕我们这些作家之间的争吵并没有那么重要……当一个具体时机来临之际，他们将再一次被迫集合。那么他们之间的差异还有什么大不了呢？我们并不要求他们相爱——他们常常并不可爱。我们要求他们坚持下去。而且，正是利用各种差异，人类才创造出一个世界。"类似的穿插使得这些访谈形成了一个更广阔的互文网络，构筑出一个相对立体的法国文艺广场。

这六位人物，也许大多数可以从某种角度被定义为"先锋派"。马蒂斯是先锋派，用他的笔触改变了绘画的基本范式；杜尚是先锋派，用小便池等现成品彻底粉碎了艺术的界限，从观念角度开启了艺术创作的全新维度；布勒东是先锋派，他以超现实主义为依托深入潜意识和梦境，发掘出前所未有的美学空间；加缪是先锋派，他靠果决的勇气直面荒诞并予以抵抗，在最高价值自行贬黜的虚无年代重建人类生存的根基；柯莱特是先锋派，她打破偏见和歧视，勇敢地在作品封面署上自己的真名，毫无顾忌地表达自我。与他们相比，克洛岱尔更像一个保守派，他在一个世俗化大兴的时代笃信天主教，对超现实主义等新思潮嗤之以鼻，但是，他强烈的感受力与创造力并没有因此受到丝毫妨害，反而结出了独树一帜的果实，足以与其他几位抗衡。而在这几位先锋派之间，也未必不存在分歧。这正是露天广场的意义，这里没有一家独大，只有众声喧哗，百家争鸣。

丛书的立项与出版得到了中信出版·大方的鼎力支持与密切配合，在此要向总经理蔡欣女士和文学顾问赵松先生致谢。为了译好这套丛书，我选择了一个虽然年轻但学术扎实的翻译团队：杜尚是郑毅博士阶段的研究对象；布勒东则是尉光吉长期关注的学术重心；张慧在法国研习艺术史，对马蒂斯颇为熟稔；王子童在巴黎高等师范学院研究女性写作，与柯莱特也有重合之处。作为主编，我负责译介克洛岱尔和加缪的访谈，并为柯莱特和布勒东的访谈添加了注解，交代人物信息、历史背景等，方便读者理解文意。对于全部译稿，我一一对照原文逐字逐句进行了修订并与译者进行了细致的探讨，力图完整呈现原作中的文意与语气，把杜尚的戏谑、布勒东的严肃等原汁原味地引荐给中国读者。具体效果如何，还要交由读者判断。

最后，衷心希望读者们能够在露天广场中的这场对话里获得愉悦而丰沛的阅读体验，感受这六位法国文艺大师绝伦的创造精神。

张博

2022 年 7 月 14 日写于南京

中译序：何止"闲谈"？

1941 年 4 月，72 岁高龄的马蒂斯刚刚接受完一场重大外科手术，险些被疾病夺去生命。彼时，瑞士艺术批评家皮埃尔·库尔蒂翁应艺术出版商阿尔贝·斯基拉之邀，一同前往马蒂斯位于里昂的疗养院探望。逃出病魔手掌的画家与他们相谈甚欢。两位访客顺势提议趁马蒂斯休养期间进行一次谈话，谈话内容将会由斯基拉负责出版并由马蒂斯亲自创作插图。于是，自 1941 年 4 月起，从里昂到尼斯，库尔蒂翁与马蒂斯进行了多场谈话，文本也经过了数次修改，即将付梓。令人意外的是，马蒂斯却在 1941 年 8 月决定终止出版计划，并要求收回所有文稿。他态度坚决，甚至临终前还不忘叮嘱儿子谨防谈话文本留世。幸运的是，库尔蒂翁保留了一份待印刷版本，并随自身档案一并存放在了美国盖蒂研究所。多年来，这篇谈话一直沉睡于盖蒂研究所库尔蒂翁的档案袋内，仅为部分相关学者所知，直到温哥华不列颠哥伦比亚大学艺术史教授塞尔日·基博在该档案馆查询资料时，才意外发现。在基博的积极推动以及马蒂斯家人的支持下，盖蒂出版社于 2013 年出版了本书的英文版，书名为《与亨利·马蒂斯闲聊：遗失的 1941 年访谈》(*Chatting with Henri Matisse — The Lost 1941 Interview*)。法文版，亦即谈话的原语言版本则在四年之后以《闲谈，沉睡的访谈》(*Bavardages: les entretiens égarés*) 为名在阿尔贝·斯基拉创立的斯基拉出版社出版，算是弥补了斯基拉当年的心愿。至此，这篇尘封七十余年的文稿终于得以与读者见面。

该书法文标题中的"bavardage"一词，指长时间随意地（不拘礼节地）闲谈。该书的英文版标题也选用了轻松随意的"chat"一词。无论是"chat"还是"bavardage"，无疑都强调了这并非一次正式的"访谈"，而是不那么正式和严肃的一次"聊天"。一方面，这源于马蒂斯接受邀约时对该谈话的定性：出于画家的身份，他认为"造型是无法被描述的。我们无法用词语来创造一种等价物"。另一方面，这也是他放弃本次谈话的原因之一，因为在马蒂斯看来，最后经过库尔蒂翁之手编辑过的文本没有保留谈话的鲜活与生动。以马蒂斯的谦逊性格，他并不想呈现"倨傲的精英主义艺术家"形象，向世人兜售自己的人生经历，或展现出一种功成名就的艺术家姿态，向后辈们谆谆教导自身的成功经验。虽然在《关于艺术的写作与话语》[1]一书中，我们已经可以通过马蒂斯的文字贴近画家的艺术与人格，并感受其作为艺评家的恳切与精湛。不过，1941年马蒂斯与死神擦肩而过后完成的这篇"闲谈"仍然弥足珍贵：它不仅是一位艺术家对自身艺术的一次自我剖析式的坦诚相告，更是画家在死里逃生后对过往人生的一次深情回望与总结，也由于马蒂斯精准的记忆、惊人的感受力以及确切的语言表达而更显难得。如果说"闲谈"勾勒了马蒂斯的一幅肖像，那它一定是真挚、赤诚、热烈、质朴的，漫溢着生命能量与希望，正如其画作所带给观众的体验。因此，相比题目刻意营造的轻松随意，这份"闲谈"的意义其实要重大得多。

一、作为个人传记的"深谈"

纵观整篇访谈，它几乎相当于一部马蒂斯自传：从法律转向艺术的经过，在居斯塔夫·莫罗画室的学习岁月，生涯早年阶段的困苦时光，青年时期的苦中作乐，巴黎工作室

1　Henri Matisse, *Écrits et propos sur l'art*. 该书首次出版于1972年，其中收录了马蒂斯1908年至1953年间撰写的全部文章以及与朋友之间的往来通信等文字资料。

的数次变更，早期为画作寻找买家的各种尝试，以及第一次在巴黎的展览，野兽派诞生的缘起，与俄罗斯芭蕾舞团的跨界合作，与美国艺术界的接触，还有一生中多次影响了自己绘画风格转向的重要旅行，艺术家生涯的各种机遇转折与挫折，等等。马蒂斯是为数不多创作生涯漫长并且不断创新、不断超越自我，而且几乎在每个阶段均具有前瞻性的艺术家。他漫长的人生岁月见证了现代艺术的兴起、胜利、繁荣以及向当代艺术迈进的初期阶段，见证了多国艺术家齐聚巴黎共同推动现代艺术发展以及巴黎成为世界艺术中心的黄金时代，也同样见证了两次世界大战之后世界秩序与艺术秩序的轮转以及众星的升起和隐落。马蒂斯在言谈之中为我们平铺了一幅幅鲜活画卷，不仅勾勒了其中的诸多起伏，还为此填充了无数饶有兴味的细节。

在马蒂斯开始学习绘画的19世纪末，学院派的教育仍然受到尊崇。在学院的正统教育中，盛行一套选拔严苛的教学方式：基于素描与人体写生，以历史题材为重，把赢得罗马大奖视为终极目标。但彼时，随着管状颜料的发明以及光学理论的日新月异，大批画家开始户外写生并冲破绘画题材的等级划分，传统的美院体制开始面临巨大冲击。印象派便在此背景下应运而生。从外省来到巴黎的马蒂斯并没有考取美院，而是在获得美院教师居斯塔夫·莫罗的同意后，进入巴黎美院画室与其他学生一起工作。在画室中，我们看到马蒂斯等一些年轻人与美院"老古董"之间的对峙，而学生之间也分化为固守学院系统与规则、积极备战罗马大奖的传统阵营以及希望摆脱传统古典油画的新兴阵营。后者虽然也照着人体模特练习素描、临摹古典雕塑，去卢浮宫临摹大师原作，但他们会将目光更多地投向室外与街头，并试图寻求新的绘画方式，革新传统的绘画语言。

20世纪初的欧洲随着市场的兴起，也出现了能够支持艺术家创新的环境。官方沙龙以及官方赞助者不再成为画家事业的唯一出路，随着各类私人沙龙的举办、画廊的开设以及藏家群体的扩展和多元化，艺术家的展示机会增多，售画通道变广，成为职业艺术家的可能性也在大大增加。这反过来助推了众多新兴艺术流派的涌现。同时，随着世界博览会以及相关艺术沙龙的出现，各国艺术家有了向国际社会展示作品的窗口，艺术家的国际化与作品的世界流通成为趋势。巴黎与伦敦成为艺术市场之都，柏林、慕尼黑、维也纳、布鲁塞尔也成为艺术交易的重镇。而远在大西洋彼岸的美国也开始成为现代艺术的舞台。在此期间，艺术家与藏家、画廊主之间的周旋与博弈精彩纷呈。

19世纪与20世纪上半叶见证了法国艺术的黄金时代。作为现代艺术的兴起之地，我们在此看到了印象派等各个现代主义流派轮番登场。与此同时，来自世界各地的画家纷纷来到巴黎求学或工作，他们共同推动了现代主义的兴盛。马蒂斯便是这片璀璨夜空的集体创造者之一，但无疑也是那最闪耀的星辰之一。就在这场访谈进行之际，在二战爆发的影响下，一大批欧洲艺术家为逃离战争而迁往美国，世界艺术的中心也因此悄悄向纽约移动，并随着二战结束，开启了美国艺术的时代。

这篇访谈的弥足珍贵之处在于，马蒂斯以自己的画家之眼、之心、之感受，凭借几十年的绘画经验，向当时的听众、如今的读者们交付了最为真切、深刻也最为敏锐鲜活的绘画体验。他将至为纤细的感受、得心应手的技艺以及作为职业画家遇到的迷惘和盘托出，不失为一场酣畅淋漓的大师讲堂。例如，关于绘画对象的选择："早上，为了良好地开启我的一天，我必须拥有杀人的欲望，必须有东西可以给予，有能量去释放。当你处于这种状态时，你离开家，突然出现在一个引发情绪外泄的对象面前，你就必须去描绘它。这个对象始终存在。是你的情绪把你和它绑定在一起。为了表达你的情绪，你必须描绘这个对象。"（《第九次谈话》）"当我们在一块纯净洁白的画布上作画时，第一次画起来很简单。画布的白色及颜色的透明为我们提供了便利。透过我们涂上的那一层颜料，画布的白色依然是透亮的。但当我们涂上第二层颜料时，我们便熄灭了所有这些轻微的颤动，画布变硬了，像纸板一样干硬。必须勇敢地再次从这种干硬出发，借助某些极具表现力的色调来战胜这种难看的材质。"

（《第九次谈话》）关于草稿，他如是说："人们习惯于先画一张或大或小的草稿，然后在大画布上打格子，最后才开始绘图，这种程序摧毁了艺术家与其作品之间的关联，这样做与直接作画相比，再也不具备同样的内心冲动了。"（《第八次谈话》）这些话语敏锐而质朴，道尽了画家的肺腑之言。这是身心与画布合一的体验，是一种不得不为之的行动，是康定斯基口中的"心之所需"。

同时，关于画家、作品以及观众的关系，马蒂斯也提出了许多极富启发性的洞见："绘画是一种交流工具，是一种语言。艺术家是暴露狂。如果你剥夺了他的观众，暴露狂就会双手插兜，扬长而去。"（《第九次谈话》）谈及艺术家的成熟与成长，他说："我惊讶地在这幅画（人生第一幅静物）中发现了此后自己构思的一切，我不明白为什么自己又多干了十年。在思考过后，我意识到，我在其中发现的，是我的个性。随后我告诉自己，如果我只画了这一幅画，这种个性就会难以被察觉。因为它或许不会得到发展。"（《第一次谈话》）关于如何面对反对者，他这样说："我并不把自己视作天才。我认为自己是一个试图表达自身感受的人，同时我认为，如果别人不理解，那是因为自己表达得不够清晰。"（《第九次谈话》）这些充满洞见的智慧之语，亦能引发"何为画家"、艺术家的"个性""创作之本质"等哲思。

在言谈之间，马蒂斯直言不讳地对绘画史中的前辈及同辈做出点评，意见往往直抵本质。他还在谈话中以自身为例详谈了艺术家的人生规划。试图突破传统的年轻艺术家要如何熬过漫长的无人问津期？在理想与现实之间如何取舍？艺术家如何学会与市场打交道？艺术家在成功之后，如何持续推进自己的艺术创作，始终让自己保持艺术更新的节奏与信念？如何安全地度过创作瓶颈期？有志于以艺术为业的人都会碰到的这些疑问与迷惘，马蒂斯都一一经历过，并且在这些访谈中娓娓道来，不带一丝倨傲与浮夸。

二、解读光与色的"门径"

"光"与"色"，是谈论马蒂斯艺术时不可绕开的两个关键词，在这本谈话录中，经过库尔蒂翁按主题分章，探讨旅行的《第八次谈话》以及探讨色彩运用的《第九次谈话》彼此映衬，为追索马蒂斯绘画的流变勾勒出了清晰的轮廓，并为马蒂斯成为我们所熟知的马蒂斯提供了解读路径以及来自画家本人的注脚。

马蒂斯一生中经历过多次旅行：从布列塔尼到拥有广阔蔚蓝之海的科西嘉，从毗邻西班牙的法国沿海城市科利乌尔再到阿尔及利亚与摩洛哥；其间还有莫斯科、英国以及意大利之旅；直到六十岁高龄横穿美国到达太平洋上的塔希提。每一处的光线不同，在不同光线映照下的色彩也不同，各处不同的光线均成为马蒂斯作品风格转化的契机。1895年和1896年的布列塔尼之旅奠定了其向印象派转向的基础。两年后，马蒂斯与太太去科西嘉岛旅行，地中海强烈的光线给马蒂斯造成了极大的冲击。1904年，马蒂斯的南法之旅与1905年的科利乌尔之旅，则成为马蒂斯尝试新印象派及野兽派画法的契机。而在1906年前往阿尔及利亚的旅行中，他带回了地毯、织料以及瓷器，并在20年代于尼斯创作的一系列作品中将这些物件纳入画面。与此同时，东方艺术也促进了他对自身绘画"平面性"与"装饰性"的思考。1912年和1913年的摩洛哥之旅让他认识到，从印象派画板上挪移掉的黑色不仅是一种色彩，也是一种光线。1917年定居尼斯后，马蒂斯重新回归具象，画面中充满着南法阳光明媚的鲜亮色彩。1930年，他独自经由美国前往大洋洲的塔希提，他在塔希提感受到的无边无际的湛蓝与纯净在他1930年至1933年间为美国巴恩斯基金会创作的《舞蹈》系列中展现出来，画面中的人体简化，线条纯净、简约。这些关乎湛蓝与纯净的记忆还会在其四五十年代的"剪纸"系列里肆意流淌。

在马蒂斯开始学习绘画的19世纪末，学院派的教育仍然占据主流。马蒂斯清楚地告诉我们，正是在1895年的布列塔尼之旅中，自己开始从古典绘画的着色体系向接近自然的印象派用色体系转变，这其中也对应着从室内临摹创作到户外写生的变化。因此，捕捉瞬时变幻的光色印象成为印象派的主要追求目标。诞生于19世纪中期的印象派是古典艺术与现代艺术的分水岭，它依托于当时最新的光学理论，开始注重在画布上研究与呈现自然光。当时的光学理论认为物体的固有色是不存在的，它们的色彩是由光的照射而产生的。在不同的光照下，物体所呈现出的色彩亦不相同。在马蒂斯1895年的《女读者》（图1）中，画面整体还是黄褐色调，光线的明暗强度通过色彩的浓淡来体现，画布呈现出平整、均匀涂抹的光滑质感，体现出古典绘画特有的静谧氛围。而在次年创作的《海滨丽岛》（图2）中，我们看到了印象派青睐的鲜亮颜色，如粉色、红色、天蓝色，它们以笔触、材质可见的方式涂抹在画布上，描绘对象的轮廓由色彩来勾勒与呈现。同时，画布上并没有被颜料全部覆盖，而是露出了多处留白。这样的方式或许在学院评论体系内被视作尚未完成的画作，却成为印象派画家追求即时性、瞬间性感官印象的选择。

1904年，马蒂斯在举办过人生首次个展后，受新印象派重要理论家保罗·西涅克之邀，携家人前往其位于南法度假圣地圣特罗佩的别墅度假。马蒂斯在此运用新印象派的创作方法完成了《奢华、宁静与快意》（图3）。新印象派或者说"点彩派"采用笔触分割、原色并置的手法，眼睛将自动根据这些细小的色点产生视觉上的调配与混合，而不再使用轮廓线划分形象。不过，马蒂斯很快便放弃了新印象派的手法，因为对于他来说，画作中的所有颜色不应存在"主次之分"，它们"应如同奏响一曲美妙乐曲和弦中的不同音符"。同时，马蒂斯认为点彩派科学、准确、严谨的用色在表达自身情感时弱点明显，色彩的使用范围有限单一，他希望能够更为自由地使用色彩，色彩不必是对客观对象的写实描述，而要成为能够传达自身情感的载体。此外，分割笔触的手法在他看来有损线条、轮廓的顺畅与优雅。但需要强调的是，新印象派的纯色色块并置以及平涂方式则被马蒂斯沿用，这尤其体现在次年的"野兽派"展览上。

1905 年夏天，马蒂斯和妻子以及好友安德烈·德兰来到临近法国西南边的西班牙海滨小城科利乌尔度假。正是在这里，马蒂斯的艺术生涯发生了重要转折。同年 10 月，在巴黎开幕的秋季沙龙上，马蒂斯展出了六件油画与两件水彩，在同一展厅里，还有安德烈·德兰以及莫里斯·德·弗拉明克等人的作品。这些画作因大胆直接、浓厚强烈的对比色使用而被艺术评论家路易·沃克塞勒戏称为"野兽"。

例如创作于 1905 年的《科利乌尔室内景》（图 4），马蒂斯使用了大量红、绿对比色与大面积的平涂色块，在同一面墙面上有粉色、蓝色、绿色，床的下部则由蓝、黄、红等视觉冲击力强的色彩构成。由此，马蒂斯已经彻底脱离了学院派通过色彩深浅来表达光影的传统手段，改用色彩组合来进行构图并组织空间，不给自己悔改的余地。他既不像印象派那样表达自然光影留下的即刻印象，在物体轮廓清晰明确这一点上，也与新印象派拉开了距离。马蒂斯将这种创作手法称为"终极笔触"："画家在表现某个物品时，必须下定决心选定一种色彩，并且禁止自己回头重复使用这种色彩，他必须涂上第二种色彩，然后第三种、第四种，下笔无悔，不加修改。"（《第九次谈话》）这样的方式无疑是主观的，但保留了画家在面对物品时产生的第一份冲动与情绪，放弃其与客观对象相像的需求，可以专注于画面内部色彩与色彩之间的关系，色彩完全为画家的感受服务。"对我来说，我通过色彩去进行感知。［……］对我而言，一种色彩，就是一种力。我的画作由四五种色彩构成，它们之间彼此碰撞，释放出能量感。我涂上绿色的时候，并不是指青草。我涂上蓝色的时候，也不意味着天空"。（《第九次谈话》）由此，色彩彻底脱离了与客观对象的关联。相比于印象派那样捕捉外部自然的光线，马蒂斯更希望在画布中创造属于自己的光线。马蒂斯这一代人将印象派开启的现代艺术变革又向前推进了一步。

至此，我们接近了西方现代主义艺术的核心观念：逐渐放弃几千年来绘画以"再现"作为创作目标，渐渐摈弃将客观对象作为参照对象，并对其进行忠实模仿，绘画开始转向表达艺术家的主观性，开始注重画面内部的自洽与和谐，传统的构图转化为在画布中构建光影、色调与色块的比例。而这样演变的终点将会是绘画最终成为自足、自主的空间与物件，从而步入完全的抽象。

1914 年，马蒂斯创作了《科利乌尔的门窗》（图 5），画布中大面积黑色块的使用使得整件画作接近了抽象的边缘。而在同一时期，以康定斯基、库普卡等为首创作的第一批抽象绘画出现，不以"再现"为宗旨，抽象艺术开始取得长足的发展。特奥·凡·杜斯伯格于 1930 年在巴黎成立"具体艺术"团体，宣告这类不指向客观对象的绘画"不应为抽象绘画"，而应该被唤作"具体"绘画，因为"没有什么比一根线、一块色彩、一个平面更加具体的了"，"一个绘画元素除了'自身'的意义外再无他意"。1936 年，阿尔弗雷德·巴尔在纽约现代艺术博物馆策划了《立体主义与抽象艺术》大展。巴尔将 20 世纪初诞生的抽象艺术划分为两大趋势：一派是以立体派、建构派、蒙德里安等为标志的几何抽象趋势；另一派则是以直觉性、装饰性为主，以马蒂斯、康定斯基甚至超现实主义为代表的非几何抽象趋势。由此开启了用形式主义解读现代主义艺术史的先河。美国批评家格林伯格在详尽地研究过塞尚后，将自印象派以来的现代主义绘画革命归纳为"走向平面"以及"媒介自律"两条原则，从此将形式主义理论与现代主义紧密结合起来。

然而，在 20 世纪 10 年代艺术界开始向抽象迈进之时，马蒂斯却在 1914 年以后转向了在许多人看来更偏传统的路径。1951 年马蒂斯在美国纽约现代艺术博物馆举办个人回顾展之际，形式主义理论的集大成者格林伯格却并未对此表示遗憾，反而颇为赞赏："他可能已经离开了通往抽象艺术的光明大道，放弃了壮烈的冒险，但这并不是人们所以为的轻松。他开始以一种新的微妙方式作画，随着他对传统绘画方法掌握程度的提高和加深，传统被这种微妙照入了新的光芒。作为用纯色构筑形式的坚定拥护者，马蒂斯在此则展示了光影明暗法仍然可以达到的高度，以及这种明暗法如何有助于现代构图中所需要的张力。正如在 1914 年和 1918 年之间，他展示了黑色和灰色如何有能力接近原色的平涂色块所创造的效果一样。"

　　彼时，色域绘画正在兴起，作为这一流派的知名理论家，格林伯格的这段话无疑彰显了他与马蒂斯之间的共同关照，并为"色域绘画"找到了欧洲绘画的源流。色域绘画是 20 世纪五六十年代于美国兴起的一个重要的抽象绘画流派，作品以鲜艳的大幅平涂色块构筑空间、取消绘画深度感为特征，是对以波洛克为首的"行动绘画"的回应，色彩在此成为"绘画的主题自身"。此外，色域绘画的重要代表人物之一罗斯科自称深受马蒂斯的影响，还专门创作过一幅《向马蒂斯致敬》（图 6）。如果我们再回过头来看马蒂斯的《科利乌尔的门窗》，确实体现出与色域绘画相似的特质。

　　然而，马蒂斯一生从未想过迈入纯粹的、摈弃客观物象的抽象，他在绘画中所要追求的，是打破绘画深度的"平面性"，思考绘画的"装饰性"。其实早在莫罗画室求学之时，莫罗评论马蒂斯："您这是在简化绘画啊！"这句话已对马蒂斯的未来走向有所预示。不过，抽象虽然不是马蒂斯的志向所在，但他在解构西方绘画传统、革新"何为绘画"观念上做出的深刻思考和实践，却的确为美国抽象绘画及此后当代艺术的发展提供了启发。

三、简化绘画的"启示"

　　库尔蒂翁与马蒂斯的对话发生于 1941 年，在此之后，马蒂斯还有长达十余年的创作期。因此，它为追索马蒂斯晚年作品的发展，以及回望其一生绘画风格、定格其创作理念提供了宝贵思路。

　　首先是重色彩而轻素描。以素描为重还是以色彩为重？这是欧洲绘画史上一个几百年来的命题，并在数世纪内反复出现：文艺复兴时期，体现为以米开朗基罗为首的佛罗伦萨画派与以提香为首的威尼斯画派之间的对峙；17 世纪表现为普桑与鲁本斯的阵营之争；而在 19 世纪则反映在德拉克洛瓦与安格尔拥护者的对立上。"素描"与"色彩"

之争，本质上都是古典与现代之争。而马蒂斯无疑站在了"色彩"一边。必须强调的是，马蒂斯此后一生中看似"笨拙""童稚"的绘画，实则是在掌握了繁复之后有意识的简化与创新。马蒂斯不仅拥有扎实的素描功底，还有大量临摹经典原作以及去街头捕捉人物瞬间动态与神情的写生经历。他的线条精准流畅，对于人体结构以及体块比例的把控，并不亚于古典大师。

文艺复兴时期，西方绘画的一个重要进步，就是在二维绘画平面上呈现三维，试图再现真实的空间。而马蒂斯对于绘画空间感的突破，首先在于取消绘画的景深，他试图将三维空间的绘画变成纯粹的装饰性平面。以他的名作《带茄子的室内静物》（图7）为例：

我们看到，画面中布满了具有装饰与平面意味的物件，如屏风、桌面、斜倚的镜子等，而墙壁与地面的花纹连成一体，进一步加强了这种平面感。与此同时，在这幅画中，画面正中桌子的透视刻意追求错误的笨拙感，而左边镜子所反射的也不是桌面上的真实场景。在这个画面中存在许多不同窗口的嵌合：左上角的画框，左侧的镜子，画面上方的门，画面正中的屏风，以及右边的窗外风景。每一个窗口呈现出的都是不一样的风景与空间，目光拥有了游移的多种可能。画作中的物件不再具有等级区分，画面的核心位置不再是视线的聚焦点。因此，马蒂斯打破了画面按照透视法呈现并拥有主次之分和最佳观看点的理性化空间。西方绘画的经典观看秩序由此被搅乱。这幅作品可以视为马蒂斯对绘画"平面化"思考的巅峰之作，此时，距离野兽派时期仅仅过去六年。

1917年，马蒂斯定居尼斯，在此后长达十余年（至1929年）的创作中，马蒂斯回归具象以及风景画题材。却因画风柔和甜美，时常被人批评抛弃了早期的先锋特质。然而，在不被理解的背后，实际上是马蒂斯继续推进其平面化与装饰化的创新努力。他想要探索的是"如何在平面空间里嵌入三维立体的人体"。这一探索会在之后的创作中找到回响。

1930年，马蒂斯受美国巴恩斯基金会邀约，为一面拱顶墙面创作大尺幅壁画。此后三年间，马蒂斯完全专注于这件作品的创作，成为与此前创作阶段的一个分界点，库尔蒂翁与马蒂斯对此进行了细致的交流。这件作品也是一次挑战：马蒂斯需要放弃架上绘画，第一次尝试在建筑空间内作画。在创作之初，马蒂斯将画笔绑在一根芦苇上进行作画。此时，形式与细节已经不再那么重要。然而，在创作第一版（图8）后，马蒂斯并不满意。在随后一版中，马蒂斯开始借助剪纸进行构图，马蒂斯先是在灰、蓝、红、黑的色纸上剪出大小不一、形状不同的色块，随后把它们平铺在地面上，自己则在远处指挥助手移动、重置、组合色块，直至达到他所认为的平衡，以此创作了更为接近终版的第二版（图9），但因为尺寸不合而再次放弃。进一步调整之后，观众如今看到的第三版（图10）便诞生了。在第一版中，舞者的身体还具有明暗阴影，而在接下来的创作中，马蒂斯彻底摈弃了绘画性，走向了完全的平面性。在后两版中，马蒂斯借助剪纸来构图，其拼贴色块的方式与早年野兽派中"将色彩视作一种力"的方式一脉相承，只不过原来仍有质感与深度的颜料色块变成了色彩匀称的剪纸平面。在这里，塑造形式变成了拼贴符号。

在完成这次谈话之后，马蒂斯经过一段时间的休养，1943年在《爵士乐》中开始创作他的首批"剪纸"系列作品。也就是说，剪纸不再仅仅作为构图的手段，而是作品本身。素描与色彩的关系似乎在剪纸这一行动中得到了和解。"我不再是先勾勒出轮廓，再往里填充色彩——它们会彼此改变——我直接在色彩上素描，色彩因不需被迁移而更为准确。这种简化确保了两者之间融合的精准度，它们合而为一。"[1]马蒂斯用剪刀在水粉纸上剪出想要的形状，再将这些色块一一贴到白色画布上。在他的眼中，剪纸不是对油画或架上绘画的"背弃"，它们是"对等的"，剪纸也

1　«Propos rapportés par André Lejard», Henri Matisse, in *Écrits et propos sur l'art*, Hermann, 2014, p. 243.

不该被用作"习作"，因为它不是"起点"，而是"终点"。马蒂斯关心的命题仍然与绘画一致，或许在剪纸中，他得以达到简化的极致，凝练出绘画最本质的几个元素：平面、色彩、形式与空间。

1948年至1951年，视力已经不甚明晰的马蒂斯直接在彩纸上剪出形状，创作了被其视作一生"总结之作"的旺斯教堂装饰。他的创作越来越简洁。而在其人生尽头的《蓝色裸体》系列（1952）（图11）中，马蒂斯在蓝色水粉纸上剪裁出构成女性身体部位的色块，再将它们拼接在一起。人物四周没有轮廓勾勒，人物的轮廓线是由背景（即画布）的白色来呈现的；同时，马蒂斯延续了巴恩斯基金会的作品《舞蹈》对于空间的想象与运用，将空白全部调动起来，邀请观众的目光在空间内逡巡、探索。不过不同于那个拥有黑蓝红背景的建筑空间，这里的空间是空白一片，这些画布作品的尺寸也都较小。美国极简主义抽象画家弗朗克·斯特拉认为："当我们没有站在画作前想象它们的时候，我们总以为它们拥有许多空间。"这种对于绘画比例与尺寸感的思考将会令色域绘画以及极简艺术家们获益匪浅。

此外，画中的女性右腿盘腿而坐，左腿挺立，整个身子躬身向前，右手臂弯曲抬起放置脑后，左手则去触碰盘到身后的右脚。马蒂斯构想了一个如此繁复的身体姿势，似乎是在回应20世纪20年代尼斯时期"如何在平面空间里嵌入三维立体的人体"的挑战。因为此处的人物虽然用的是平面的彩纸，但却成功地塑造了一种立体饱满的感觉：平面与立体在这里达到了完美嵌合。这或许是马蒂斯在生命尽头，为自己穷其一生的绘画探索交上的一份答卷。

马蒂斯是现代主义的大师。他绘画革新的基础来源于欧洲传统古典绘画的深厚传统。这位沿着塞尚开启的现代主义绘画之路继续求索的先锋者，在晚年默默遥望当代艺术在大洋彼岸兴起的同时，也收获了来自他们的热烈推崇。罗斯科认为他是第一位思考平面的艺术家；波普艺术家汤姆·维森尔曼认定马蒂斯是"自己最为崇拜的艺术家"；极简主义代表艺术家唐纳德·贾德认为"马蒂斯无疑是 20 世纪最好的艺术家"；安迪·沃霍尔想要"成为马蒂斯"；另一位波普艺术的代表艺术家罗伊·利希滕斯坦则指出："每个人都不同程度地受到了马蒂斯的影响。"马蒂斯将绘画简化至其最本质的元素，弗朗克·斯特拉用一句"你见到的即你所见"抛弃绘画所有的指向性，将现代主义的形式主义推向了逻辑链条的终端。这句话在为极简主义提供绝佳注脚的同时，也为西方绘画或者欧洲艺术传统走到尽头做出了昭示。后来在美国大陆，大地艺术、概念艺术等艺术运动陆续兴起，开辟了与欧洲艺术传统相偏离的崭新视野。从这个意义上来讲，在马蒂斯身上，我们既看到了一个时代的终结，也见证了另一个时代的开启。

结语

从这篇访谈中，无疑还可以衍生出诸多命题：艺术家与画商、藏家之间的互动以及多方角力如何影响艺术家的创作；《第七次谈话》中谈及了马蒂斯与俄罗斯芭蕾舞团的合作，因此，马蒂斯的舞台布景、服装设计与舞蹈动作的结合，也不失为一种探讨角度；当然，马蒂斯不满于库尔蒂翁对于访谈的编排，也可以牵连出艺评家谈论艺术创作合法性的问题。本书若能为国内马蒂斯的研究打开一些新思路或提供新资料，译者即深感欣慰。访谈中涉及的信息量较大，译者虽心怀敬意、力求完善，但难免存在疏漏与不足之处，还望读者朋友们不吝指正。

感谢张博先生的邀请，才让我得以走进一场如此美好的审美旅程。2020 年 8 月，在我应下翻译邀约时，巴黎蓬皮杜中心纪念马蒂斯诞辰一百五十周年的大展《马蒂斯：宛如一部小说》正在进入最后的筹备阶段。令人遗憾的是，展览开幕仅八天后，法国政府因严峻的新冠疫情形势，不得不宣布实施第二轮全法封禁。展览也因此一直空置在博物馆的六层大厅，直至展期结束。

封禁伊始，我前往巴黎西北郊瓦兹河谷省的法国友人家中避难，这本书的翻译工作因此适得其时，陪伴了我整个封禁时光。瓦兹河谷省毗邻诺曼底，植被茂盛、水域广布，曾是印象派钟爱的写生之地。进入深秋后，挺拔的树木上叶片的色彩层次逐渐丰富，并随着寒气逼近而日渐凋零。进入12月之后，每天下午三点半天开始暗下来，四点则天色近乎全黑。野外时常雾气氤氲，稀薄的空气与冬阳弥漫在迷蒙的原野，秃颓的枝丫在天空勾勒出轮廓，广阔的天际线外时而出现像我这样的漫步者身影，目之所及之处仿佛都能框出一幅幅印象派画作。这样的无边漫步仿佛在重温艺术史上的伟大创新——这也是马蒂斯绘画变革的起点。马蒂斯丰富、充满趣味的叙述，让人得以回顾19世纪末20世纪初的艺术现场，感受到伟大如马蒂斯在自己年轻时也经历过的迷茫与窘迫。谈论旅行的那一章节则让处于出行限制下的我得以遥想塔希提与蔚蓝海岸的湛蓝如洗，遥想20世纪初美国摩天大楼的高耸入云。跟随着他的讲述，我得以排解许多因季节、疫情以及封禁所带来的抑郁心情。

在本书最后校对之际，由于种种原因，即将在北京尤伦斯艺术中心揭幕的中国首次马蒂斯大展因法方暂停出借画作而无限期推迟。在写下译后记的时刻，冲突尚未结束，西方与俄罗斯的双边制裁愈演愈烈。马蒂斯在法国沦陷的1941年完成的这份对话，也由此产生了新的现实性，更会让人读出一些深远的意味。与此同时，新冠疫情依旧在全球蔓延，未曾停歇。全世界都处于高度的不确定性之中。然而，"马蒂斯的色彩足以照亮至暗的人生处境"——我愿援引塞尔日·基博在法文版序言末尾的这句话，作为对我们当前世界的期许与慰藉。只因我相信，艺术可以抚慰人心，而马蒂斯的艺术则超越时代。

最后，我要向尽心校订的张博先生以及责任编辑张引弘女士致以最诚挚的感谢。

张慧

2022 年 7 月写于巴黎

（文章原载于《外国文艺》2022 年第 6 期）

目 录

法文版序：闲谈而非絮叨？

［法］塞尔日·基博[1]

档案室是一个神奇的地方：我们可以观看，可以触摸（要求极少，只需佩戴一双无瑕的白手套即可），但永远无法在此地闲谈。我们到处搜罗，进行高强度的快速阅读，带着高度的专注到处寻找……我们等待着惊喜。这一天，在洛杉矶盖蒂研究所，我正在撰写一本关于战后文化的著作，我遇到的远比惊喜更多。

在对往事深入挖掘的过程中，我邂逅了一份有趣的档案，上面不仅写着我母亲的姓氏，格洛莉亚，而且和她的姓氏一样具有一种巴斯克音色：格洛莉亚·埃雷拉[2]。我对

---

1 塞尔日·基博（Serge Guilbaut，1943—　）：温哥华不列颠哥伦比亚大学艺术史教授，库尔蒂翁与马蒂斯访谈文献出版的积极推动者。（本书脚注如无特殊说明，均为译者注。）

2 格洛莉亚·德·埃雷拉（Gloria de Herrera，1929—1986）：美国艺术收藏家，马蒂斯的好友。

克莱门特·格林伯格[1]和米歇尔·塔皮耶[2]已经有点厌烦了，便决定申请查看这份资料。它是一座货真价实的宝藏。二战期间，马塞尔·杜尚、曼·雷、马克斯·恩斯特、罗贝托·马塔以及其他艺术家来到加利福尼亚生活，格洛莉亚·埃雷拉是他们的重要友人，收集了这些朋友的许多素描和摄影。这些资料都被细心地收拢在一个纸箱里，排得密密麻麻。这还不是全部。在这个纸箱中，可以这么说，还有一个实实在在的反常之物：一个被红色丝带捆绑的黑色漆盒。它保存完好，仿佛从来到档案室那天起，就从来没被打开过。我小心翼翼又心怀疑虑地准备检查盒子里装了什么，就如同严肃的考古学家面对一座埃及陵墓一般。我缓缓解开丝带，打开了盒子……一种色彩的幻影魔术把我弄得目眩神迷：这是一些剪纸作品，色调、深浅、颜色极其丰富，好似一段即兴演奏的爵士乐。这些纸片是19世纪50年代初格洛莉亚·埃雷拉在巴黎协助亨利·马蒂斯准备他的剪纸作品时收集起来的。我瞠目结舌，这棒极了。所有的颜色都保留了它们最初的强度。

第二天，当我在仔细查阅瑞士艺术评论家皮埃尔·库

1　克莱门特·格林伯格（Clement Greenberg, 1909—1994）：美国著名艺术评论家。

2　米歇尔·塔皮耶（Michel Tapié, 1909—1987）：法国著名艺术评论家。

尔蒂翁[1]的档案时，第二重惊喜出现了。库尔蒂翁曾就战后的法国艺术撰写过大量文章并进行过许多次讲座。在一大批收录有库尔蒂翁文稿的档案袋中，我发现了一份尤为厚重的资料，上面贴着一个写有"马蒂斯/闲谈"的标签。在这份档案中，包括一系列手抄文稿，内容是库尔蒂翁与马蒂斯的长篇对话，对话发生于1941年的里昂和尼斯，持续多日。另外，还有一份打字机录入的最终稿，一共142页，即将付样。这本书原本应该由阿尔贝·斯基拉出版社出版，斯基拉[2]在离开巴黎之后，前往日内瓦与皮埃尔·凯耶一起创办了这家出版社。但这本书却从未面世。不可思议的是，原始的打字稿和库尔蒂翁的各种档案放在一起，虽然处于停滞状态，却随时可以付印。直到当时为止，这份不同寻常的文献——马蒂斯亲口谈论他在艺术方面的经验——依旧不为人知，只有一些马蒂斯研究专家在出版各自专著时会对其进行查阅。这份文稿与剪纸盒中明快的色彩同时出现，在我看来，这是一个标志，马蒂斯本人，通过盖蒂研究院，要求对他本人的声音进行细致的价值重估，重估他不容置喙的意志，阐明他的人生及其艺术轨迹。无论如何，他都希望被人

1　皮埃尔·库尔蒂翁（Pierre Courthion，1902—1988）：瑞士裔法国艺术批评家，本书提问者。

2　阿尔贝·斯基拉（Albert Skira，1904—1973）：瑞士出版商，阿尔贝·斯基拉出版社创始人之一。

聆听。是的，无论如何。毕竟为了准备这个以出版为目的的访谈，马蒂斯投入了巨大的精力，然而他浩繁的回忆却依然被封存于时光之中。马蒂斯的倾诉激发出无比的热忱，也伴随着失望与苦涩，却在漫长的岁月中被遗忘。马蒂斯本人，在经过好几个月的删减、改动与增补之后，要求对上百页打字稿进行重写，并且在一次骇人的盛怒之下，决定埋葬这个计划……永远埋葬，或者说按照法国的传统和法律，起码在他死后埋葬五十年。

这段故事持续了八个月，开始于马蒂斯离开里昂诊所之际——那时他刚刚接受完一场重大的外科手术——并以马蒂斯决定冻结该书的出版计划而告终。这份文稿读起来就像一本侦探小说，其中有悬疑、有含混，还有惊喜，而在文字背后，则是他预感到了自己近在咫尺的死亡。

1941 年 4 月 5 日，皮埃尔·库尔蒂翁应斯基拉之邀，前往里昂对马蒂斯进行采访。后者因患肠梗阻刚刚接受了一场痛苦的外科手术，险些命丧黄泉，当时正在里昂的"新潮酒店"里休养。马蒂斯在一封寄给他的老朋友，画家阿尔贝·马尔凯[1]的信中不无调侃地写道："我险些因为一根安哥

1　阿尔贝·马尔凯（Albert Marquet，1875—1947）：法国画家，野兽派重要成员之一，与马蒂斯维持了一生的友谊。

拉猫的毛而丢了性命。"马蒂斯口中的这次"重生"启发他产生了一种关于生活的全新态度：他想要用一种质朴的、毫不迁回的方式去经历人生，全神贯注于生活的快乐，之后在自己的艺术中把这份快乐表达出来。劫后余生令他无比快慰，以至于几个月之后他依然在和马尔凯开着玩笑："快乐万岁……薯条万岁！"据斯基拉说，马蒂斯非常喜欢谈论自己在巴黎的艺术家生活，而且表现得相当健谈。这位出版商被他的叙述天赋打动，便萌生了一个想法，借助速记员和打字机来记录这一失而复得的活力，以便把马蒂斯曾经经历过的那种放荡不羁的巴黎生活，还有他向两位来客讲述的大量个人记忆与历史细节保存下来。对于马蒂斯来说，这固然是一次重生，然而，他周遭的环境却发生了很大的变化。当时，法国正处于德军占领之下，挽救法国的文化记忆就显得无比迫切。当时的沦陷区是一片危险而令人消沉的地方。那一年，在整个沦陷区，也就是法国北部，占领军强制实施了新一轮反犹措施，与此同时，法国共产党开始组织全国范围的抵抗运动。当年春季，纳粹在伦敦的野蛮轰炸给未来的前景笼罩上了一层不祥的阴影。面对这样噩梦般的处境以及对于自身艺术生涯的一系列质询，身处康复期的年迈画家抛弃了一贯的矜持，这丝毫不令人感到惊讶。在许多日子里，马蒂斯挖掘自己的过去，回忆青年时代的抗争，画家职业生涯的演变，与极度古板的法国既定秩序以及资产阶级艺术市场

5

的各种冲突，还有他一次次逃向北美、摩洛哥与塔希提的经历。

　　第一版的上百页手稿，是一道回忆之潮，记忆的闸门突然在此洞开。各种旁注构成了一个按照年代顺序展开的叙述，其中离题话遍布，充满了丰富的细节、奇闻逸事与个人记忆，同时，艺术家青年时代的渴望、经历、希望与想法也一一浮现，令人赞叹。我们发现了他作为居斯塔夫·莫罗[1]学生的六年生涯，他在欧仁·卡里埃[2]画室里的学习时光，以及他在十分窘迫的条件下艰难度日的极度困苦："对我们来说，问题很简单，买家根本不存在。我们只为自己创作。我们的职业毫无希望。"（《第三次对话》）所有这些原始材料，这些在激情中不假思索便喷涌而出的故事，需要以这样或那样的方式进行组织甚至归类。这项任务落到了皮埃尔·库尔蒂翁身上。不过，为了让马蒂斯的词语洪流以一种能令人理解的方式呈现出来，库尔蒂翁认为应该借助一种类似马蒂斯在绘画中运用过的技巧。马蒂斯开始谈话时情绪充沛、感情洋溢，库尔蒂翁试图对他的自由表达加以约束，以此保证叙述的稳定与和谐，同时完整保存这位艺术家在读者

---

[1]　居斯塔夫·莫罗（Gustave Moreau, 1826—1898）：法国画家，象征派绘画代表人物，曾在巴黎美院教书，当时美院共有三个画室，分别由莫罗、杰罗姆及博纳领导。

[2]　欧仁·卡里埃（Eugène Carrière, 1849—1906）：法国象征派画家，1890年在巴黎开设"卡里埃学院"。

心目中才思敏捷的印象。不过到了最后，事实证明，这种平衡几乎不可能做到。

在马蒂斯看来，这类书籍的危险在于，可能会给读者造成一种印象，让他们觉得马蒂斯是虚荣或肤浅之辈，还会透露出一个倨傲的精英主义艺术家形象。在下面这段打字稿旁边，马蒂斯写下了"浮夸"二字：

我从未经历过这种极端的身体疼痛，它让我明白自己曾是一个生活的宠儿。一个人能够坚持工作到七十岁，并且始终对他自己、对他思维的开拓兴致盎然，这已然不同寻常。如果这份兴致没有引发如下这种高贵的利己主义，它一定显得令人反感：作品的诞生有其自身的意义，至少对于人类精神史中的某一时刻而言。(《"闲谈"前言》)

库尔蒂翁必须迎接的挑战在于，他需要对一场在时间上错开了许多天的访谈进行编辑，还要保留马蒂斯希望坚持的东西：某种受控的自发性。而行文必须使用马蒂斯的措辞，这些语句必须是大师人格的映照。正因如此，前言开篇便包含了一则声明，确认书中的词句确实出自而且仅仅出自马蒂斯之口，并且已经得到了艺术家本人的认可。这部作品货真价实，而库尔蒂翁本人，正如他在一篇后来被他撤掉的引言中所述，"面对第一支小提琴纯净的颤音时，自己是哑然无声的第二支"。尽管库尔蒂翁的话有时不够得体，但无论如何，他都是这项事业的年轻合伙人。

在定稿中必须保留马蒂斯的感受力。带着这个目标，库尔蒂翁决定首先为这场记忆之潮进行排序，把文稿分成十个不同主题的章节：（一）颜料盒；（二）学习时代；（三）艰难岁月；（四）商人；（五）"野兽派"马蒂斯与第一批藏家；（六）朋友与相遇；（七）俄罗斯芭蕾舞团；（八）深居简出之人的旅行；（九）尼斯；（十）艺术诸阶段。他们全部的谈话随即得到了重新组织，并在许多地方加入了马蒂斯的增补意见以及库尔蒂翁对其亲手安排的上下文进行的细节描述。总而言之，大约有二十五页内容被马蒂斯删去了，其中包括他对美国收藏家的长篇评论，尤其是阿尔伯特·巴恩斯[1]、萨沙·吉特里（"您知道他想一把火烧掉自家的房子，以此避免被德国人占领吗？"），包括马蒂斯的精神问题以及焦虑时期，还包括他与谢尔盖·史楚金[2]关于《舞蹈》购买事宜的争执。马蒂斯还删掉了涉及社会党政治人物马塞尔·桑巴及其妻子

1　阿尔伯特·巴恩斯（Albert Barnes，1872—1951）：美国著名艺术品收藏家，收藏有雷诺阿、塞尚、苏丁、马蒂斯、毕加索等人的大量作品。1922年建立巴恩斯基金会，展出其藏品。

2　谢尔盖·伊万诺维奇·史楚金（Sergueï Ivanovitch Chtchoukine，1854—1936）：俄国著名收藏家，主要收藏印象派与后印象派绘画，也是马蒂斯作品的重要藏家。十月革命后，史楚金的藏品被充公。

的几页内容。

对话中的有些东西为我们提供了前所未闻的信息，在库尔蒂翁的重新组织下，它们能否幸存下来呢？可以。马蒂斯的人生从此得到了详细的记录，他的艺术也得到了深入的分析。这份手稿提供了一幅19世纪末巴黎的无双画卷，它在讲述马蒂斯的生活时，洋溢着非同寻常的淳朴以及令人动容的细节。文中遍布关于20世纪初巴黎波希米亚生活的各种信息，尽管在某些事件细节与时间日期方面不太精确。这份文档尤其为我们提供了以下内容：学院派的实践，波希米亚艺术家的习惯行为，世纪之交美院学生的生活，他们面对一个在陈规中僵化的艺术世界，为了被人看见、受人理解而发起的抗争。不过，文稿最精彩的部分，是马蒂斯谈论自己作为画家的愿望与野心，以及他讲述自己如何找到属于他本人的绘画和上色方式。诚然，马蒂斯作品中的色彩已经得到了足够的关注，不过，这份文稿却为艺术家的技巧添加了新的光彩。在好几处地方，马蒂斯都谈到了新印象派理论，它对马蒂斯产生过重要的影响，尽管最终马蒂斯判定该理论过于机械："我还发现，这种理论如果被严格应用的话，对于统合那些极具表现力的色彩是有妨碍的，而且从装饰的角度来说，用到的色彩也极为有限，永远是紫色，永远有点像彩虹，就是个六孔竖笛。"（《第九次谈话》）不过，从新印象派理论出发，马蒂斯得以在该体系中嵌入自己的人格，最终创造出某种东西，让人联想到音乐的和谐："所有的色彩共同歌唱。它们对于合唱而言具有不可或缺的力量，正如音乐中的一个和弦。"（《第九次谈话》）对马蒂斯而言，一幅画作就如同一首艺术家倾尽全部情感之力谱写而出的交响曲："对我而言，一种色彩，就是一种力。我的画作由四五种色彩构成，它们之间彼此碰撞，释放出能量感。我涂上绿色的时候，并不是指青草。我涂上蓝色的时候，也不意味着天空。"（《第九次谈话》）而这并不意味着画家丧失对模特或物体的观照："是的，当我面前站着一个模特的时候，我首先会画一张如实的、近乎照片的肖像，让我能够沉浸于模特的性格和人物特征之中。然后，当我感觉到自己真正接触到模特的时候，我就让我的手自由发挥了……尤其是必须通过细节将其再现出来。那些不属于模特的东西不应该成为想象力的出发点。"（《第九次谈话》）

思想与情感需要同心协力，从一个情绪与技巧尤为复杂的整体中，创造出某种简单的东西，马蒂斯对于这种创作行为的阐述既新颖又颇具启发。对他而言，访谈是一个契机，去定义他对艺术家这一角色的观念。马蒂斯在他的一群学生面前着重强调过绘画的纯物理特性，库尔蒂翁为了进一步突出其重要性，把这句让人浮想联翩的话放进了他的前言之中："注意，你们想画画吗？那么，从割掉自己的舌头开始吧，因为，从此以后你们只能借助画笔来表达了!"（《"闲谈"前言》）绘画必须无视学院传统，避免受到操纵，必须绕开平铺直叙，在自身的表达以及与观众的交流中保持真诚："绘画是一种交流工具，是一种语言。艺术家是暴露狂。如果你剥夺了他的观众，暴露狂就会双手插兜，扬长而去……公众不是买家，而是一种感性材料，你希望在他们身上刻下一些印记。"（《第九次谈话》）不过，马蒂斯依然希望能够自由地表达他的能量和欲望，在面对传统与潮流时都能做到独善其身："当艺术家为别人创作时，他便一事无成。"（《第九次谈话》）这种思虑从他初学绘画开始便伴随着他："对于一位年轻画家来说，生活很艰难。如果他很真诚，完全投入个人探索之中，他就创作不了那种以取悦买家为目的的绘画。如果他心心念念自己的成功，那么在创作时，他唯一的念头就是取悦他人以及怎么把画作卖出去，这样便会丢掉自己意念的支撑，并依附于他人的心情。他会忽视自己的天赋并最终失去它们。"（《第三次谈话》）最后，为了强调绘画本质性的伦理观念，马蒂斯在解释艺术作品的制作过程时，引入了一个会让人联想起法国抵抗运动的词汇："一件作品就像一座丛林[1]，必须试图从中找到出路。"（《第五次谈话》）艺术作品是一片

极易迷失的危险之地，不过如果我们充满能量与好奇心，便有可能"调和不可调和之物"（《第六次谈话》），这便是艺术家的角色。

马蒂斯谈到了他的旅行，特别是他在摩洛哥的经历。他以一种独特的方式满怀激情地描述了当地的风景，既充满历史意蕴，又浸润着欧仁·德拉克洛瓦以及其他许多艺术家遥远的记忆。不过，马蒂斯1930年的塔希提之旅，似乎才是他最重要的一次旅行。正如他在访谈中反复强调的那样，尽管自己深居简出，但仍然进行了一次长途旅行，在海上漂泊了整整四十五天之后，他抵达了大洋洲五彩斑斓的绝美海滩，他为太平洋上独特的、令人屏息凝神的光线感到狂喜，将其描述为"令人迷醉"（《第八次谈话》）。

马蒂斯与谢尔盖·狄亚格列夫[1]合作过程中涉及的戏剧与舞蹈内容，也是访谈中值得重点关注的篇章之一。马蒂斯当时的沮丧、惊讶与欣喜在他的记忆中依旧极其鲜活。我们也详细地了解到，居斯塔夫·库尔贝[2]为何在马蒂斯眼中是一位伟大的艺术家，马蒂斯对库尔贝的座右铭究竟多么推崇："一件杰作必须有能力从头再来，以此证明我们不是

---

1 谢尔盖·帕夫洛维奇·狄亚格列夫（Sergei Pavlovich Diaghilev，1872—1929）：俄国艺术批评家，俄罗斯芭蕾舞团创始人。

2 居斯塔夫·库尔贝（Gustave Courbet，1819—1877）：法国著名画家，现实主义绘画的创始人。

偶然性或者内心冲动的玩物。"马蒂斯对库尔贝人生观的强调提醒我们，艺术品不仅是灵感的产物，也是不断重组的结果：画家通过对形式的思考去驯服自然。

在阅读这些访谈时，我们了解到许多东西。我们对叙述的展开方式颇为欣赏，既直截了当，又经过了精心的编排。我们满怀欣喜地回溯这位功成名就的大师的整个职业生涯。那么，问题出在哪里？为什么这份稿子没有得到出版呢？这个问题的答案冗长而复杂，这是一个夹杂着危机、含混与意外的故事。

从一开始，全书的标题就是一个棘手的难题。马蒂斯立刻拒绝了《皮埃尔·库尔蒂翁对亨利·马蒂斯的访谈》这个最初的提议，认为它过于卖弄。"访谈"一词，如果用来形容和一位部长、小说家或者自然科学教授的谈话，也许更加贴切。马蒂斯希望不要那么正式，希望更加忠实于"采访"的实质：谈话涉及一段自己怀有深挚情感的时期，尤其是刚刚与死神擦肩而过，这些情感在记忆中显得愈发强烈。所以为什么不用"闲谈"呢？确实，我们感觉就像在聆听一位和蔼而不失忧虑之人的倾诉，他试图破解并回溯自己的人生动力，一段并不始终幸福却深深沉浸于艺术之中的人生，塑造了20世纪文化的诸多传奇事件中主角的人生。马蒂斯对于自己在这场谈话中应该扮演的角色不甚明晰，于是向他的老朋友安德烈·鲁维尔[1]提供了一连串备选书名，在6月7日的一封长信中，鲁维尔坚持认为应该使用"闲谈"这个题目。他的论点很简单：轻松、轻盈的话语更有利于体现出，在画家的头脑中，说出来的话及其在纸上转化成的句子并不具备与画作同等的重要性。第二天，马蒂斯把同样的话写进了他寄给库尔蒂翁的信里，并在信中力图指定这个标题。最终，"闲谈"被双方接受了，这个词带有一种轻松友好的味道。

1941年4月5日，库尔蒂翁在里昂的"新潮酒店"与马蒂斯见面，谈话可以开始了。4月11日，马蒂斯便和斯基拉出版社签订了一份合同。合同的多项条款在后来极富意义，尤其是这一条：定稿在没有获得马蒂斯同意的情况下不得出版。全书原本应该在192页到240页之间，配以摄影与素描插图。第一版印刷5 000册，预计在六、七月间出版。出版方还计划为藏家设计一个珍藏版，预计印制110册，使用荷兰纸印刷，并附赠一张漆布版画原件。

一切似乎都在按计划进行。库尔蒂翁给马蒂斯寄去了一沓文件，艺术家进行了一些修改并将文稿寄还给库尔蒂翁，让他把稿件誊清。然而，从一开始，关于马蒂斯人生的

---

1 安德烈·鲁维尔（André Rouveyre，1879—1962）：法国作家、讽刺画家，莫罗的最后一批学生之一，马蒂斯的好友。

精确性问题就是一个实实在在的障碍。在一封 5 月 20 日的信件中，马蒂斯给库尔蒂翁发了一封关于采访的短信，一个提醒，不过内容依然是友好的。马蒂斯的目标是精确。

5 月 17 日，马蒂斯重读一遍采访之后，给库尔蒂翁写了一封信，他在信中指出，他想添加一些细节，把自己的一些言论表达得更加明确。最重要的是，他坚持认为有必要做一些删减，他在访谈中说过的内容并没有必要全部公之于众。目的并不是散播闲话，而是讲述一些历史性时刻："这些笔记已经经过了调整和补充，同时我也缩减了所有涉及第三方的内容，所有我们可以谈论但没有指名道姓的内容。"同时，马蒂斯担心自己对文本的介入会减弱谈话的鲜活，让库尔蒂翁评估一下这些改动。库尔蒂翁则认为，马蒂斯无疑成功避免了一切卖弄，避免了把自己表现得像一位"大师"的风险。恰恰相反，这篇稿子凸显了画家的个人气质。

库尔蒂翁理解，某些删减有利于让本书臻于完美，但他意外地发现，马蒂斯竟然删掉了那么多关于艺术品商人贝尔南兄弟及收藏家谢尔盖·史楚金的观察。此外，库尔蒂翁还请马蒂斯评价几句他为史楚金俄国宅邸的楼梯制作的装饰。所有这些都被加进了最终版本里。

因为马蒂斯想要用一种既逻辑严密又源自本能的方式来展现他的回忆，他便开始思考，访谈按照库尔蒂翁提议的标准重组之后，会不会影响叙述的自然流畅。正是这一异议引发了他最终决定放弃出版的决定。

　　在 6 月 10 日写给库尔蒂翁的信件中，马蒂斯写道，按照他好几位朋友的看法，"闲谈"这个标题不错。但是，针对瑞士批评家提出的按照主题划分章节的做法，他再次提出质疑，而且态度坚决。在他看来，这种切分方式似乎损害了文本的严密性。如果按照时间顺序，按照思想的自由流动来为谈话分门别类，难道不是更好吗？鲁维尔便是这些朋友当中的一位，他在第二天写给马蒂斯的信中提道："你让我读到的这些谈话在我看来不仅极其有趣，而且相当重要。这颗果实，在孕育花朵时条件艰苦，但也许反而更加美味可口、营养丰富。不仅仅对于普遍的艺术而言，而且在我看来这对于你自己而言，对于了解你自己以及你的艺术而言，要更加重要。"鲁维尔对马蒂斯具有重大影响力，他着重指出了文稿在阐释马蒂斯创作过程方面的价值。正如鲁维尔所强调的那样，文稿唯一的重要性，在于它代表了马蒂斯的声音，以至于库尔蒂翁的名字甚至不应该出现在封面上，而是应该放到内页，和出版社的名字一起写在书名页上。对于这个消息，库尔蒂翁的反应似乎显得过分谦卑了。他提醒马蒂斯，他们之间有过一份协议，上面明确写着，自己的名字将以极小的字体出现在封面书名下方。对于库尔蒂翁来说，能够把自己的名字和大师的名字放在一起，当然是一份巨大的特权，但是现在，他感觉自己受到了羞辱，并向马蒂斯指出了合同的内容。马蒂斯很快便终止了这场讨论，声称这是阿尔贝·斯基拉的想法，而非出于他本人的意愿。

不过，和下面这个正在酝酿中的更为严肃的问题相比，上面的问题还不算什么。在亨利·马蒂斯的档案中，有一封马蒂斯写给斯基拉的信件副本，从中可以感到一种新的危机正在渐露端倪。在与库尔蒂翁坚持不懈地工作了数周之后，马蒂斯得知，斯基拉考虑到战争期间纸张短缺，希望降低本书的售价，同时缩减页数，至多不超过 260 页（而马蒂斯希望能有 310 页）。马蒂斯带着讥讽的语气给斯基拉回信说："我非常确定，您不会对我的惊讶表示吃惊。"面对这种旨在降低成本的行为，马蒂斯十分愤怒，认为这是一个糟糕的选择，因为这本书一定会激发公众的强烈兴趣。一个筋疲力尽的马蒂斯，尚处于休养之际，接受了这项挑战，尽力用文字去传达他想要指出的内容，全力以赴为斯基拉完成这部著作。马蒂斯深感挫败，但依旧充满战斗精神地发起进攻：

我已经把自己渐渐恢复的精力全部投入了这项计划。近两个月来，我一直在编纂您书中的素描与版式。我并没有拼凑一个素描合集，由几个过往的不同时期组成，而是给您提供一套全新的作品，因为这些都是两个月内完成的。我不断深挖自我，以便赋予文稿优质的内容，不让自己把它当成一场儿戏。我还要补充一点，比起你们提供给我的一些好处，我本可以从一本这样重要的著作中得到更多。而您却出于眼前的利益，想要把我的工作搞得支离破碎！我不干。要么把事情做得漂漂亮亮，要么就什么也不做。打字稿大约310页，您想要全部接受并出版吗？……我向您保证这本书十分重要，内容丰富，扣人心弦。

马蒂斯感到，出版方不会积极设法保证他所期待的品质，他被斯基拉的漫不经心搞得十分不快。在信件中，马蒂斯还指出，正是斯基拉鼓动他参与这一系列访谈的："您来到诊所，给我灌了迷魂汤，让我参与这本书。"在数周高强度的工作之后，在关于插图与封面设计的许多新想法出现之后，到了夏末，这个计划似乎注定要失败了。在 7 月 22 日的一封信中，马蒂斯试图把斯基拉从麻木中唤醒：

上一封信谈论了删减文稿的问题，而我并没有收到回复。我们为这部稿子投入了大量心血。我们把那些不值一提的内容删掉了，但还剩三百来页。我不相信您会把我粗制滥造一番，那就不是斯基拉了。我不认识您的合伙人，也不认识您的负责人。我只想和您打交道。

我留下了库尔蒂翁先生一起完成这份稿件。他知道自己不能撇下正在进行中的工作独自离开。出版社给了他一周的旅费。我给他预支了一笔钱，让他能够延长居留时间，这部分支出希望您能报销。

如果您也在场就好了。事情或许会进行得更加顺利。我常常后悔自己投入了这项工作，非常希望能够重来一遍。我想起我们在餐厅的第一次会面，我当时就应该拒绝您。您当时把我迷住了。我可以给您制作一本讨人喜欢的书，把我增补的这部分可靠而丰富的内容交给别的向我讨要文稿的出版商：获益的人是您，受损的人是我。您要明白这一点。

7月22日，艺术家收到了一封署名为"商人斯基拉先生"的电报，斯基拉在电报中向马蒂斯确认，他想要出版一本310页的作品的想法被采纳了。8月6日，斯基拉的合伙人皮埃尔·凯耶也给马蒂斯发了一封电报，上面写着："没问题。"如果说出版商这边已经没问题了，那么马蒂斯的一帮朋友则帮他解决了一系列复杂的难题。首先，罗杰·马丁·迪加尔于8月5日嘲讽了库尔蒂翁自命不凡的发言：

在我看来，我并不认为这本书鲜活的、富有对话性的形式需要调整，因为这样一来，"闲谈"这一行为本身就被曲解了。不过，我赞同您删去库尔蒂翁那些在您看来不合时宜的发言——那些离题或者自命不凡的插话。因此我建议您删掉"俄罗斯芭蕾舞团"那一章的全部引言，改用"狄亚格列夫谈论马蒂斯"作为开篇。

如果他们想要遵守出版方规定的交稿日期，文本的重新组织便显得十分迫切。有一些部分被拿掉了（有时候是违心的，因为"可惜"一词经常出现在页边空白处），马蒂斯还重写了某些段落，增补了一些信息与分析。然后，他的秘书莉迪雅·德勒托斯基娅在打字机上重新输入这些批注，并将其作为最终版本发给库尔蒂翁，而在有些情况下，马蒂斯还会再次复核。由于马蒂斯想要掌控每一个词句，这种无止境的来回修改因此变得必要——"文中讲述的一切都准确地进行了讲述，每字每句均得到了我的复核与证实。"而这一点正在变成一种新的障碍。

8月14日至17日，正值盛夏，尽管马蒂斯还在为可以用版画原件来为书籍做插图的想法感到兴奋，他却突然写信告知斯基拉，决定放弃该计划：考虑到他在4月刚刚签署了一份详细的长合同，这一举动很成问题。在最终的信件寄出之前，马蒂斯一共写了三份草稿，在最初的版本中，马蒂斯写道：

我决定我下定决心不出版这本书。

这本书及这份合同，~~不是我主动提出的，~~是在我刚刚经历过严峻的身体病痛，还没有完全恢复体力，也没有完全恢复思维能力的情况下实现的，因为我当时依然患病，甚至尚未处于康复阶段。我在尼斯重读了这篇文稿，发现其中存在非常明显的思维缺陷，导致这本书不再是闲谈而是絮叨了。

不过，出于性格的坚韧，我还是打算完成这本书，并为此不间断地工作了三个月。三个月之后，我带着一种自在的心情重新阅读时，发现它不能付印。幸运的是，我们的合同里包含这一条款：若无本人许可该书不得面世。这便让我的决定更加名正言顺了。我很清楚……不过我还是希望您能认同我对这本书的价值判断。至于您的费用，自然应该给您补偿，我希望能够尽快和您见面，把事情做个了结。

马蒂斯为放弃这一计划提出的理由是，自己当时刚刚从手术中苏醒，镇静剂的药效尚未散去，神智还没有彻底清醒过来，这本书的出版计划在某种程度上是别人强加给他的。马蒂斯的执念并非一时兴起，几个月之后，他依然认定自己的"闲谈"实际上都是"絮叨"。在拟订这些草稿的日子里，马蒂斯依旧写信给斯基拉，告诉他自己计划用新版画作插图的想法，他写道，利用这些版画，我们可以做出一本"与众不同的书"。

放弃的决定一旦做下，马蒂斯立刻给手术的主治医生皮埃尔·威尔泰梅尔教授写信，以求获得一份官方证明。他请医生为自己出具一封信件，在其中宣布，画家在手术后仍处于镇静剂的药效之下，他任由自己"被出版方裹挟，而对方只是从中看出一桩生意而已"。8月底，马蒂斯给他的朋友——律师兼法学教授保罗·奥吉耶写了一封信，在信中解释了他想要放弃出版计划的念头："亲爱的朋友，您难道和我想的不一样吗？您觉得从诊所出来五天之后，我会正常吗？尽管我已经做出了决定，我还是想知道您对此有什么想法。"他询问奥吉耶能否援引如下理由来让合同失效：自己在手术后身体虚弱、神智不稳之时受到了出版方的操纵。8月26日，奥吉耶给出了肯定的答复，但没有完全免去马蒂斯的过错。8月28日，在一封写给库尔蒂翁的感谢信中，马蒂斯根本没有提到这个问题：

我收到了您好意帮我在日内瓦找到的锉刀，邮递员今天还给我送来了之前借给您的两千法郎。两件事都要谢谢您。

无须惊讶，9月7日，库尔蒂翁给马蒂斯寄了一封惶恐不安的长信，在信中他问马蒂斯为何放弃这个绝好的计划，是不是自己做错了什么。

就这样，这本书从未出版。马蒂斯对此感到满意，并在1942年为斯基拉的《诗选/龙沙的爱情诗》（鲁维尔选的题目）一书制作了插图。库尔蒂翁则在发誓自己不会使用访谈内容之后，于1942年出版了《马蒂斯的面孔》，这本书受到画家知心话的启发，但完全没有提及这段插曲。

不过，1948年，马蒂斯仍然试图向他的儿子皮埃尔解释这个突然的决定：

我为回忆录口述的那些笔记，是由库尔蒂翁、我自己以及莉迪雅女士在我的住处一起面对面完成的，在对其进行修改之后，我决定不予出版，因为内容平庸无趣。我留下了两份，我自己的以及库尔蒂翁的。我觉得他回到日内瓦之后多半受到了责备。现在只留下了里昂的第一位速记员的一些笔记，当时我人在里昂。不过内容实在愚蠢，什么也看不明白。

斯基拉不久前告诉我，他还保留着笔记。鉴于已经签署了终止回忆录计划的文件，我想让他把笔记还给我。文件是他签的，写入了他放弃出版的声明。我可以跟斯基拉把笔记要过来。他会还我的，而且肯定是复制完毕之后。这并不让我担心，因为速记员的笔记简直愚蠢至极，一位摆弄色彩浓淡变化的画家，他的谈话却让一个法庭里的速记员来理解，结果可想而知。

马蒂斯的好几位朋友都阅读了这份访谈，尤其是鲁维尔。他或许动过念头，在一个未来的计划中取代库尔蒂翁的位置。在亨利·马蒂斯的档案中，有一份既未标注日期也未署名的打字稿，可能是马蒂斯的三个朋友对文稿所做的分析，其中归纳了他们对于访谈的不同观点。他们都认为，应该凸出马蒂斯话语的重要性，没有必要精心编排两位对话者之间的交流。这份文稿既有力又有趣，甚至可谓无拘无束，尤其在涉及马蒂斯的时候是这样：

第一位匿名者的声音：如果有必要的话，宁可惹怒出版方，推迟几个月出版，也不要任由一个"乱七八糟"的东西问世，起码也得是一个不朽的"乱七八糟"，这对于二人来说都是一个不朽的任务。

享有盛名的叙述者（马蒂斯）屈尊于各种琐事，而收集者（库尔蒂翁）却并不懂得如何呈现掌中瑰宝的全部价值。

这本书如果卖得好，对您有没有好处？那么就请您坚持让它完美无缺吧。

要想让这本书精工细作，就不该着急。

如果要由出版方支付您的旅居费用，那么就让他们自认倒霉吧。如果要您自掏腰包，那么您会在这本书完善后大获补偿，无论在物质上还是精神上。

如果您不得不走，那就走吧。

第二个声音：我听马蒂斯先生好几次说起自己后悔参与这本书。出于多个理由，他都不应该这么做。这本即将出版的作品对他来说似乎相当重要。他在同意书籍出版时，就已经承担起全部的责任，而在选定这个与他有关的标题时，这份责任就更重了。

马蒂斯先生是一个一贯严肃的人。这本书已然摆出了一副"来看看我"的姿态，蒙上了他的性格里根本不存在的肤浅与虚荣，这当然让所有人感到震惊……这本书需要一种完美的格调。要得到这种格调，或许不能通过改变叙述的口吻，而要赋予叙述统一的力度吧？这就是我们给予叙述者的全部应答。

我重读了库尔蒂翁先生撰写的前六十页文稿，在删掉交谈者的所有问题之后，叙述的连贯性丝毫不受影响。叙述获得了一种严肃的完整性，同时保留着轻松的风格，我们能够感觉到听者的兴致与敬意，他认识到自己作为话语收集者究竟多么幸运。在一篇审慎而简洁的前言中，采访者讲述了制作这本书的念头如何诞生，并足以解释这本书最初应该以对话的形式出现，这就让采访者的存在感愈发强烈。不过，在体会到"闲谈"的重要性之后，采访者深感自己作为这些闲谈的合作者何其荣幸，最终认为让自己保持沉默更加可取。

因此，他大胆甚至无礼的对话者角色（似乎过于突出自己，总是打断大师的话头），将会转化为一位心怀敬意之人，他知道自己在和什么人说话，必须保持庄重，把握分寸。

尤其需要注意的是，不应该让自己被出版方的急躁乱了阵脚。马蒂斯先生拥有足够的分量去根据自己的决定展开行动，而库尔蒂翁先生如果觉得自己不像马蒂斯那么强有力，那么可以一直让自己依靠那位"小提琴手"的意志。

不过，最终决定书籍命运的，无疑是马蒂斯在阅读过那篇已经由打字机录入、可供出版的最终版本（即本书的版本）之后，决定回到那篇基于一系列对话片段的文稿，放弃采用库尔蒂翁提议的主题划分方式。这将再次引发新一轮的海量打字稿、大量剪切粘贴工作，以及新的笔记和库尔蒂翁新增补的文本。在数千页稿件被打字机录入并根据不同标准加以修改之后，最初的文本已经面目全非，没有任何人有勇气亲手再来一遍。想要寻回马蒂斯所期望的确切与鲜活已经不可能了。库尔蒂翁的态度太像大学教授，似乎确实没有明白马蒂斯想要什么。

马蒂斯手上拥有所有不同版本，以为可以杜绝手稿再次出现。而事实上，库尔蒂翁不仅留下了写给马蒂斯的信件草稿，还保存着在他看来可供出版的定稿。在里昂的宾馆休养期间，马蒂斯从一个话题跳到另一个话题，为自己得以从手术中逃生而欢欣鼓舞，在那些春季晴好的日子里，幸福地谈论着自己的生活。马蒂斯的这种声音几乎被遗忘了。我们寻思着，一座考古遗迹何以如此饱满，如此鲜活。答案便是：这是与死神擦肩而过的成果。在黑暗与恐怖的背景下，这个声音饱含着生活之乐。不久之后，马蒂斯发现他的太太和女儿在和抵抗运动组织合作，经常身陷险境。这是法国现代历史上一段晦暗而艰困的时期。然而，正如我们所知，马蒂斯的色彩足以照亮至暗的人类处境。

鉴于我同意出版这些无足轻重的回忆，您觉得应该把我的谈话内容及时速记下来。所以，文中讲述的一切都准确地进行了表述，每字每句均得到了我本人的复核与证实。

——亨利·马蒂斯

"闲谈"前言

[法]皮埃尔·库尔蒂翁

1941 年 4 月 5 日，星期六，我在里昂新潮大酒店与亨利·马蒂斯相遇了。当时画家刚接受了一场大手术，才从诊所出院不久，独自度过了三个月的孤独时光。"现在一切都好点儿了吗？您的胃口怎么样？"我一边走向他安坐的扶手椅，一边向他问着这些问题。"如果桌子不是四四方方的话，我能把它们吃下去。"马蒂斯笑着和我说道。在我看来，他那清澈的目光中平添了一份无以名状又平易近人的好奇。不过，在壁炉上的镜子里，映着马蒂斯镶嵌在地毯盛开的玫瑰花图案上的背影，正如他经常在画作中呈现的那样。从中我再次发现了一种意志力集中导致的细微僵直，正如几年前，我正在写一本关于马蒂斯绘画的书，为此专门前往巴黎，去他女儿家中拜访他，当时他的姿势也如出一辙。那时马蒂斯刚刚从塔希提旅行归来。他看上去有点心不在焉，完全沉浸在绘画之中。我感觉自己打扰了他的工作。今天马蒂斯刚刚结束了一段漫长的隔离时光，看起来完全不同。他很高兴能够控制自身惊人的迅捷记忆，嘴角浮现出一抹幸存者的笑容，他曾涉足一片险地，在那里，唯一要操心的，就是为维持肉体生命而拼搏。

他看起来返老还童了，健谈得好像二十岁。马蒂斯想起了一些画家，他们热衷于谈论他们的画作，胜过他们是怎么画出来的，然后他想起了自己对学生们说过的话："注意，你们想画画吗？那么，从割掉自己的舌头开始吧，因为，从此以后你们只能借助画笔来表达了！"

经过三个月与世隔绝的生活，马蒂斯释放了，而他以往却是一个稳重的人，始终严阵以待。亨利·马蒂斯见过的人寥寥无几（他几乎不接待任何人），他和善地讲述着他自己，突然间放松了往常对自身不间断的控制。想法、回忆、故事纷至沓来，话题不断变换，让马蒂斯变得滔滔不绝。随后，他意识到自己有些饶舌。"不管怎样，"他说道，"面对一位前来唤醒孤独者的冒失访客，用滔滔不绝的话语将其淹没，这种饶舌比起习惯性的废话癖还是要强一些。"马蒂斯谈到，"一战"期间，他在位于尼斯盎格鲁滨海大街的一间旅馆里作画，身处一种彻底的隔绝状态。一天，俄罗斯芭蕾舞团经理狄亚格列夫来旅馆看他。马蒂斯把他说得晕头转向，而狄亚格列夫却一句话都没能说。一直走到阿尔贝国王花园时，画家才反应过来刚才发生了什么。为了回应马蒂斯的歉意，狄亚格列夫友好地拍了拍他的肩膀说道："我亲爱的，我知道这是怎么回事，德彪西也跟我来过同样一出！"

"您知道吗？"在和我交换过一个默契的眼神后，阿尔贝·斯基拉说道，"我有一个想法。您不觉得把这些谈话收集起来会让人十分激动吗？库尔蒂翁将是您的倾诉对象，我们可以对您的话进行速记……"

"更有意思的是，"我对马蒂斯说道，"当您创作时，您的精神在别处，您的行动完全被您的画作占据了。而现在，您还没有重新投入绘画，我们就不会觉得偷走了您的时间，就不会觉得像是一群讨厌鬼处心积虑地敲开您的大门。所有这些趣闻、回忆和想法，您都信手拈来，我们完全可以把它们做成一本书，这将会是关于您的一幅多么具有吸引力的肖像啊！"

马蒂斯当时说道：

"这都是些闲谈……里面有些东西无足轻重，只对我自己有意义。不过，把这些东西做成一本书，这个想法并不令人生厌，因为这本书对我而言将会是人生中的一个重要时刻，我经历的这种身体层面的重生，对我来说就像一次实实在在的复活，因为许多事情在我看来与三四个月之前已经完全不同了。我在隐退期间独自进行过各种反思。我从未经历过这种极端的身体疼痛，它让我明白自己曾是一个生活的宠儿。一个人能够坚持工作到七十岁，并且始终对他自己、对他思维的开拓兴致盎然，这已然不同寻常。

如果这份兴致没有引发如下这种高贵的利己主义，它一定显得令人反感：作品的诞生有其自身的意义，至少对于人类精神史中的某一时刻而言。"

马蒂斯停下来擤了一下鼻子，接着说道：

"在五十年间，我一刻不停地埋头工作，仅仅对我大脑的构造感兴趣。由此产生了一些有分量的作品。这让人欣喜。但除此之外，我是一个完全无用的人。"

"不过问题不在这里。问题在于，我有幸能够工作五十年，直至七十岁。发生在我身上的事情，就是代价。人人有份。我已经偿还了！"

"现在我看待人生的方式完全不同了。我觉得自己遭受一些身体疼痛是很自然的，尽管我为了谋生曾经遇到过物质层面的巨大困境，不过这依旧属于日常困扰的范畴。在我看来，我的人生，直至我的手术，都是完全统一、一气呵成的。在接受手术之前，我思考过这些事情，我思忖着，即便手术不成功，相比人类寿命的平均值，我也超出了不少，于是我就可以坦然接受死亡了。万一自己不能从手术中幸存下来，我已经做好了心理准备。幸运的是，得益于外科医生的奉献与学识，我脱险了。这就像一次重生，现在我看待时间的方式与手术前完全不同了。"

"现在，我变得更冷静了。手术之前，我总想同时做两件事情。我总是为一次性无法完成好几件事而感到遗憾。我总是迫不及待地完成一个自己正在做的东西，以便动手去干点别的。我好像永远缺少时间。这场手术之后，我平静多了。我花时间精心养病，不给自己徒增烦恼。这让我获得了平衡。"

马蒂斯一边说话，一边吸着烟。透过交织着字母图案的窗帘，我瞥见了罗讷河上的桥拱，梧桐树梢的枝条已被早春染红。白色的门扉上，贴着两幅塞尚画作的彩色复制品：一幅是圣维克多山的风景画，一幅是苹果和细长白色水罐组成的静物画。

"我之所以尚未投入工作，"直面我的问题，马蒂斯说道，"那是因为，哪怕一张最小幅的素描，对我来说也不是轻而易举的。我需要全身心投入这个目标：将外部事件与外部事物在我身上产生的碰撞表现出来。"

马蒂斯抓起桌上的一把裁纸刀。他的手指惯于握住铅笔或画笔笔杆，我能感到他指尖的焦躁。他那厚厚的玳瑁眼镜就像横亘在他和世界之间的一层玻璃，当马蒂斯摘下眼镜，他那清澈湛蓝的目光便落在我身上，仿佛是为了核实某句话的效果，那种神色好像在说："说得清楚吗？"我看着他露出的宽阔额角，周围覆着一层薄薄的汗毛，看着他挺直的鼻梁，暗藏一丝微笑的稀疏胡须，紧致的颌骨，隆起的颈脖：他身上的一切都具有令人愉悦的庄严感。

"你打算做什么？"马蒂斯和我说话，影射我们的写书计划，"我希望，不会是那种贵族风格。"

"您放心吧，那也不是我的本意，而且与您的气质严重不符。您不是安格尔[1]先生那样的高贵老爹！在您身上没有任何千篇一律的东西，您的绘画很年轻，充满朝气。您站在德拉克洛瓦[2]一边。"

"那也没关系，"马蒂斯说道，"必须知道如何拒绝别人，不能让他们习惯过分的亲密感。比如，在美国，当他们见到你，他们会说'啊，是的，那个人非常讨喜！'从那一刻起，你对他们就再也不具备相同的吸引力了。"

"这是上流社会的方式。如果谁了解一个人的价值，就会欣赏他身上的淳朴：这又是一个喜爱他的理由。"

马蒂斯明显很喜欢我们提出的想法，因为在斯基拉和我起身告别时，正是他本人亲口问道：

"那么，什么时候开始？"

我们商定，第二天去莫拉特餐厅共进午餐。

---

1 让-奥古斯特-多米尼克·安格尔（Jean-Auguste-Dominique Ingres，1780—1867）：法国新古典主义绘画大师。

2 欧仁·德拉克洛瓦（Eugène Delacroix，1798—1863）：法国著名浪漫派画家，对后世影响深远。

第一次谈话

在卡尔顿酒店的"莫拉特之家"餐厅中，我们选定一张餐桌坐下。亨利·马蒂斯坐在一张长凳上，我坐在他对面的一把椅子上。餐厅狭长、冷清，甚至不怎么讨喜。马蒂斯要了一瓶波尔多酒。酒店老板拿来了一瓶1880年的老酒，一瓶过老的酒。我们把酒给退了，因为用马蒂斯的话说，酒味已经"败了"，而我们正兴高采烈地吃着他点的鸡肉和芦笋，神情似乎在说："您看，没酒也行。"马蒂斯穿了一件蓝色的羊毛套衫，领口几乎顶到了领结的位置（他得提防感冒）。我端详着他那绯红的皮肤，看着他那几乎称得上耳垂硕大的耳朵，以及用英式布料制作的灰色西服纽扣上的玫瑰花饰。马蒂斯的秘书替他收着他的灰色毛皮大衣。"这位女士是俄国人，西伯利亚人。"马蒂斯说道。她长着一张纤巧的鹅蛋脸，眉毛像是出自画家之笔，说话的语气温柔、恬静。阿尔贝·斯基拉也在场。我们谈论着里昂，这座城市在那一面面朝着罗讷河猛冲而下的墙壁上开满了窗户，上方则是银灰色

35

的天空。马蒂斯认为里昂是一座凹陷的城市，一座有景深的城市："里昂是一座坚固可靠的城市，尼斯则是一件装饰品，一件脆弱而美丽非凡的东西，不过，您在尼斯可见不着人（活该尼斯人倒霉！）。见不着人的意思是，若是在尼斯也有一些像我这样的人窝在角落里工作的话，那么我们之间不会认识，也不会见面，我们不会出现在这片风景之中。来尼斯的都是些想赌博、闲逛以获得放松的人，何况这些事很快就做完了，因为每次饭后大家都会问这个问题："我们接下来干什么？昨天去了蒙特卡洛，前天去了戛纳。我们还能去哪儿？'这座城市属于某些幻想家，尤其属于首饰商、酒店老板与漂亮姑娘们。有人还想把罗马学院[1]设在那里。"

马蒂斯说这些话时，眼神凝滞，嘴角微微露出嘲弄之色，好像人们常说的那种讲话颠三倒四而且谎言早已为人所知的老人。我和他聊起了他的出生，那是在 1869 年 12 月 31 日，在康布雷附近的卡托[2]镇，他说道：

我出生在我的祖母热拉尔家。我父亲住在几公里外一个叫博安[3]的地方，经营着谷物生意。12 岁那年，我作为寄

1　罗马学院：全称为"法兰西罗马学院"（Académie de France à Rome），位于罗马，是历史、考古与人文社科方面的专业学术机构。

2　卡托（Cateau）：位于法国北部，是康布雷附近的一个村镇。

3　博安（Bohain）：位于法国北部，是圣康坦附近的一个村镇。

宿生进入了圣康坦中学（传统学制）。

您那时没有被要求去接手您父亲的生意吗？

有的，但当时我患上了反复发作的阑尾炎。阑尾炎那时没法做手术。有人说：他得找一份安静的工作，一个清静的职业。那他能干吗呢？

医生去找了，而且还找到了。他说：他要是药剂师就好了！他可以待在药店后面，可以雇一个副手帮他做所有的事。他可以用这样的方式治病，通过静养来治病，等着它慢慢过去。阑尾炎通常发作一个月，一个半月，有时是两个月。人得了这种病，就不要去从事一份操劳的工作，而要找一份可以由别人代劳的活儿。

那后来事情没成吗？

没有，不过我成了一名诉讼代理人。假期中，大人们不知道该怎么安排我。我当时很听话，别人怎么安排我都行。在漫长的康复期中，有一次我和父亲在村镇里散步，他对我说："你去抄些诉讼文书怎么样？了解一些业务，还是很不错的。"他把这事儿和一个朋友说了。我就去了，去抄写文书。我看到了一些非常奇妙、生动的东西：一些奇闻怪事，背后普遍由利益驱动，经常见诸一些家族事务和"生意纠纷"之中。

有一天，一个常驻巴黎的律师来我们这里做审查。他问我："你在这儿做什么？来巴黎吧，至少你能在法律上获得初级资格，可以得到诉讼代理人方面的培训。"我和父亲讲了这事儿。他是一位在一切务实之事上都极为理性的人，"这是条路子"，他这么说道。

我去巴黎待了一年。我当时没什么感兴趣的事情。我定期上课，但上课对我来说就像听天书。考试前，我整天把自己关在旅店房间里，反复学习那些功课。我有一个玻璃吹管和一些乳香供我消遣。我从六楼看着那些向路人吹下去的乳香球。在那段时期，所有的人，即便是雇工，都戴着高帽子。我看着乳香球在帽子上弹起，或者穿透行人的报纸。行人挨得可真不少……

和波德莱尔笔下玻璃工与花盆的故事[1]很像！

---

[1] 波德莱尔在《巴黎的忧郁》中《晦气的玻璃匠》一文中写道："我走到阳台上，抓起一只小花盆，等那家伙一走出楼门，就把这件武器径直丢了下去，不偏不倚，刚好砸在他背着的货架边上，这一记重击，砸得那家伙应声倒地，他所有那点儿可怜的家当都被压在身子下面碎了个精光，犹如炸雷一声响，劈碎水晶宫。而我，依然陶醉在一己狂态之中不能自拔，暴怒地狂叫：'美化生活！美化生活！'此类神经质的恶作剧并非没有风险，而且往往代价高昂。可是，对于一个瞬间得到了无穷快乐的人来说，无尽的天谴又算得了什么呢？"

我不知道那个故事。

波德莱尔也开过性质类似的神经质玩笑：有一天，他让一个花盆从窗台掉了下去，摔在了一位可怜玻璃工的背上。和这个比起来，您用乳香球轰炸的危险性要小些。

这事儿一直没停，直到有一天，我把乳香球射到了对面那座房子阁楼里的女裁缝身上。她身型丰满，我的乳香球落在了她的胸部。女裁缝跳了起来，查看球是从哪儿来的。我的吹管的尾部从百叶窗叶片之间透了出去，她瞥见了上面的反光。我被发现了。她跑去酒店投诉，旅店老板走上楼来和我说："在这儿不能搞这个。"这是我学习法律期间残留的全部几段记忆之一。

您总归还是取得了考试成绩吧？

是的。我参加了法律的头一门考试，不是很难。因为考官在看见我们翻开法典时，就已经很满意了。为了给学生出难题，老师会对学生说：这里有一部法典，请向我指出与婚姻法相关的一个条文。学生拿起书。如果他连与婚姻法相关的页面在哪儿都不知道的话，那他就真的不及格了。如果他翻到了正确的页面，便已经得到了不错的分数。

我从巴黎回来后，便被安排在圣康坦担任诉讼代理人。

从本质上来说，是阑尾炎让您从学习法律的无聊中解脱出来的？不然的话，您已经成为马蒂斯阁下了？不过晚一点或许您还是会发现自己的使命吧？

不会的，估计没机会了。对一件事进行历史推演其实挺有趣的：事情的起源常常是一场意外。

您是怎么开始画画的？

是在圣康坦中学的时候，完全出于偶然。当时我和一个叫艾米尔·让的朋友一起上学。我们两个人都是最认真的，一边观察我们面前的实物，一边在纸上涂抹。实物有时是无花果叶，有时是罗马半身雕像，我们对班里正在发生的事情，对那些起哄的家伙干的事情毫不关心。素描老师是安托姆神父，他五六十岁的年纪，患有哮喘病，喘气有些困难。他管着教室的钥匙。有一天，他迟到了。两点钟的时候，我们站在楼梯上等待，那是一个旋转小楼梯，我至今还对它记忆犹新。我们在画室紧闭的大门外等待。那里喧闹声阵阵，有个学监正在维持秩序。我们和学监一起待在那儿，学监试图让大家不要喧哗。当大家瞥见安托姆神父开始爬楼梯时，吵闹声变得惊天动地。他戴着一顶大礼帽，学生们就朝他的帽子上吐唾沫。他气喘吁吁、结结巴巴地喊学监过来作证："天啊！先生，他们……他们……竟敢往我的帽子上吐唾沫！"

您是从什么时候开始打算画画的呢？

是在那一年年底，艾米尔·让和我都获得了素描一等奖或是二等奖，我发现自己可能在素描方面有些才能，但当时并没有任何继续深入的想法，是在这很久之后我才想要去画画的。

我得了阑尾炎。于是有了一些闲暇，被我利用了起来。这时，颜料盒走进了我的生活。我当时21岁。我和你说过，疗养期很漫长（那时候阑尾炎不做手术）。我在父母家疗养时，有一个邻居，他是一家小布料厂的经理。他在业余时间会画一些关于瑞士风景的彩色画片：比如松林前的木屋以及翻腾的溪流。当时他常常对我说："你看，墙上终于有点儿东西了。"看到我在休养期间自个儿管自个儿，我的这位朋友便建议我和他一样来散散心。这个想法并没有打动我的父亲，是我母亲出钱给我买了一套颜料盒。颜料盒底部有两张小幅彩色画片，一张画着风车，另一张则画着一座小村庄的村口。

您照着画了吗？

是的。风车那张，我以"ESSITAM"署名，把我的姓反过来写。一幅画可不就是一件签了名的东西嘛。

以前，我对什么都提不起劲。我对别人想让我干的任何事情都毫无兴致。自从我手里有了这套颜料盒之后，我感觉到这才是我的人生。就像一头野兽奔向它的所爱之物一样，我在朝着这个方向前进，我父亲当然很绝望，这也能理解——他让我学习的可是其他科目。绘画具有巨大的吸引力，就像一座复乐园，我在其中感到彻底的自由、孤独与宁静，而在做别人让我做的各种事情时，我总是感到有点焦虑和无聊。

您知道这些早期作品的下落吗？

我把这两小幅有趣的临摹送给了我的朋友费尔南·封丹，但后来由于战局而丢失了。

之后我买了一本书：《绘画的方式》，由古皮出版社[1]出版。我手里拿着这本书，边看边画。法律？我之后就几乎再也没想过这事。

1　古皮出版社是由阿道尔夫·古皮（Adolphe Goupil，1806—1893）于1827年成立的一家出版社，总部位于巴黎，是19世纪重要的艺术书籍出版社。

我惊讶于马蒂斯有过这样一个毫无绘画沃土，甚至手握一把烂牌的起点，竟然还能够成为他今天的样子。

这是一粒种子，需要让它生长，让嫩芽破土而出。自此之后，我满脑子想的都是绘画。这个念头疯狂生长，也不知道源自哪里。我们家里没有画家，我的故乡也没有画家。如果有一个专业的环境，事情肯定会更有把握些。

您在博安度过了童年，那个地方难道没有某种艺术的或者最起码手工艺的氛围吗？

博安是一个手工织造中心。人们以前在那里制作一些印度的编织披肩。在当时那个年代，人们还裹着饰有棕榈叶和流苏的披肩，像在某些古老的弗拉芒绘画中出现过的那样。那些织造厂在博安有办事处，他们把织物材料分发给当地的农民，农民们过来取走，然后拿回家里编织。农民家中通常有一间大屋子，屋子里有一张床，中间放着一张桌子，角落里摆着织布用的提花织机。在附近的每一个村庄里，都有许多"个体纺织户"，而非纺织工人。

四十年前，我在菲尼斯泰尔省的伯泽克卡西赞[1]地区见

1　伯泽克卡西赞（Beuzec-Cap-Sizun）：位于法国最西部菲尼斯泰尔省的一个市镇。

过类似的东西，屋子最里面的角落被一头奶牛与它的草料饲槽占据着。

圣康坦学院的开设也是因为织造的缘故吗？

是也不是。圣康坦学院是给圣康坦地区服务的，而由于博安是一个相对较大的中心，值得拥有属于它自己的素描与织造学校。总而言之，博安学院（像圣康坦的那所学校，全名康坦拉图尔素描学院一样）是给那些准备在工业领域就业的年轻人准备的，在织造方面，主要涉及室内家具布料以及窗帘面料。它位于老费尔瓦克宫内。

我想，您经常去那里吧？

在漫长的疗养期间，我第一次接触到了绘画，之后，当我回到圣康坦，每天早上七点到八点，在事务所开门之前，我就去那里画素描。

我想您是偷偷开始画画的吧。您父亲反对您的这种想法。

他做得很到位：他想看看这事儿能不能成。在圣康坦地区有一所名叫"拉图尔"的学校，从巴黎来了一位老师，是博纳[1]的学生，开设了一门为窗帘设计师们准备的课程。我早晨七点到八点之间去那里画素描。中午匆匆吃完午饭之后：画画。晚上六点从公证处回来之后：画画。我当时要等到天暗下来以后才吃晚饭。在事务所，老板总是问我："马蒂斯先生，业务怎么样了？"对于我的不予答复，他已然习以为常，并且亲自去查看那些文件。我是一个昏昏欲睡的"纸片人"。之后老板就再也不向我询问任何事情了。我父亲时不时来拜访他。父亲每一次来访，我都希望老板对他说"事情做得不怎么样"，然后把我扫地出门。然而我听到的总是："还行，他能干好的。"在学校，有一天老师跟我说："您可以画画了。"我的父亲已经为我交了学费。当我说"我想成为一名画家"时，便等于在对这个男人说：你所做的事情对我毫无用处，一点儿帮助都没有。"就让他干一年吧，"我母亲这么说道。她给了我父亲一个美好的人生，于是他就心软了。也正是这样，我来到了巴黎，得到了一年的自由。

在您临摹的《磨坊》之后，您的第一件原创绘画作品是什么？

有一天，我在父母的阁楼里找到了我画的第一幅画：

1　莱昂·博纳（Léon Bonnat，1833—1922）：法国画家，1888年至1905年间被任命为巴黎美院画室主任。

这是我的第一幅静物，是照着我的法律课本画的。

我惊讶地在这幅画中发现了此后自己构思的一切，我不明白为什么自己又多干了十年。在思考过后，我意识到，我在其中发现的，是我的个性。随后我告诉自己，如果我只画了这一幅画，这种个性就会难以被察觉，因为它或许不会得到发展。

我们处于我们所做的一切事物之中，既处在早期的绘画中，也处在晚期的绘画中。然而，在第一幅绘画中已经存在个性，正是它的发展将会令它真正存活于世，因为它获得了发展。个性早已存在，然而尚处于胚胎状态。

您的这些话，让我想起曾经去您位于蒙帕纳斯大道的工作室拜访时看到的那些旧画作。在每一幅独立的绘画中，我都能找到您，然而，如果我没有对您的全部绘画已经有所了解的话，那些色彩艳丽的谷垛、圣米歇尔堤边的塞纳河河岸以及削皮苹果的静物画，便很有可能无法向我提供对您艺术的整体把握。我们喜欢在这些早期作品中重新找到那些链条，在此，新颖的笔触总是稀释于传统之中，然而，在一件真正具有开创性的作品面前，肇始期总是显得漫长，辨识起来也更为困难，所有的链接似乎都被割断了。

漫长是一件好事。

他用自己的甜点刀，在桌布上画着一些短线。他的手指从来不会闲着，总要握住一支铅笔或者摩挲一把叉子。他的手显得白皙，护理得不错，手背布满了雀斑，双手永远在移动。

我们听到了一阵椅子声。一群身着便衣的德国人[1]吃完饭，正从单间走出来。我看着他们按照军衔等级依次离开，好像在排队出操。当马蒂斯观察他们的时候，我在想：他留在了法国，他在灾难发生之后留在了自己的国家（马蒂斯向我们诉说他是如何逃往圣让-德吕兹[2]，之后又如何在尼斯找回了他的阳光并寻医问病）。

马蒂斯掏出了他的护照。我看到了一张前往巴西的签证，日期是 1940 年 5 月 1 日。

就在我打算出发前往巴西待一个月的当口，我在波埃西街遇到了毕加索。他看见我，神情很快活：

"我的老伙计，您这是怎么了？"

"呃，我这不是要去巴西嘛。"

"您难道不知道发生了什么吗？德国人在兰斯呢。"

1　当时法国已经在二战中战败，北部成为纳粹控制的沦陷区，因此里昂驻扎着大批德军。

2　圣让-德吕兹（Saint-Jean-de-Luz）：法国西南部靠近西班牙的一个沿海城镇。

毕加索比画了一个手势："就在那儿，很近。是啊，我的老伙计，就在那儿！这简直就是美院[1]。"

　　马蒂斯一边说着话，一边用手轻敲着桌面。在这略显阴沉死寂的大厅中，我们显得郁郁寡欢，老板娘站在柜台后面，显出凛然不可侵犯的模样。

　　马蒂斯承认自己有点累了："我昨天和你们说的那些话，半夜里又来纠缠我了。"我们几乎不敢约他第二天再见面。不过他主动向我们发出了邀请："我们再会吧，餐馆由你们来选。"

1　毕加索把二战中法军看似坚不可摧的防线比作巴黎美院，意思是在德军进攻下，法军就和当年美院面对毕加索和马蒂斯的新艺术一样不堪一击。——原注

第二次谈话

位于王室街的 ˝布拉齐耶大娘˝ 餐厅提供老式传统法餐。在这个食品定量配给时期, ˝大娘˝ 依然能够让我们得到款待。我们坐在一间贴着白色瓷砖的小包间内, 津津有味地品尝着撒了松露的朝鲜蓟芯, 里面还加了核桃。波尔多酒很醇厚。我们是和亨利·马蒂斯一起乘出租车过来的。对谈伊始, 我看见马蒂斯的额头上闪着许多小汗珠, 想必出趟门对他来说还是要花些力气的, 但在服务员给我们端上豌豆焗乳鸽时, 马蒂斯很快便和我们讲起了他学习绘画期间的故事, 谈起了以前的老师, 还模仿起布格罗[1]、费里尔[2]、柯尔蒙[3]

---

[1] 威廉-阿道尔夫·布格罗 (William-Adolphe Bouguereau, 1825—1905): 法国学院派代表画家, 画风唯美, 追求完美与理想化的艺术风格。长期担任巴黎美院及朱利安学院教授。

[2] 加布里埃尔·费里尔 (Gabriel Ferrier, 1847—1914): 法国画家, 曾在巴黎美院教书。

[3] 费尔南·柯尔蒙 (Fernand Cormon, 1845—1924): 法国画家, 长期担任巴黎美院教授, 并从 1882 年起在巴黎开设 "柯尔蒙画室"。

以及那些充斥他学画生涯的守旧画家们的口头禅。在我看来，马蒂斯的脸上呈现出前所未有的戏剧性，神色也比平时更为多变。在他说话时，马蒂斯用指甲在桌布上画画。不知是出于何种进一步的需求，他还试图把桌布的花边条纹重新折叠起来。

马蒂斯时不时被情绪感染。他向我们展现的是他的全部青春，他用几句话便勾勒了整个时代，那个居斯塔夫·莫罗与欧仁·卡里埃在博纳们与杰罗姆[1]们面前以反叛者自居的时代。

在圣康坦，当我还在做诉讼文员的时候，有人和我说："有一个在这里住过很多年的画家，叫库图里耶[2]，是风景画家夏尔·雅克[3]的朋友。如果您去巴黎的话，可以去找他。"库图里耶对我早期的尝试很感兴趣，并鼓励我说："除了居斯塔夫·莫罗和皮维·德·夏凡纳[4]，我不知道还有哪些含着金钥匙出生的画家。在巴黎，我和居斯塔夫·莫罗及布格

1　让-莱昂·杰罗姆（Jean-Léon Gérôme，1824—1904）：法国学院派画家，长期担任巴黎美院教授。

2　莱昂·库图里耶（Léon Couturier，1842—1935）：法国风景画家。

3　夏尔·雅克（Charles Jacque，1813—1894）：法国风景画家，巴比松画派成员。

4　皮埃尔·皮维·德·夏凡纳（Pierre Puvis de Chavannes，1824—1898）：法国画家，象征主义绘画先驱之一。

罗都曾是皮科[1]的学生。去拜访一下布格罗吧，给他看看您的画。"

您是怎么到巴黎的呢？

我是和佩蒂一起去巴黎的，他是一位有天赋的画家。我们在曼恩街[2]租了两间房，自己做饭。之后，当我和佩蒂分开，我就去圣米歇尔堤岸[3]附近安顿了下来。在那间房子里，断断续续住了三十多年。

我记得是圣米歇尔堤岸19号？

是的。每年350法郎的租金，住在七楼的一个房间。阳光从房顶透下，这是唯一的照明，但是晚上躺下的时候，能看见夜空。一天夜里（我当时特别害怕要再回圣康坦），我做了噩梦，梦里自己在学习怎么当诉讼代理人。我对自己说：没事了！我在这儿呢！我出了一身汗，惊恐万分。之后，我的眼睛睁开了，我看见了夜空和星

1　弗朗索瓦·爱德华·皮科（François Édouard Picot，1786—1868）：法国新古典主义画家。

2　曼恩街（Rue du Maine）：位于巴黎第十四区蒙帕纳斯附近。

3　圣米歇尔堤岸（quai Saint-Michel）：巴黎第五区的一段滨河干道，位于巴黎市中心，巴黎圣母院对面。

星。我得救了。

在伊西莱穆利诺[1]的工作室以及您在蒙帕纳斯大道132号定居下来之前，您在巴黎的住处先后都有哪些？

马蒂斯思考片刻之后说道：

最开始我在曼恩街住过；之后搬到圣米歇尔堤岸，住在七楼；再后来，为了拥有一间更大的工作室，我在圣雅克街[2]的底楼住过，在一间雕塑家的工作室里，那里头鞋子都长霉了，墙壁紧靠隔壁肉店老板的冰库。我的一位同学不让我睡在那儿，我便去他家暂住，好让自己别死在那个地方。过了一段时间，我最后还是回到了圣米歇尔堤岸，拥有了一间面朝塞纳河的工作室，并在此期间结了婚。之后，年复一年，我的住处逐渐扩大。在去群鸟修道院[3]安顿下来之前，我一直住在那里，1914年我又搬了回去，没去摩洛哥。

1　伊西莱穆利诺（Issy-les-Moulineaux）是位于巴黎西南近郊的一座市镇。

2　圣雅克街（rue Saint-Jacques）：位于巴黎第五区索邦大学附近，离圣米歇尔堤岸很近。

3　群鸟修道院（Couvent des Oiseaux）：位于巴黎第七区，法国大革命时期被用作监狱，1818年至1904年间成为女子寄宿学校。1908年至1909年间，马蒂斯在此管理一所艺术学院，被称为"马蒂斯学院"，1911年关闭。

我想您是在 1892 年抵达了巴黎，注册了当年的朱利安学院[1]，在巴黎美院备考班上课，您想考取巴黎美院。

最开始我向布格罗自荐，想请他收我当学生。我给他看了我在圣康坦画的两幅画，他对我说："啊！我们还不懂透视呢！不过您会学会的。您可以来我朱利安学院的画室。"

是龙街的那个吗？

不是的。朱利安学院一开始位于圣丹尼郊区街。在我到达半个月后，它搬到了龙街的一幢大楼里，这幢楼被朱利安专门规划来做一个学院。在画室里，布格罗这个老好人常常给大家做指导，他一边用手扶着画布，一边说："啊！绘画可真难啊！"

马蒂斯用他的餐刀刀尖在桌布上勾画出半圆形的画室平面图，并指出他本人的画架位置、模特摆造型的展示台以及布格罗进出的大门，还模仿布格罗依稀带着鼻音与哀叹的语气。

1　朱利安学院（Académie Julian）：一所私人学校，1866 年由法国画家鲁道夫·朱利安（Rodolphe Julian，1839—1907）与艾美莉·博瑞-索雷尔（Amélie Beaury-Saurel，1848—1924）在巴黎设立，是当时报考巴黎美院前最重要的预科学校。

在第一堂课上，布格罗训斥我用手指擦拭木炭画，训斥我的素描在纸上的位置不当（在画室里，如果把人像画得太高，就被称为"吊死鬼"）。最后，他让我画一些石膏像，还跟我谈起那些学院派千篇一律的理念，比如使用铅绳，等等。"您去找老生问一下。"

接下来的一周，加布里埃尔·费里尔接替了布格罗。他是个矮小的男人，说话很容易激动，留着向上翻卷的小胡须，额角长着卷曲的鬈发。我当时正在临摹一尊石膏像：一位路易十五时期的园丁。从我的素描边走过时，费里尔惊叫起来："这是谁画的？"同学们喊我过来，老师指着我说：

"这是一位艺术家！您为什么不照着人体模特画呢？"

"我不敢，我才刚刚起步。"

"那就开始画人像，您很快就会超过这些人的。"（他指着聚在一起的学生。）

接下来的一堂课上，费里尔要为我批改一张人像，人像的头部之前被我擦掉了，因为我不满意。由于在等他的时候我又徒手做了一些调整，他愤怒地说道："什么！您用手作画，您还没有画头部！差劲啊，差劲到我已经不敢跟您说它到底有多差劲了。"

在我看来，他挺冒失的。

批改时间是每周二和周六。我再也不去了。

我在 1920 年左右也去过朱利安学院学画画。同学之间气氛很好，但学生们画画是照着程序来的。是一种做作的炫技，您明白我的意思吗？在您那个时期，也同样如此吗？

在朱利安学院，我面前都是一些表现裸体男性或女性的绘画，手法完美，却空洞无物，完完全全、彻彻底底的空洞无物：只有一套程序而已。我觉得自己没有任何理由去画这些东西。为了做出这些东西，我看不出自己能够跨出第一步。三个月之后，我去了一趟里尔，那是我父亲当时常去的地方。我去逛了逛博物馆。在戈雅[1]的《青年》与《老者》（图 12）面前，我一下子就被抓住了，我说："像这样的绘画，我将来也要画。"我明白了，我可以投入到这样的画作里去：这是一扇敞开的门。而在朱利安学院那边，则是一扇关闭的门。

最开始，我和朋友让一起，在离朱利安学院不远的圣丹尼郊区路上的一间小餐馆里吃饭。为了用父亲给的生活费挺过两年，我每次只点半份的量。"看着你这么喝水，"我的同学让先生说，"让我很心疼，你撑不下去的。"他一边说，一边在我的杯子里倒了一点红酒，把清水染红了。

1　弗朗西斯科·戈雅（Francisco Goya，1746—1828）：西班牙著名画家，画风多变，对后世影响深远。

马蒂斯表情凝重地回想道：

你看！半份饭要六个苏，面包三个苏，布里奶酪三个苏，咖啡两个苏，一共十三苏[1]。让先生则要花上二十五苏。

我觉得您很幸运，可以在巴黎美院上居斯塔夫·莫罗的课，他是那里唯一当真教点东西的老师。1892 年是他在波拿巴街[2]获得任命的年份。

朱利安学院缺乏条理的课程让人失望。有人给我指了条路："如果你想学古代艺术，得去巴黎美院！"当时巴黎美院有三位正式任命的教授：博纳、杰罗姆和居斯塔夫·莫罗。这三位画室主任每周三、周六会过来一趟，给那些在摆满古典石膏像的玻璃庭院里作画的年轻人提一些建议。但为了得到指点，小伙子们必须得到某种推荐，譬如获得一枚美术沙龙的奖章。指导老师可不是人人都可以打扰的。当时我不认识任何人。不过，恰好来了一位新教授：居斯塔夫·莫罗。别人对我说，他人很好。他来玻璃庭院时，只要站在他

---

1 马蒂斯计算错误，实际应该是十四苏。"苏"是法国旧货币单位，相当于五生丁或二十分之一法郎。

2 即巴黎美院，位于波拿巴街 14 号。

的凳子后面向其致意，他便会帮我们批改。

我就是这么认识他的。他对我说：

"来我的画室干吧。"

"我还没被美院录取。"

"这没关系"。

莫罗画室，您不就是在那里遇到了随后一起搞独立艺术的大多数同伴吗？

是的。相当奇妙。一般情况下，教授并不讲话。博纳带着某种轻蔑观看他学生的画作，时不时地点评一句，也不是次次都说。破天荒地有一次，他对他的一个学生说："您不如就干脆往烂里画算了。"然后就走了。杰罗姆则试图打击他的学生们。他对他们说："你们注定是要饿死的。"比如他会胡扯：

"我的朋友，您父亲是做什么的？"

"他是煤炭商人。"

"那很好啊！您卖炭去吧！"

总之，他把学生们重新引向了父辈的传统！

居斯塔夫·莫罗一直独居，和德加一起去过意大利（他们曾经一同工作）。他认识皮维·德·夏凡纳，但不太熟，他从来不去拜会任何人，也不接待任何人。他同意接替艾利·德劳内[1]，在美院进行教学工作。

是卢森堡博物馆里那幅《庞廷斯沼泽中的瘟疫》的作者德劳内吗？

是的。莫罗来的时候是临时职称，然后就留在了美院。

他的方法是什么？

他对待教学非常认真，谈到过很多大师以及他们那些高贵的理念，他一直在与写实主义斗争，激发着学生们的想象力。

有人说在他的学生中间，莫罗更喜欢那些顶撞他、敢于自毁前程、勇猛大胆以及善于运用色彩的人。

我们当时身处那些只想入围罗马奖[2]大赛的人中间，身处那些以得奖为目标无所不用其极的人中间。他并不怎么喜欢他们，却还是帮他们批改。还有一些人尝试用一种更为独

1　于勒-艾利·德劳内（Jules-Élie Delaunay，1828—1891）：法国画家。在去世前恳求莫罗接替他在巴黎美院的工作，促使莫罗同意出山。

2　罗马奖是当时法国学院派绘画中的最高奖项之一。

立的方式创作，他更喜欢这些人。

此外，他还有一个很大的优点：他领我们去卢浮宫。在他之前，布格罗偶尔也会在嘴上说：去卢浮宫吧，要看这个，也要看那个。他派学生们去观摩那些文艺复兴衰落期的画家：比如圭多·雷尼[1]、索多玛[2]等。莫罗则和学生一起去卢浮宫。他让我们完成一些临摹，并对我们的实践进行指导。他带我们在荷兰画家、意大利画家面前漫步。他选择的画家更好，将我们引到真正的画家面前。他并不是在向我们展示别人如何画画，而是面对这些画作中蕴含的生活，激发出我们的想象力。

他难道没有让你们在卢浮宫画画吗？

有的，他让我们临摹。我们的作品显示出这样的优势，有可能被送到卢浮宫临摹品售卖委员会，他们会花两三百法郎把优秀的临摹品买下，然后寄到外省的博物馆去。不过得是一些真迹的复制品。需要卑躬屈膝、不带脑子地去临摹。那些被买下的作品，都是门卫的女儿或妻子的画作。

1　圭多·雷尼（Guido Reni，1575—1642）：意大利画家。

2　索多玛（Sodoma，1477—1549）：意大利画家，本名吉奥瓦尼·安东尼奥·巴齐（Giovanni Antonio Bazzi），索多玛是他的艺名。

至于我们，他们从不跟我们买任何东西。由此，马尔凯在卢浮宫临摹了一幅委罗内塞[1]的《耶稣受难》，那是一幅方形的绘画，每条边长一米。他临摹这件作品至少花了三个月。委员会把他拒绝了。他又花了三个月时间，之后又花了六个月的时间。委员会依旧把他拒绝了。他就这样持续临摹了两年。最后，这件临摹品变成了一件非常漂亮的东西，最终还是被拒绝了。马尔凯的母亲，来自阿尔卡雄湾的阿勒斯[2]，把这幅《耶稣受难》送给了当地的教堂。然而，所有虔诚的信徒都发怒了，强烈要求取下这幅画，因为盗贼穿得太少了。

那些您在卢浮宫临摹的旧作，我想您后来都找到了吧？

是的，都在卢浮宫顶楼。我之前把临摹作品留在了那里。我的画室不是很大。习作完成了，结果也达到了。一天，有人和我说，他们要出售一些临摹品。海报就摆在门口。其中有一幅夏尔丹[3]《鳐鱼》的临摹品。我把它要了回来。它是我画的。别人就把它还给我了。

---

1 保罗·委罗内塞（Paolo Veronese，1528—1588）：意大利著名画家。

2 阿勒斯（Arès）：位于法国西部的阿尔卡雄湾，离波尔多不远。

3 让-巴普蒂斯特-希梅翁·夏尔丹（Jean-Baptiste-Siméon Chardin，1699—1779）：法国静物画大师。

您在卢浮宫临摹过哪些作品呢？

我临摹过多幅普桑[1]的作品，其中有他的那幅《纳喀索斯》，还临摹了阿尼巴莱·卡拉奇[2]那幅非常漂亮的《狩猎》。这件临摹被要去送给格勒诺布尔市了，用来挂在市政厅。我相信是博物馆馆长的要求。之后还有菲利普·德·尚佩涅[3]的《死去的耶稣》，拉斐尔的肖像画《巴尔达萨雷·卡斯蒂廖内》，鲁伊斯达尔[4]的《暴风雨》以及多幅夏尔丹的绘画，其中包括《水果金字塔》[5]。

居斯塔夫·莫罗在第一次见到您的时候说了什么？您是怎么联系上他的呢？

一开始我在古典绘画方面用功，之后去了卢浮宫，临摹了两幅夏尔丹。第一幅是《烟斗》（图13）。刚开始很吓人。那幅画有一种异乎寻常的稠密质地。我的同学对我说：

1　尼古拉·普桑（Nicolas Poussin，1594—1665）：法国著名画家。

2　阿尼巴莱·卡拉奇（Annibale Carracci，1560—1609）：意大利画家，巴洛克绘画代表人物之一。

3　菲利普·德·尚佩涅（Philippe de Champaigne，1602—1674）：法国画家。

4　雅各布·范·鲁伊斯达尔（Jacob van Ruisdael，1628—1682）：荷兰著名风景画家。

5　《水果金字塔》即夏尔丹的名画《冷餐台》，画面中描绘了一座如金字塔般堆叠的水果山。

"你的白色用得不够多……"我加了些白色……这件临摹最终还是失败了，我听了所有人的话。莫罗对我说："您应该临摹大卫·德·海姆[1]的《餐具桌》。"我便动笔了。真的非常复杂。那张画似乎是拿着放大镜画的。画面中有些物品的细节被追求到了极致。当时我坐在大厅另一侧，像写生一样完成了我的临摹。

后来您对这幅画进行过一个较为自由的诠释，我那本由里德出版社出版的小册子对原作进行了翻印，就挨在您的临摹品旁边。您对荷兰绘画的画面框架和线条的节奏很感兴趣，看到您如何对这些部分加以强调，是很有趣的。

出版人斯基拉谈起了他在给某些画作的印刷品勘色时遇到的困难：

（斯基拉）关于《烟斗》，我可以说这是唯一一幅我无法翻印的绘画。衬在首饰盒盖子里面的蓝色！盒盖下衬底的蓝色！我始终无法捕捉到它！我去卢浮宫校正我的试印稿。

1　扬·戴维佐恩·德·海姆（Jan Davidszoon de Heem，1606—1684）：荷兰静物画家。

某一天早上，它是粉色的，另一天早上它是蓝色的，过一天又是绿色的。我至今不知道背景颜色到底是什么。我把试印稿裁成小片，把它贴在原画上看看对不对。我用半个花瓶做试验。很准确，行得通。我对背景也这么干。也可以。我再用整张试印稿做实验。就再也没有任何相似之处了。这真的是一幅具有魔力的绘画。

原因在于底层，在于一种透明的淡色。蓝色以半膏状涂在白色上。临摹比翻印容易，因为手法是一样的，都是绘画。而在纸上翻印时，色彩永远都挂不住。

（斯基拉）关于彩色翻印，我想要做的两个画家是夏尔丹与柯罗[1]。

我觉得马蒂斯的颜色还是比较好复制的吧？

是的，因为我只用一些纯色。我的蓝色就是颜料管里的蓝色。任何人都可以复制我的画。只需要知道是哪一种蓝即可：钴蓝、深蓝，或厚或薄，颜色的用量与厚度决定了它的质感。在彩色翻印中，颜色的比例很重要，材质则没有那

1　让·巴蒂斯特·卡米耶·柯罗（Jean Baptiste Camille Corot，1796—1875）：法国画家。

么重要。很长一段时间内，我在工作时都会对自己说：材质没有任何一丝重要性。是蓝色、绿色、红色的用量，构成了我绘画中极具表现力的协调性。在那段时间，所有人都试图模仿壁画，吸附性强的画布被用来赋予油画以壁画的效果，但它们总是呈现出一种蹩脚的、粗糙的外观，缺乏壁画的美感与深度。

今天，您难道不认为，一幅绘画首先借由它的材质来与人交流吗？在物体本身以及肉眼对其接纳的方式之间，实现了一种神秘的质变。或者，更确切地说，画家的材质被激活了，仿佛依旧承载着艺术家的激情：我们在其中感受到他跳动的脉搏，感受到他需要在空间之中、时间之外留下他存在的胜利。

任何一位真正拥有天赋的画家都拥有某种质地，拥有某种带着快乐、带着某种快感摆弄色彩的方式，让我们得以言说某位画家的质地如同一种丝绒，或像一匹绸缎，或像一匹塔夫绸。那种方式……我们不知道它从何而来。这很神奇。是学不来的。有些绘画非常密实，例如塞尚的绘画，而有些绘画则质地极其纤细，然而却有一种实实在在的密度：譬如委拉斯开兹[1]的《菲利普四世》（图14）。地面的薄涂层

1　迭戈·委拉斯开兹（Diego Velázquez，1599—1660）：西班牙著名画家。

非常漂亮，材质坚固，薄涂层的比例恰到好处，以至于它与背景融为一体，十分和谐。卢浮宫里鲁本斯的那幅《海伦·芙尔曼和她的两个孩子》（图 15），画作大部分使用的是浅色油彩，但这些浅色的跨度却深邃而稳固。

莫罗画室的最大缺陷在于，那些学生过分看重技巧，以至于一幅画作的不同绘制阶段都可以在他们的各种习作中被看出来，然而它们彼此之间却无法调和。我刚才谈到《菲利普四世》中的地面，若按他们的画法，会变得呆滞无神，两种重叠的颜色之间无法实现紧密的结合。

是颜色内部没有得到滋养。

是的。但居斯塔夫·莫罗的学生确实注意到，那些大师拥有某种独特的质地。他们用尽一切办法试图去理解画作被创作出来之时的质地，去理解画布的颗粒：物体、透明的浅色、从光亮到阴影的过渡。他们拿着放大镜去观察。

我相信居斯塔夫·莫罗除了超载的象征主义（这令德加说他给奥林匹斯山上的众神戴上了表带），还是给予了你们一些东西的。他是绘画方面的大知识分子。我不认为在巴黎美院的其他画室中，有人能有同样的关切。

美院其他画室里的学生擅长画一种笨重、暗淡、毫无波澜的绘画。当此类晦暗的画作出现在安格尔笔下时，它获得了某种构图和涡卷式线条的支撑，唯有后者才能为画作带来生气。这位大师不是说过吗："绘画非常简单，我们先画好一幅草图，然后把我们想放在里面的一切都放进去。"

对您而言，莫罗给予了您什么？

莫罗并不让他的学生走上一条既定的路，而是让他们另辟蹊径。他给学生们带来了焦虑。以至于柯尔蒙接替莫罗之后，那些老生都说："好日子来了！这个人将会教我们手艺！"和莫罗在一起，我们能够获得与我们自身脾性相符的手艺。

莫罗画室的气氛怎么样？

有一些人在准备罗马奖竞赛，从某种意义上来说，他们专门做一些能让他们获得奖章的习作。要想入围罗马奖竞赛，必须获得第一枚奖牌——这是一场选拔赛。

这些人分为多个小组：有些人独立作画，另一些人画得不多，他们有点灰心丧气。那些画得不错、热情积极的，像鲁奥[1]和马克森斯[2]，则坐在画室的最里边。画室中间的位置有几个独来独往的人。靠门的位置，坐着爱起哄的人。

这间画室很奇怪，有一个非常安静的角落，而在另一个角落，却有人制造着让人难以置信的喧哗，故意打扰别人。

那您本人坐在哪里？

在两个角落之间。鲁奥背对着马克森斯。鲁奥脸色苍白、身形瘦弱、一头火焰般的红发。等到了最后，当马克森斯给自己的习作添上最后几笔，修饰细节，尤其是眼部的光亮时，鲁奥一直在旁边偷窥。

鲁奥等的就是这一刻，当马克森斯即将往眼珠上画光斑时，鲁奥跳起来，猛地跺脚并大声喊叫，马克森斯把画笔悬在半空，有气无力地跟他说："鲁奥，你好烦啊！"鲁奥总是预言马克森斯会成为法兰西学院[3]院士。很多年以后，马克森斯确实当选之后，鲁奥出席了宴会，画室里的其他同

---

1 乔治·亨利·鲁奥（Georges Henri Rouault，1871—1958）：法国画家，与马蒂斯一起参与过野兽派运动。

2 埃德加·马克森斯（Edgar Maxence，1871—1954）：法国象征派画家。

3 法兰西学院成立于1795年，是法国享誉盛名的学术机构。法兰西学院下设五个学术院：法兰西学术院、法兰西文学院、法兰西科学院、法兰西艺术院、法兰西人文院。

学也去了。我和他不是很熟，所以没有去。宴会结束时，鲁奥做了类似如下的发言："马克森斯，我之所以来参加今天的盛宴，你不要以为是因为我喜欢你的绘画，而是因为我一直预言你会成为法兰西学院的一员。我今天来就是告诉你，你看，我是对的。"

您在莫罗画室待了多久？

五到六年。

这已经不短了。在这种争取奖牌或奖项的气氛中，您应该还是会有窒息感的吧。

当时我感觉有点迷失，失去了方向，不过我那时候其实还没有方向。美院里流行的那些技法完美的空洞画作让我感到困惑，各种奖项的颁发也让我感到困惑，这些奖赏与鲜活之物毫无关系，只是在套用那些来自大师们的手法而已，但都是些什么大师啊！因为在美院中，必须首先给人一种尽善尽美的印象，展现出对于某个目标势在必得的姿态。我们开始了美院的学业：一周时间用来画面部，再用一周时间画上身，腿部画得快一些，因为它更细，画脚的时间更短，因为它看不到！

被美院录取之后，就能获准去上一门素描课。这堂课每天晚上都有。去上这门课就是为了拿奖。学生们都干些什么呢？他们去图书馆查询各种汇编文献，里面收录了所有曾经获奖的素描作品，去看看这些素描是怎么画的。有人让他们这么干，以为他们不需要感受便能成为艺术家。只需要做这个：版面布局和计件工作。我相信在音乐学院也同样如此。我认识一个评审团的老师。我们谈起一些青年才俊，一些十二岁就获得了人生第一枚钢琴奖牌的小女孩。我问道：

"您对此做何评价呢？"

（那一年，正好有一名这样的候选人。）

"她以后将一事无成。"

"那为什么颁奖给她呢？"

"因为她的技巧无懈可击。她的技巧实在太令人诧异了，于是我们说，她还有时间去追求那些她现在没有的东西。然而，一位拥有强烈艺术直觉的年轻人，如果他的技巧没有达到同样的高度，我们就不会给他颁奖，因为我们想着：来日方长，他还需要学一两年。"

我当时有些困惑，因为我觉得一切都应该反过来才对。我确实需要接触一片更为稳固的土壤，在那里我可以脚踏实地，我可以在创作中摸索前进。

您跟我说的这些，让我想起自己在罗马的时候，我站在教皇宫拉斐尔结构严谨的不朽画作面前，心中感受到的那种震撼。我当时也去过柯尔蒙的画室，我料到了美院里那种甜蜜而黏稠的拉斐尔。不过说到音乐学院，我觉得音乐方面的罗马大奖还是有一定分量的。获奖名单里起码可以遇到柏辽兹[1]、比才[2]、德彪西[3]、保罗·杜卡斯[4]、拉威尔[5]等人的名字，这些人要么得到了头奖，至少也得到了提名奖。我查阅了绘画方面的获奖名单：从1830年起，几乎只能看到勉强算是二流水平的画家，比如卡罗勒斯-杜兰[6]之流。

是的，因为在音乐教育中，起码还有更数学的一面。

我想起杰罗姆的一次演说，对象是那些即将离开巴黎

1　埃克托·柏辽兹（Hector Berlioz，1803—1869）：法国著名作曲家，法国浪漫派音乐的主要代表人物。1830年获得罗马大奖。

2　乔治·比才（Georges Bizet，1838—1875）：法国著名作曲家。1857年获得罗马大奖。

3　阿西尔-克劳德·德彪西（Achille-Claude Debussy，1862—1918）：法国著名作曲家，法国印象派音乐的主要代表人物。1883年获得罗马大奖。

4　保罗·杜卡斯（Paul Dukas，1865—1935）：法国印象派作曲家。1888年获得罗马大奖。

5　莫里斯·拉威尔（Maurice Ravel，1875—1937）：法国印象派作曲家。1901年获得罗马大奖。

6　卡罗勒斯-杜兰（Carolus-Duran，1837—1917）：法国画家，原名夏尔·奥古斯特·埃米尔·杜兰（Charles Auguste Émile Durant），并未获得过罗马大奖，但曾长期担任法兰西罗马学院的院长。

的新晋罗马大奖获得者。那是在法兰西学院的一次大会上，大家都在那里搞康塔塔[1]，那是当年的大奖主题，杰罗姆说："我的朋友们，你们就要去罗马了。忘掉巴黎吧，不要再惦记这里发生的事情了。留在那里，不要再想着蒙马特了。"过了一段时间，那些学生从罗马寄回来的，都是隐约带着点印象派风格的画作。

这和布歇[2]给弗拉戈纳尔[3]的建议正好相反："去意大利吧，去看那些意大利人的作品，但不要模仿他们。"真想不到我们竟然没能把巴黎美院这样的机构成功消灭掉！

我们做不到，因为它代表着国家。有人还要在尼斯另起炉灶，开设一座"罗马学院"。尼斯当地的报纸都说太好了，因为这能让尼斯更广为人知，因为那些未来成名成家的年轻画家曾经在尼斯得到过训练。

您不久以后就要被波及了：一群老古董中间的野兽！

---

1 康塔塔：一种大型声乐曲式。

2 弗朗索瓦·布歇（François Boucher，1703—1770）：法国画家，洛可可风格的重要代表人物，路易十五王室的宫廷画家。

3 让-奥诺雷·弗拉戈纳尔（Jean-Honoré Fragonard，1732—1806）：法国洛可可风格画家，布歇的学生。

他们将会照搬他们正在罗马做的事情。将来会有很多范例，这将成为画室的生计。

总而言之，在巴黎美院，居斯塔夫·莫罗是一名相当特别的老师。

毫无疑问。以至于在他之后，我们连抵得上他四分之一的人都看不到。不过，莫罗对那些被他泼过冷水的学生却造成了相当不利的影响。

您的意思是？

他在那些年轻人的头脑中，植入了一些与他们的潜力不匹配的过高要求。换句话说，一些原本可以成为肖像画家的学生，由于他而最终一无所成。

一幅肖像应该以资产阶级的方式去画，类似于文艺复兴时期的肖像。居斯塔夫·莫罗并不这么要求，但他的学生们就是这么理解肖像画的。莫罗的某些原则造成了一点危害。在修改一幅草图时，他这么评价一个衣褶："太难看了，这是照着一块抹布画的吧。简直就像出自某些已经名声很大的艺术家之手，这些艺术家照着家里的床单来画衣褶。"这是冲着皮维·德·夏凡纳去的。莫罗从不指名道姓，他只是做一些影射。他说："当你们想画衣褶时，去玻璃庭院[1]逛逛。去看看古代雕像身上的衣褶。把它们据为己有，照着它们画速写。"他还说："您的草稿实在太平庸，太难看了。当您画类似的东西时，把自己当成达·芬奇，想象一下他会怎么来处理这个主题，这么一来，您就已经处在平庸线之上了。"这些话相当恶毒而且不切实际。

他过于理智了，被过去的东西压垮了。

去莫罗的画室需要一些特定的才能，要有一点儿脾气，还要和他意见相左。他常常训斥我。他对我说："您把绘画过度简化了。"但他也对我说过："不要听我的。我说的话一点都不重要。老师一文不值。您想怎么做就怎么做吧，这才是最重要的。比起那些从不惹我生气的学生，您给我看的这一切让我欢喜得多。"

莫罗还是懂您的。甚至也许他将您视作他最好的学生？

鲁奥是他最喜欢的学生。当鲁奥没能拿到罗马大奖一等奖，只拿到二等奖时，莫罗有过一种颇为强烈的失望情

1　指巴黎美院中的玻璃庭院，其中保存着许多古代雕塑。

绪。莫罗很愤怒，其他所有了解鲁奥价值的人也是如此。居斯塔夫·莫罗为此相当痛苦。当年罗马奖的主题是《圣女们为耶稣哭泣》。

我们刚才已经看到，在鲁奥之前有过不少著名的先例。罗马大奖，真是一场闹剧！总有一些老实孩子对此严肃对待，却被要弄了。在您看来，这场竞赛的虚伪之处主要在于哪些方面？

导致罗马大奖竞赛面目可憎的，是它的准备过程，那是一台洗脑机器。对于像鲁奥这样难以被影响的学生来说还好，有多少学生缺乏鲁奥那样的个性，因此丢掉了成为正常公民的机会，成了失败的艺术家！即便最机智的那批人得到一等奖之后被名媛们捧得大出风头，得到二等奖的成了素描老师，还有多少人在苦苦忍受着需要由他们自食其力的生活啊。

我觉得鲁奥只是随大流罢了。他应该并没有对罗马奖很上心。如果他没有经历这件不公平的事情，而是获得了罗马奖头名，那他还会成为我们喜爱的那位充满奇异神秘感的画家，一位激烈的反资产阶级人士吗？他和波德莱尔一样，是一位没有被教会征服的天主教徒。

鲁奥是一位伟大的艺术家。在我卧室的墙上，挂着一幅他的《国王》，就当是大卫王[1]吧，和一幅凡·高《割掉耳朵的男人》的复制品挂在一起。我在观看和比较它们的时候常常感到惊奇。鲁奥的画笔中并没有某种虚假的庄严，与他的画作相比，凡·高的画就像一幅18世纪的作品。人们总是指责鲁奥受到拜占庭艺术的影响，可这份影响已经被充分消化了。

在居斯塔夫·莫罗教你们的那段时间里，鲁奥是一名好学生吗？

从美院的角度看，他当时不是好学生，因为他不像其他人那样去进行最后的"加工润色"。他看得比模特眼中"最后的微光"更远——这种"最后的微光"，正是马克森斯屏息凝神，希望把它纹丝不动地画下来时，鲁奥上蹿下跳大叫大嚷拼命想让他失败的东西。

您还记得居斯塔夫·莫罗主要有哪些学生吗？我之所以问您这个问题，是因为我们总是提到同样的人。

西蒙·布希[2]曾是居斯塔夫的学生，还有马尔凯、鲁奥、

---

1 大卫王是古代以色列的一位明君，在《旧约·圣经》中多有记载。

2 阿尔贝·西蒙·艾梅·布希（Albert Simon Aimé Bussy, 1870—1954）：法国画家。

弗朗德兰[1]、贝涅尔[2]，以及一位年轻的比利时人：埃费内普尔[3]。

埃费内普尔是个才华横溢的人。他画过许多鲜艳的作品，充满生机与色彩，他的画作好像在弗朗索瓦·弗兰克的藏品中有所收录，如今陈列在安特卫普博物馆，我非常欣赏它们。

埃费内普尔受莱耶斯[4]的影响，来到了巴黎美院的莫罗画室。他曾经为一个大城市的市政厅画过装饰。之后，他换了风格。他的绘画转变成了灰色调。我还记得见过一件离奇的事情：一堂课结束后，他把调色盘上的所有颜料残渣收集起来，制成了一管颜料。所有这些颜色被他搅和成灰色，装进一根管子。他把这管灰色颜料当作亮色的辅助。难看极了。那个时候，他在莫罗画室，这么做没什么大不了。但是正如你说的，他是一位色彩大家，即使用上了这样脏兮兮的色调，鲜亮的色彩仍然跃然纸上。他作画时用的油很多，这

1　于勒·弗朗德兰（Jules Flandrin，1871—1947）：法国画家。

2　保罗·路易·贝涅尔（Paul Louis Baignères，1869—1945）：法国画家。

3　亨利·雅克·爱德华·埃费内普尔（Henri Jacques Édouard Evenepoel，1872—1899）：比利时画家。

4　扬·奥古斯特·亨德里克·莱耶斯（Jan August Hendrik Leys，1815—1869）：比利时画家。比利时写实主义绘画的先驱。他的历史画、风俗画及肖像画在欧洲负有盛名，并影响了后来的比利时艺术家。

让他的画面变暗了不少。

他的很多作品在安特卫普都保存得很好，非常明亮，并且保留着一种无与伦比的清新色彩。显然，他在莫罗画室的那段经历让他获得了良好的着色习惯。我的脑海中仍然能浮现出他那些颜色细腻的风景画，近景中突出了一条红裤子的猩红色。我们此后所说的野兽派，难道不是在莫罗画室中诞生的吗？

是的。但在莫罗画室里，还没有野兽派。大家谈论这方面内容是之后的事情。当时我在欧仁·卡里埃的画室。

野兽派难道不是对卡里埃单色绘画的一种反抗吗？

不是的。我们去卡里埃的画室是出于偶然，是为了画一些真人模特。我们并不想对他的绘画进行反抗，他的绘画和我们当时的创作没有任何关系。我们的绘画使用鲜亮的纯色，而不是一些哑色，或者我们口中"被抑制的颜色"。

我和您说过，我在圣米歇尔堤岸租了一间风景很好的画室，有画架、沙发床以及放在桌子上的静物。别人过来换床单的时候，我会收拾我的床铺。

我们经历过这些事！

当时房间里有一口生铁锅，当煤槽放满的时候，我就用它装煤，完全不管那些由于重量太轻而落在铁锅周围的煤灰。当这些煤灰过于碍事时，我就把它们倒到楼下去。就是在这时候，在灰头土脸的情况下，我接待了我的老师居斯塔夫·莫罗。他对我说："我去您家看看您的画。"他住在拉罗什富科路上的一座属于他本人的公馆里。怎么办呢？我不能打扫卫生。不能！他已经到了。他看见了所有这一切。他看了我的画，并对我的孤独给予了盛赞。后来，他对同学们说："看过马蒂斯的家以后，我被打动了。他家实在太好了，无与伦比，他自己的生活就是围绕作画进行安排的。"

在提到莫罗的这次探访时，马蒂斯说了一声〝抱歉！〞接着很快便恢复了镇定。有些话在他的喉咙中哽咽了片刻，他的眼睛湿润了（透过眼镜看得并不真切）。

莫罗能意识到自己想要成为一名登峰造极的画家所欠缺的东西吗？

他能感觉到他没有像自己所期望的那样怀有天赋。他对天赋怀着最大的尊重。因此，他对库尔贝的评价很高，即使后者的诗意与其相去甚远。他将自己视为"一座桥"。莫罗对英国的前拉斐尔派[1]、玫瑰十字[2]以及普遍意义上的矫饰主义都很厌烦（他说，日后这将是沉重的负担，需要一位真正具有天赋的画家来将它救赎）。他在伦勃朗、提香、达·芬奇、奥斯塔德[3]、委拉斯开兹以及早期文艺复兴画家面前深受触动。他觉得这些都很好，太好了。他没有这种天赋，没有这种无中生有的本能反应。他不得不进行装饰。他无法对自己感到满意，这使得他非常谦逊。

拉罗什富科路上的居斯塔夫·莫罗故居现在变成了莫罗博物馆，您让我想起了自己的几次参观经历。我们可以在莫罗身上看到一个典型的、过分沉迷于过去的画家。只有一幅巨作《在罪犯中间的耶稣》（图16）给我留下了一些印象。它用赭石与土黄色画成，带着血色的阳光，是在那些神话图像系列中唯一一幅在我看来有分量的作品！我记得莫罗好像去世于1898年，时年72岁。

1　前拉斐尔派是1848年在英国成立的一个绘画团体，反对拉斐尔之后的绘画趋势，主张回到拉斐尔之前，回到文艺复兴初期。

2　1892年至1897年，巴黎每年都会举办一次"玫瑰十字"美术沙龙，画风普遍具有神秘主义风格。

3　阿德里安·范·奥斯塔德（Adriaen van Ostade，1610—1685）：荷兰画家。

是的。在此期间，我和韦里[1]去了趟布列塔尼，之后又去了科西嘉岛。我结婚了（当年 27 岁或 28 岁）。在 1896 年及 1897 年，我做了最早的几个展览，参加了战神广场沙龙展，也就是"国家美术学会沙龙展"[2]。第一年我展出了两幅《餐具桌》、一张《画室内景》以及一张《女读者》。当时我发现了地中海（我的妻子来自科利乌尔[3]）。

您说："我在 27 岁或 28 岁结婚。"那就是在 1896 年到 1897 年[4]，而不像您的一位传记作者记载的那样，是在 1900 年以后。

是的。我去科西嘉待了两三年。[5]等我回到巴黎时，我还想再去画模特。莫罗画室当时的指导老师是柯尔蒙，我以为画室还像以前那样，不需要被美院录取就能进去，因为一

1　埃米尔·奥古斯特·韦里（Émile Auguste Wéry, 1868—1935）：法国画家。1895 年夏天，马蒂斯与其同游布列塔尼，他色彩鲜亮的调色方式给了马蒂斯很大的启发。

2　1890 年，战神广场沙龙展（正式名称为"国家美术学会沙龙展"）在世界博览会的一间位于战神广场的旧馆内举办，旨在帮助艺术家减少对官方订单的依赖，并教会艺术家自己处理业务。自 1890 年后，沙龙展每年定期举办并延续至今。

3　马蒂斯的妻子艾美莉·帕雷尔（Amélie Parayre, 1872—1958）是图卢兹人，是她让马蒂斯发现了科利乌尔的美。——原注

4　实际上马蒂斯的结婚日期是 1898 年 1 月。——原注

5　文中提到的两三年很有可能出于马蒂斯的口误，马蒂斯与艾美莉在科西嘉的时间为 1898 年 2 月至 7 月。——原注

般来说在美院的画室画画，需要被美院录取。然而，莫罗曾经对我说："您还是来吧！您想在这里待多久都行。"我以为自己还能回去（在其他画室，每六个月都要进行一场考试。如果没被录取，别人可以把你从画室赶出去）。

于是我就回去了。我给柯尔蒙带去了一些我在科西嘉画的画，把它们放在了画架上。当老师对那些围在人体模特周围的学生进行指导时，其他学生就把各自在家中创作的画放在画架上。在模特休息时，导师会进行批改。

我带去了《圣米歇尔堤岸景色》以及一幅科西嘉的油画。柯尔蒙心事重重地看了我的画，什么也没和我说。

等他出去了，画室班长叫我过去："听着，接下来要和你说的话让我感到很为难。你不能留在画室了。导师刚才问我：

'他超过三十岁了吗？'

'是的。'

'他对自己坚信不疑吗？'

'是的。'

'那么，得让他走人了！'"

他们害怕感染。那些看起来得了伤寒的人并不危险，危险的是真得了伤寒的人。

马蒂斯说这些话的时候声音低沉。

当时马蒂斯试图回到位于让·德·拉封丹街上的朱利安学院——始终是为了找机会重新画模特。他当时住在沙托丹街。

在拉封丹街，由于那些老生想要给初入画室的新生来一场下马威，我便在十点前一分钟离开了——他们敲定好要在十点钟给我点颜色看看。我回了龙街，换了一家分画室。

那您在那里留下来了吗？您当时已经三十来岁了，您是前辈了！

在那里，又有人找我麻烦。我运用一些沿着人物轮廓汇集起来的线条，顺着动作的方向画素描。我记得老师好像是杜塞[1]。进画室之后两三天，一天早晨，我正准备开工，却再也认不出我的素描了，它被一团胡乱添加的线条给搞糊了。然后我就走了。

去了卡米洛画室[2]。

---

1 亨利-吕西安·杜塞（Henri-Lucien Doucet，1856—1895）：法国画家。

2 卡米洛画室创办于 20 世纪初，位于老鸽棚庭院，由朱塞皮·迪·卡米洛（Giuseppe di Camillo）创立。莫罗与卡里埃都在里面教过课，近 600 名艺术家在其中接受过培训。

是的。我最后在卡米洛画室落了脚，在老鸽棚街附近，一个面朝雷恩街的居民区里。卡米洛是意大利人，欧仁·卡里埃每次来这里批阅素描，卡米洛就给他一些钱。我在这里遇到了德兰[1]、拉帕德[2]、让·皮伊[3]以及比耶特[4]。我们所有人都对着同一个人体模特画画。有一天，卡里埃在我的画作前说："这有点像染料。"

卡里埃蔑视色彩。您鲜亮的色调应该让他有点不知所措。他的想法是对"一个平面的东西进行立体化呈现"。他是一位塑形者。您在那里待了很久吗？

没有。卡米洛那里的学生数量不足以维持画室运转。后来我和几个关系亲密的同学一起，阿尔贝·马尔凯也加入了，我们一起去了其中一位成员比耶特家里，一起对着同一个模特画画。这是一个自由的画室：再也没有老师了！

那卡里埃呢？您没有再见过他吗？

1　安德烈·德兰（André Derain，1880—1954）：法国画家，野兽派的创建人之一。

2　皮埃尔·拉帕德（Pierre Laprade，1875—1931）：法国画家。

3　让·皮伊（Jean Puy，1876—1960）：法国野兽派画家。

4　让·比耶特（Jean Biette，1876—1935）：法国画家，在巴黎学画时与马蒂斯交往密切。

卡里埃在他的画室给学生批改时，从没和我讲过话，不过他跟我说，找一天可以去见他。他很客气地接待了我。他去看了我的第一场展览，却一言不发。他对沃拉尔[1]说："告诉他，布展太差了。我们绝不会把一幅小画挂在高处，我们要对展厅进行安排。"之后他又说："下次马蒂斯再做展览的时候，我来给他布置。"然而，他当时生活上有些困扰，一场感染令其身患重病，并因此失去了性命。

确实如此。卡里埃逝世于1906年，死于喉癌。

我去看他了。卡里埃当时正在画《未婚夫妻》，一幅巨大的木板油画，是给十二区区政府准备的。卡里埃对我说："之前您来我的画室时，我感到您有自己的想法，我并不想妨碍您。"

在您的同学比耶特家里，我记得你们互相批评作品。

在一幅画作中，要避免一切错误，马尔凯和我，我们两个人太过执着于这个想法了，以至于我们再也看不到这些

1　安布鲁瓦兹·沃拉尔（Ambroise Vollard, 1866—1939）：法国著名画商，与马蒂斯有过许多合作。

东西的优点了。我们只看到弱点。这绝对是太愚蠢了。在圣米歇尔堤岸，我住在瓦尼埃[1]楼上，他专门出版颓废派作家的作品。我有两扇窗朝着五区，笔直地对着塞纳河分叉的河道：圣母院在右边，卢浮宫在左边，检察厅与警察局在对面。周日早晨，这片堤岸总是充斥着疯狂的躁动。平底船停在那里，拴好了缆绳。有人来逛旧书摊。那些渔夫将他们的小叠椅放在平底船上，坐在那里一动不动。我又重操旧业，把玻璃吹管那玩意儿拿出来了。那段时间，我在做雕塑，有一些塑型用的土料。我的一扇百叶窗总是关着，另一扇窗户的叶片则拉开了。我瞄准渔夫，向他发射土球。土球落在鱼漂旁边，发出扑通一声。我对不少人干过这事儿。最后，其中一人放下了他的渔具，走到堤岸这边，在鼻子底下观察所有待在旧书摊上的人。

我想，像第一次一样，人家又把您给认出来了？

我失手了吧？……要不是这样，他们找不到我的，我住在北边，躲在阴影之中，那个地方从外面看不清楚。但有一次，我瞄得不准，我的黏土球落在了平底船的船沿上，滚

1　莱昂·瓦尼埃（Léon Vanier, 1847—1896）：法国著名出版商，因出版保罗·魏尔伦（Paul Verlaine）的作品而闻名。1878 年，他将出版社搬到圣米歇尔堤岸 19 号，出版社一直位于该处直至其去世。

到了渔夫脚边。他敲了敲黏土球，然后看了看我这栋房子。他最后认出了那扇敞开的窗户。我消失了。恶作剧结束了。

这个时期，您会去上晚间的速写课吗?

啊! 速写课! 学习期间我一直在上速写课。只要花五十生丁就可以学两小时。模特每十五分钟[1]换一个姿势。大家都很安静，我们确实学得很认真。

我记得好像是在大茅屋街上的科拉罗西画室[2]。画室一直都在。

是的。在速写课上，我们能听到一个非常棒的钢琴师演奏肖邦或者贝多芬。所有人一边听着音乐，一边在纸上刮擦。当时的气氛非常吸引人，这段记忆伴随了我的一生。我和马尔凯去了好多年。我们画的速写简直堆积如山! 我们还会去另一个更别致的地方画速写，那便是歌剧院拱廊的"小娱乐场"。每天下午三点，那里有不穿戏服的演员演出。有人在那里推荐

1　在第五次谈话中马蒂斯详细描述了科拉罗西画室的素描课，说模特每半小时换一次姿势，此处疑为口误。

2　科拉罗西画室是一所位于巴黎第六区大茅屋街上的艺术学校，1870 年由意大利雕塑家菲利波·科拉罗西（Filippo Colarossi）创立，后于 1935 年关闭。

一些正在寻找雇主并且免费试演的人。我和马尔凯各自带着速写本过去。我们提前到场，等着演出开始，因为人很多，我们没有等待的耐心。整条大道上的闲杂人等都来这里消磨时间，我们可不缺少观察对象。坐在我们旁边的常常是一些老妇人、媒婆、年轻女子，还有老先生及年轻小伙。我必须说，我们并不试图根据他们的外形来揣测他们的谋生手段（我们接受谜团存在，只对他们脸上的光泽感兴趣，有点像我们观察玻璃鱼缸中的居民，我们并不关心一条进化得颇为优雅的鱼或者像章鱼那样外形丑陋的鱼到底在想什么）。我们从未有过和这些人中的任何一位攀谈的想法。我得说，这些人从来不找我们的麻烦。我们应该看上去既不像坏人，也不像有钱人。大幕拉开后，我们继续工作。我们对演员的类型、习惯及举止很感兴趣，我们试图以最快的速度把它们捕捉下来。

一场三小时，总是伴有一瓶啤酒或者一杯加了樱桃的烈酒，和科拉罗西画室一样，五十生丁左右。

这种关于如何表现运动的探索，这种飞快捕捉动作、手势与姿态的方式，无疑比许多课程教会您的更多。您不是也和马尔凯在马路上画过素描吗？

在黎塞留街，在一座高耸的大门下面，我们手里拿着速写本，画路过的行人，还常常画骑自行车的人，因为他们过得很快。我们相隔几米，在一扇门和另一扇门之间，我们大胆地创作着：德拉克洛瓦说过，我们必须能够给一个从六楼坠下的人画素描，就在他坠落期间。我们也画过一些马匹，画过正在车站等客人的马车车夫。是的，这种对于我所见之物的快速描摹对我的绘画帮助很大。

在卡里埃画室画素描的时候，我照着模特画速写，她在我眼中具有……某种印象……和节奏。有时候，身体朝着一侧而非另一侧倾斜，但节奏是准确的。

在这段时期，素描准确与不准确的问题尤其引发我深思。无花果树的任何一片叶子都是不同的，任何一片叶子都无法准确地与它的邻叶重合。很多时候，叶片缺口的数量并不确切，然而一切都表明它们就是无花果叶，它们并不相同，但都彼此相似。模特像食物一样滋养着我，速写则仿佛代表了一个人物的某一鲜活时刻。我工作的目标在于将两者结合起来。

在您的绘画中，您一直保留着这种迅捷的运动。我们能感觉到，您在构思时缓慢、深入而且困难重重，然而表现力却始终保持着它的清新自然。

这是因为我反复构思多次。别人常常添加、叠合、增补，却从不触碰大纲。而我则是每次都重新设计方案。我永远不知疲倦。我总是基于我之前的状态重新开始。我试图在一种沉思状态中行动，这很难：沉思便意味着无为，而我却在沉思中行动。在所有按照自己的想法进行的练习中，我从来没有失算过，因为我总是无意识地感受到我的目标并且向这个目标走去，正如我们带着指南针往北走那样笃定。我过去所做的事情，都是凭借本能去做的，我一直朝着一个目标行进，但愿今天能够达到。现在我完成了自己的学习阶段，还需要四到五年的时间去实现它。

德拉克洛瓦也说过同样的话。伟大的艺术家从来不回头看。

在离开摩洛哥十年之后，德拉克洛瓦还说过："我才刚刚开始看见摩洛哥。"他需要距离。罗丹对一名艺术家说过："雕塑需要很多距离。"学生回答他说："老师，我的工作室有十米的纵深。"

"您允许我拿走吗？"

为我们这桌撤餐的女服务员（这是马蒂斯熟悉的绘画主题），她的头发在颈背处卷成发髻，围裙后的躯体妖娆丰满，脸上明镜般的双眼中透出一股清新、透亮的目光，似乎映射着一位男士的爱慕。她服务他人的方式十分自然，令人动容，让人联想起一个法国的小村庄。

第三次谈话

马蒂斯身穿用英国布料制作的灰色西装，正在把玩一支红色铅笔，让它在指尖滑动。他逆着光坐在卧室的窗前。他在我眼里的样子，就像他用墨水亲手绘制的那幅送给埃绍利耶[1]做图书封面插图的自画像。我在这幅素描中发现的普遍真理，似乎印证了马蒂斯对自己的准确认知：他对自身的特点了如指掌并知道如何支配它们。沙发、桌椅以及酒店房间里环绕他的一切似乎都沾染了他个性的尺度。我对马蒂斯说，当我们阅读普鲁斯特时，当我们聆听《春之祭》[2]——这让我们联想起他那幅收藏于巴恩斯基金会[3]的《生

1　雷蒙德·埃绍利耶（Raymond Escholier，1882—1971）：法国艺术批评家，1937年出版著作《马蒂斯》，马蒂斯为该书封面绘制了一幅自画像。

2　《春之祭》是俄国音乐家伊戈尔·费奥多罗维奇·斯特拉文斯基（Igor Fiodorovitch Stravinsky，1882—1971）的著名曲目。斯特拉文斯基本人将该曲目描绘为"一个肃穆的异教祭典：一群长老围成一圈坐着，看着一位少女被要求跳舞直至跳死。她是他们用以祭祀春天之神的祭品"。

3　巴恩斯基金会是一座位于美国费城的博物馆兼艺术学校，藏有大量印象派、后印象派大师的作品。

活之乐》（图 17）（野兽派难道不正是在春天的征兆下萌发的吗？）——时，当我们在他的绘画里看到智慧之光从繁盛的花束中微微显露时，我们便能感受到当下何其贫瘠。

"当我们路过的时候，是看不到什么东西正在生长的。"马蒂斯说道。

马蒂斯认为生活艰辛是必要的。斗争和对抗是必须的："我们要自己走出，最重要的是走出去，去表达与一件事物碰触时所感受到的一见钟情，艺术家的职责并不在于传达某种观察结果，而是表达出某件物品对于其自身天性的冲击，表达出这种冲击及其最初的反应。"

我感觉马蒂斯对于其画作取得的成功保持着一种怀疑态度。他这样严谨认真的人，必须自问在这一切之中究竟有哪些部分名副其实。他的身上具有骁勇果敢的底色，这种底色固然年代久远，但其坚毅程度却未丢失半分：这是在艰难时期养成的习惯，自力更生，接受孤独。

我们现在已经有点过于官方了。得要受点逼迫才行。当我们被人讨论并且最终获得认可时，有些事就不对劲了。看画的人寥寥无几，人们看到的只是它所代表的钞票。这些画作值钱的时候，人们对它们的喜爱程度要低于它们一文不值时。这么看来，它们就像不幸的孩子。

马蒂斯谈起了他早年的绘画生涯，谈起在一个画作缺少买家的时代，他当初需要找到属于他的"公众"。当时他的画一幅都卖不出去。

博纳尔[1]和维亚尔[2]有过一个好机会：纳坦松兄弟[3]为名下的《白色杂志》向他们定制装饰图案、封面设计以及一些排版方面的小活计。也许在和某一类公众接触时，他们更易赢得青睐。不过，这不重要。我很确信，即使没有这种青睐，他们仍然会开辟出自己的道路。之后，人们就想大力推广画家。大家大肆宣传女人、布匹、赛马，却并不去宣传一位画家。画家得自己走出来，他只能靠自己做到这一点。

在您的学习阶段之后，我记得您好像在让邦[4]的画室干过。让邦是负责制作 1900 年世界博览会背景的主要布景师之一。

1　皮埃尔·博纳尔（Pierre Bonnard，1867—1947）：法国画家。曾参与纳比画派，又从后印象派中汲取灵感，但此后与 20 世纪的先锋艺术运动，如野兽派、达达、立体派等皆保持距离。

2　让·爱德华·维亚尔（Jean Édouard Vuillard，1868—1940）：法国画家，纳比派的创立者。

3　纳坦松兄弟（frères Natanson）：包括亚历山大·纳坦松、塔德·纳坦松与路易-阿尔弗雷德·纳坦松。1889 年在比利时列日创办《白色杂志》，1891 年将杂志社搬迁至巴黎。《白色杂志》是一份当时著名的文艺类杂志，带有无政府主义倾向，是许多文艺界大师的重要阵地。

4　马塞尔·让邦（Marcel Jambon，1848—1908）：法国装饰画家、布景师，当时的布景大师之一。

我在让邦那里工作的时候，学生时代已经告一段落了。我得挣钱谋生。为了不让脑袋完全钝掉，我每天晚上都会去艾蒂安·马塞尔街的巴黎市立学校，那里有人教绘画和雕塑。我在那儿紧闭双眼，单凭双手复制了巴里[1]的《老虎》。我闭着眼睛，通过触摸模型来感受形式，我在自己的创作中采用同样的方法，并对此进行评判。

如此一来，您就指出了达·芬奇的过失之处：对他而言，雕塑要逊色于绘画，因为雕塑的体量是由光线而非艺术家来确定的。

我的雕塑并不是为了严格意义上的光线而创作的。我的绘画也非如此，而是为了表现一种用我自己的手段创造出来的光线，它与赋予我灵感的模特具有同等重要的位置。

您一直以来的朋友阿尔贝·马尔凯，难道不是和您一起在让邦那里工作吗？

是的。当时，马尔凯和我一幅画都卖不出去。我们有点名气，也得到赏识和瞩目，但那会儿，人们只会买那些已经足够有分量的画家的作品。于是，不管怎么样，得养活自

---

1 安托万–路易·巴里（Antoine-Louis Barye, 1795—1875）：法国雕塑家、画家，以动物主题的雕塑著称。

己，我们不知道应该投奔哪里。卢浮宫的临摹进账不多。我们画的也不多：每年最多一张。报酬是三百法郎。我们尝试着做装饰。那是1900年。我们在博览会的圈子里没有人脉。我们拿来名录，从中抄录了从蒙鲁日到拉维莱特[1]所有布景师的名字。清晨，我们从圣米歇尔大道出发，在烂泥与融雪中深一脚浅一脚地去找寻属于我们的布景师。我们花了好多天才来到拉维莱特。名录没有定时更新，其中很大一部分布景师已经去世，或者画室已经关门，或者画室里没有工作机会。我们最终落到了让邦那里。他当时在给1900年的博览会画布景。他以1.25法郎的时薪雇用了我们。

让邦的画室在哪里？

在肖蒙山丘[2]附近。那栋建筑拥有砖块厚重的墙体，一条巨大的裂缝蜿蜒于墙面，透过裂缝可以看见外面的天色。在四五十米长的大厅内，就像在布景师的工作间那样，各式工种在地上摊开同时进行。

那工作内容是什么呢？

1　蒙鲁日（Montrouge）和拉维莱特（La Villette）分别位于巴黎城最南边和最北边。
2　肖蒙山丘（Buttes-Chaumont）位于巴黎东北部。

当时让邦正在给西伯利亚大铁路画一个作品，是一组在火车餐车前移动的画景。在展会期间，人们可以一边在餐车里吃饭，一边看着三幅展现俄罗斯平原的风景画从眼前相继而过。第一幅以一定的速度移动，第二幅稍稍慢些，靠里的那幅则要慢得多。让邦也在，他正站在那里用一根长刷子绘制各式各样的画作。工人们散落在工作室各个角落，身体几乎与地板平齐，因为那时布景师都趴在地上画画，让邦则用余光盯着所有人。我们的工作是绘制画板边框和一米五高的中楣，供大皇宫的背景板装裱之用。这是一项非常机械的劳动。我们需要画一种由花叶与小框构成的边饰，然后用统一的线条将它们镶嵌其中。可怜的布景师工作既机械又没完没了，我算是在这里见识到了。他们还有一种稍显特别的自卫精神，面对各自工作时尽可能地偷懒，当他们迫不得已被唤去做什么事情，他们会跑步穿过工作室。他们重要的解脱、重要的报复，便是在街区酒馆里尽可能多地赊账：他们的午餐都是赊账，每周结算。

　　我们工作时没有长凳，都蹲在地上，屁股压着脚后跟，膝盖甚至没法着地，画笔在胳膊末端画着边饰。这个姿势起初有点难以维持。但还是有人能在这种不稳定的姿势中找到打盹儿的办法。当让邦发现有人打盹，就会走到他的背后，朝他的臀部狠狠踢上一脚。那可怜的画家头部前倾磕在地上，随后直起身子，一言不发重新投入工作。

让邦工作室里的那些工人不是称您为医生吗？

是的，我看上去有点像教授，他们以为我是医生。有一天，有人来喊我给一个手部受伤的工人治疗。

从本质上来说，这是一个比较可悲而且让人担惊受怕的圈子，因为有不少人从来没有画过装饰。他们的目的就是被雇用，但一周之后并不能留下来，只能被辞退。雇主得付他们半个月的钱。这些人在每间画室都来这么一下。因为没有时间让他们先进行试用，老板们总是被骗。

为了和马尔凯一起去让邦的画室，我得早晨七点从圣米歇尔堤岸出发，乘坐从圣叙尔皮斯到拉维莱特的公共马车。我最终感染了较重的风寒，不得不回家了。马尔凯待得更久一点。通常情况下，老板拥有不容置喙的权威。在他的决定面前，所有人都瑟瑟发抖。被扫地出门是他们唯一的恐惧。没人敢和他唱反调。看在我是画家的分上，他稍微高看我一眼，一两天过后，他来问我："您觉得好玩儿吗？"我回答他说："我们可不是奔着好玩儿来的。"周围的人都带着崇拜的神色望着我，因为我竟然有如此胆魄给老板回敬这番话，老板非常清楚我的意思：我们来这儿是挣面包的，而不是来找乐子逗趣的。老板斜眼看着我，因为我腰有点疼，走路一瘸一拐。同事们和我说："窍门就是，在你工作的时候，你就歇着，当你去找老板的时候，你就跑起来。当你不干活的时候，要跑得更勤快。"

我住在圣米歇尔堤岸，马尔凯住在杜奈尔堤岸。为了把我们的画送去"独立艺术家沙龙"，我们俩搭了一辆人力车。拉车的是给我的雕塑《农奴》做模特的意大利老人，他叫贝维拉卡。

我知道，是那件表面凹凸不平的雕塑。

我们把画送去了"独立艺术家沙龙"，没有抱任何希望。后来我们以同样的方式把画拿了回来，也没有成功出售的惊喜。我们只有一些小额支出，不多。有一天，在路过大奥古斯丁堤，穿过兑换桥时，有点拥堵，我和马尔凯两个人思忖着："要是我们遇上了交通事故，我们的画报废了，至少还能拿到一些赔偿金。"

画卖不出去让我们厌倦。但我们意识到，所有放在商店里的东西都能卖出去。于是，为了了解吸引买主的作品到底是什么，我们去里沃利艺廊[1]，去版画商那里。对我们来说，卢浮宫曾是一个巨大的工作室。我们通常下午去卢浮宫临摹。工作一小时，然后说：休息一下吧！我们把调色盘放下，开始闲逛。我们去看夏尔丹、提香，每天都会做一个绘

---

[1]　里沃利艺廊位于卢浮宫旁边的里沃利街（Rue Rivoli），有很多画廊在此聚集。

画对比的小讨论。这是很多画家没有受过的教育，这项教育降临我们身边纯属偶然，因为，莫罗为了把我们从现代绘画中拯救出来，曾带领我们参观卢浮宫，对他来说，现代绘画都是美术沙龙里的绘画。

居斯塔夫·莫罗喜欢印象派绘画吗？

在他看来，印象派绘画之所以能够赢得人们的好感，是因为比较不引人注目，而且在当下与未来都不会获得成功，所以没那么危险。他站在《善良的撒玛利亚人》和《伊马努斯的晚餐》[1]前，和我们分享着他的热爱，尽管他对材料的美感与技巧之精妙拥有敏锐的直觉，然而，他缺少的恰恰是大师们的奥妙以及他们的才干。莫罗在我们的脑中置入了许多问号。

有一天，我和马尔凯两人试图搞明白那些数量稀少的买家到底对什么东西感兴趣。为此，我们去了罗昂阁的里沃利艺廊，那里有很多版画商人，还有能够引起外国闲逛者兴趣的奇珍异宝。我们从那儿回来时，各自都有了些想法。我的想法是画一幅带天鹅的公园风景。我去了布洛涅

1　《善良的撒玛利亚人》和《伊马努斯的晚餐》分别是德拉克洛瓦和伦勃朗的画作，收藏于卢浮宫。

森林，画了一幅湖泊的习作。我去买了一幅天鹅的照片，试图搞一个拼接。只不过实在太差劲，我一点儿都不中意，别人也不喜欢。没办法，太沉闷。我无法以里沃利街或者其他地方买家的心情为出发点去改变。我把自己的画搞垮了。

我当时便明白了，我没有必要去画那些讨好别人的画，而且我也做不到。另外，当我动笔的时候，我会使用那些让我感兴趣的东西、以令我感兴趣的方式去作画。我非常清楚这种画卖不出去，我便把制作一张好卖的画的事情往后推。而下一次，又是同样的状况。

有不少艺术家认为，为售卖而作画是一种高明的做法。但当他们获得了一定的名声以及独立性之后，那个时候他们再想为了自己创作，已经完全不可能了。绘画是一条极其艰难的道路，我们想获得自己可以拿得出手的东西，就不要去做花哨的小商品。

我们可以让自己受一次牵连，便意味着我们可以一直让自己被牵连下去。这是性格问题。我相信，一位真正的画家无法享受这种市场销售带来的危险便利，即使他有这个意愿；同样道理，一个制造廉价图片的人也无法画出任何经得起推敲的东西。然而，既然我们在谈 1900 年，那么，画商德吕埃[1]老爷子不正是在这段时期开始起步的吗?

　　德吕埃在阿尔玛广场拥有一间很大的酒吧—咖啡馆—香烟店。罗丹当时在大学街上的大理石库房[2]工作,一直会去德吕埃那里吃饭,吃午餐。德吕埃当时在搞摄影。罗丹和他有点交情,而且在阿尔玛广场上有一座专门用来陈列作品的小楼,德吕埃得到了罗丹的许可,他可以拍摄罗丹的所有雕塑。德吕埃拍了一些照片,又扩印了一些。在他家里,布置了一整套关于罗丹的照片。德吕埃是罗丹唯一的摄影师。

他还在同时维持着他的小饭店吗?

　　是的。巴黎市属的巨大温室就在附近。现在已经没有了。当时位于王后大道。"独立艺术家沙龙"获得了在这些温室里举办展览的许可。布展期间,工作结束之后,布展者们(他们都是艺术家)便会去阿尔玛广场德吕埃的店里喝开胃酒。新印象派团体因此与德吕埃熟络起来。德吕埃正是在和这些艺术家打过交道之后,产生了卖画的想法。

1　欧仁·德吕埃(Eugène Druet, 1867—1916):法国著名画商、摄影师。他在1893年买下了文中提到的位于阿尔玛广场3号的咖啡馆"法国游艇俱乐部"。

2　大理石库房由法国公共工程部管辖,最早由路易十四的财政大臣科尔贝设立。19世纪上半叶,大理石来自意大利北部,再通过塞纳河运送至此处存放,之后再分配给雕塑家。1880年,罗丹将自己的工作室设立于该街区的大学街182号。

他把店转让了，在马蒂农街与圣丹尼郊区街的街角租了间商店，举办了一场画展，以新印象派画家起步。之后，他做了别的展，谈成了一些买卖。这事儿成功了。

这是他的起点吗？

是的。马尔凯也是他展出的艺术家之一。

我想您也是吧？

是的。在沃拉尔的展览之后，我在马蒂农街上的德吕埃画廊进行了自己的首场个展。

德吕埃对艺术有一定的判断力吗？

一点没有。只不过他是非常好的销售，因为要想成为优秀的画商，热爱绘画毫无必要，只需要懂得销售就行。这是两个人之间的事：一个人手上有件东西要卖，另一个人兜里有钱。得让那个有钱人为了这件东西把钱掏出来，无论那是什么，不管是鞋子还是衣服。只不过，对于一幅画来说，难度更大一些，因为画作不是实用之物。

您和我说的这些让我想起了沃拉尔的这句话："画不是

用来买的，是用来卖的。"

德吕埃做成了不少好买卖。首先他在和艺术家打交道时非常机智。一场展览结束后，他不会立即把展览所得交给艺术家，而是月结。如果他得到了四五千法郎，这便构成了他的一笔现金流，他可以让钱生钱。史楚金在说起他时提道："德吕埃有点迟钝，人却很有分量。"一位绘画买主说："这个德吕埃真是了不得。我根本没有买画的想法，偶然进了他的画廊看画，出门时两个胳膊就各夹了一幅。"

德吕埃刚安顿下来时，办了瓦洛东[1]的展，卖掉这位艺术家的很多画。有一天，我在德吕埃画廊雷诺阿的那幅《藤架》前停留，他满怀崇拜地说："您觉得这怎么样？"我看过后回答："藤架有点空洞。"他转过头，双眼圆睁地看着我："啊！这可是雷诺阿的《藤架》呀！"

那您呢？一直什么都卖不出去吗？

每次假期，我都会从我的谷物商父亲那儿带回来一袋大米，在生计艰难的月末，我和朋友们都对此倍加珍惜。这种仅仅用盐和清水煮的米饭，被我们推崇为美味佳肴。可惜的是，它们在胃里待不了多久，以至于在等待第二碗的过程

1　费利克斯·瓦洛东（Félix Vallotton，1865—1925）：瑞士/法国籍画家。

中，我们只得唱歌奏乐来分神。

这就是我们所谓的"疯母牛"[1]吧。我也吃过。一点儿牛肉味都没有！

左拉和塞尚在当学生的时候，月末都有压箱底的货，一种类似普罗旺斯橄榄油的东西，他们拿来抹面包吃。

这构成了一段美好的回忆。我敢打赌，在这样的条件下，您还是能够给自己找到一些消遣的。我记得几年前在回答一份关于青年时代的问卷时，您的朋友马尔凯这么答道："我认为青年时代缺少青春气息。"

我们经常去"欢乐蒙帕纳斯"剧院，只要花十个苏。我们用那里的节目单来实现自我补偿。您明白吗，我们得找乐子。一天，一位来自多菲内[2]的高大健壮的画家兼版画家，在大米盛宴后，依然饥肠辘辘，给我罩上了一件白色罩衫。我又穿了一件，我们一伙人大概十来个，去了"欢

1　疯母牛（la vache enragée）：法国谚语，意为"艰难度日"。这里是一个文字游戏，连接了后面"一点儿牛肉味也没有"，意思是提问者也经历过这种"疯母牛"式一贫如洗的生活，日子没有一点肉味。

2　多菲内（Dauphiné）：旧时法国东南部省份。

乐蒙帕纳斯"。我们一直爬到剧场最高处。我站在顶层廉价座位的一端，朋友站在另一端，同伴们在中间。我们相互大呼小叫，影响了演出。保安把我们赶了出去。在雷恩街上，我们继续玩笑。我和同伴散开，开始假扮醉汉。几个晚上出来闲逛的人和我们同行。我们就这样在雷恩街上逛了一段。我假装精疲力竭，靠着一个铁制的橱窗。人们聚集起来，吹牛皮："要不是他的钱包太鼓，他才不会被偷呢！"同伴们胡扯一通。我则扮演不讲话的醉汉。后来聚集了太多人，我实在挺不住了。我又站起身来，迈着雄赳赳的步伐和同伴们离开。那天我除了水什么也没喝，走起来愈发得心应手。

我又重新住回了圣米歇尔堤岸，住在一个加盖的楼层里。透过画室的天窗可以看到外面的景色，周围好多房子的房间都大同小异。我的门房，蝴蝶大娘……

门房叫这个名字，可真好听！

蝴蝶大娘是个让人恼火的女人。有一天，她看见两百多人爬上我那五米乘六米的小画室，却再也没见到一个人下来。同伴们爬上楼，在屋顶穿梭，去到另一个朋友家，换件上衣或套上套衫后，从隔壁房子那里下来，然后又重新爬上我的画室。不过，还有更妙的故事。那是关于居斯塔夫·夏庞蒂耶[1]门房乌龟的故事。

那位音乐家吗?

没错。他的门房养了一只乌龟,她对此非常骄傲。于是,夏庞蒂耶买了各种各样的乌龟:有体量较大的,极为壮硕的,还有一些小只的。每天他都会调换门房的乌龟,然后他对她说:"这只乌龟怎么了?怎么长得这么好!它又长大了不少啊!"之后,过了一段时间,他又开始让它变瘦。乌龟最后变得特别瘦小。对于一位年轻画家来说,生活很艰难。如果他很真诚,完全投入个人探索之中,他就创作不了那种以取悦买家为目的的绘画。如果他心心念念自己的成功,那么在创作时,他唯一的念头就是取悦他人以及怎么把画作卖出去,这样便会丢掉自己意念的支撑,并依附于他人的心情。他会忽视自己的天赋并最终失去它们。对我们来说,问题很简单,买家根本不存在。我们只为自己创作。我们的职业毫无希望,于是我们用微不足道的事情自娱自乐。我猜想那些遭遇海难、流落荒岛的人应该会变得非常开心,因为所有问题都消除了。他们只需嬉戏玩闹、讲笑话、搞恶作剧就行了。画家们的情况如何呢?他们如何能预见到有一

1　居斯塔夫·夏庞蒂耶（Gustave Charpentier，1860—1956）：法国作曲家。

天可以把画卖出去呢？只有一种出路：罗马大奖。画家们是一群没有希望的人。今天，我们可以找到个别对绘画感兴趣的人，他会在一位艺术家的起步阶段便购买他的画作。然而，在那个时期，在圣米歇尔堤岸，历经十年创作之后，我却连续三年什么也卖不出去——我还是多少有过一些成就的人。

您的第一幅画卖给了谁？

我的第一幅画卖给了一个曾经的裁缝店主或是牛奶批发商，总之是一个已经从生意场上退下来的人。他的生活很宽裕，冬天可以和朋友一起去蔚蓝海岸待上两三个月。他是泰纳尔老爹，住在巴蒂诺尔区里面。他会购买自己喜欢的画作。他买了我的一幅静物，画的尺幅是三十[1]。画面上有一张桌布，一块有些熟化的卡芒贝尔奶酪，一个黑色的瓶子，还有一些水果和杯子。

泰纳尔老爹的收藏里有一幅《带黑色餐刀的静物》（图18），您指的是这幅静物吗？它仍然呈现出您当年在卢浮宫学画时的色调，不过在某种镀金的，类似波尔多白葡萄酒的

1　"三十"是当时市场上对绘画尺寸的习惯性说法，对应的人像是73厘米 × 92厘米，风景画是65厘米 × 92厘米。——原注

色泽中，已经开始显露出您的个性了。

泰纳尔老爹买这幅画应该花了一百法郎。他把它摆在了餐厅。所有的朋友都对他说："杯子站不直。"从他们的视角来说，这话有道理，但他们没有考虑到画面整体，而事实上，单看杯子，它确实是歪的。

泰纳尔老爹于是和我说："听着，马蒂斯，我给您点钱，请帮我把杯子弄直。"我回答他说："我可以一分钱不要，帮您把它弄直，但要是我毁了这幅画，那您只能自认倒霉了。"这么一来，他便不想让我碰那幅画了。

泰纳尔老爹向两个不同的画家群体买画。他把其中一群人的画挂在一面墙上，对面则挂着另一群人的画。当其中一群人去他那里吃晚餐时，他们就会直面敌对群体的画作，并说道："太难看了！"在专门给另一伙人准备的晚宴上，同样的事情再次发生。被判刑的永远是缺席者。

泰纳尔老爹对我的一位朋友说："画家们没啥能耐。看我，我家里有合计十万法郎的绘画。每次我邀请一派人来晚餐时，他们都让我对绘画心生厌倦，我什么也不想再买了，我再也不喜欢我的那些画了。他们让我倒尽了胃口！"

有一天，泰纳尔来找我，我刚从科西嘉岛回来。我画了一幅《生病的女人》，颜色挺不错。"哎，"泰纳尔说着，"我喜欢，多少钱？""一百二十五法郎。"

我们聊了聊。泰纳尔又来到这幅画面前，对我说："我不想买您这幅画。如果我把它带回家的话，我又要在家里被劝告了。"

这个泰纳尔老爹！他有一定的品位，但总是受人影响。他在拍卖会上用七法郎买了一幅高更的画。他的朋友们对这幅画提出了好多问题和批评，他被搞得疲惫不堪，为了清静点，他拿这幅画去换回了一幅擅长画斗牛士的画家吉罗·马克斯[1]的画。这太傻了！我们不会问：跟我说说看，你为什么喜欢这个女人。在绘画上，是同样一个道理。

那您的朋友马尔凯呢？他当时找到买家了吗？

马尔凯由于一幅画都卖不出去而深感绝望，他对我说："我把每幅画都定价二十苏。"于是，他的第一幅画便卖给了一个朋友，后者用了好长一段时间才把这二十苏给他。每次我们碰到他的时候，他总是口袋空空。经常如此！

马蒂斯正在冲着某种东西微笑，双眼似乎瞥见了某种与我们所在的酒店房间距离遥远的事物。在这个往事的小小角落里，只有他自己了解，并能以日期、色彩以及重要事件

---

1 此处或为马蒂斯口误，应该是欧仁·吉罗（Eugène Giraud, 1806—1881）。吉罗是法国画家，曾与作家大仲马同游西班牙，创作过不少斗牛题材的绘画。

为之确定位置，因为他在这些往事之中加入了自身在场的真实性。我试图理解这一切，试图与这个时代、与这个我所不了解的圈子打成一片，却徒劳无功。画家那充满魔力的手指推过来一盒绿牌凯尔特人香烟，我从中取出了一支，"这没关系，您摆平了它！"这是我所有能说出口的话。

在我有些疲惫、感觉无望之时，我便徒步穿越巴黎。有时我会碰到某位绘画买家，他会对我有所允诺，即使他说的时候并不怎么在意，还是让我有了一点振作起来的勇气。比如他会和我说："您最近在做什么？我挺想看看您做的东西。周四十一点我来拜访您。"我回到自己家，重新恢复了活力。我给我的太太传达了我的兴奋之情，但到了周四十点钟的时候，我收到了一封快信，上面写着："很抱歉，我亲爱的朋友，我有急事。"这并不要紧，我很快又重新出发。这次未成行的拜访还是帮助我重新上路了。

我有一位很有意思的客人莫里斯·勒韦尔 [1]，他是马赛码头的主事，他们的办公室在伦敦街。莫里斯·勒韦尔对绘画极有热情。他会参观年轻画家的画室，有时还会买一些。就这样，他买了我的一幅《鸡蛋》，花了四百法郎。

1　此处马蒂斯混淆了两位兄弟。莫里斯·勒韦尔（Maurice Level）是承包重建兰斯的公司经理，安德烈·勒韦尔（André Level）才是马赛码头的主事。——原注

当时这是个不错的价钱呀！

　　勒韦尔逛遍了蒙马特所有小商店、旧货摊。这幅画在其中一家放了六个月。之后，因为卖不出去，我又把它拿回来了。勒韦尔来到我家，对我说："这个很不错，多少钱？"我说："四百法郎。"我也不知道自己为什么这么喊价，因为我确信他一定在别处见过比这更低的价格。后来，勒韦尔和巴黎燃气局的经理及其夫人一起又来我家看这幅画。随后就把画给买了。他给了我四百法郎。我手上就有了四张百元大钞！随后我突然疑虑重重，思忖着："这画真值四百法郎吗？难道我没有把他诓了吗？"就在这个时候，夏尔·盖朗[1]敲门了。我手上还拿着四百法郎呢。他走进来问道："你还好吧？""特别好！"我把一张一百法郎的钞票放在地上。我跳了一米。我放下了第二张钞票。又跳了一米。我放下第三张。在更远的一米，放下第四张。夏尔·盖朗踩在钞票上，急切地问我："你杀人啦？"

　　您应该和"熊皮协会"[2]有过来往。

1　夏尔·盖朗（Charles Guérin，1873—1907）：法国诗人。

2　"熊皮协会"是安德烈·勒韦尔于1904年构想的一个协会，旨在购买具有潜力的年轻画家的作品并进行收藏，藏品可于至少十年之后出售。"熊皮"来自法国文学中的一个著名典故，在拉封丹的寓言故事中，他告诫读者：还未猎杀到熊之前，不要出售熊皮，意思是不要投机倒把。而熊皮协会成立的目的，恰恰是为了低买高卖。因此以"熊皮"为名带有自嘲的玩笑意味。——原注是的。这正是莫里斯·勒韦尔的首创。他有一群玩马尼拉牌或者其他游戏的朋友，他劝服了他们，说小金库里的钱最好的使用方式就是购买绘画，这是最好的投资。事实上，他组建了一个小群体，用小金库里的钱购买一些年轻艺术家的作品：戏剧《这些先生们》的作者安塞·德·屈尔尼厄[1]是合伙人之一。还有燃气公司的经理莫里斯·埃利森。他们一起来我的画室看我的一幅画，莫里斯·勒韦尔之前注意到了这幅画，觉得可以被他的团体收购。陪同他们一起来的，还有一位容貌出众的女士。她是埃利森夫人。他们成立的社团名叫"熊皮"，购入的那些画作便用来装饰各位会员家中的墙面。二十年后，他们在德鲁奥拍卖行[2]进行过一次拍卖，当时造成了不小的反响，我们把这次拍卖称为"熊皮特卖"。其中有一些毕加索的画作，卖出了巨额高价。我的一幅画，之前是花四百法郎买入的，当时以五千到六千法郎的价钱卖出，之后又被原本拥有它的买主回购了。他们买回了属于自己的绘画并让它们升值了。拍卖发生在1910年前后。另外还有过连续两场没有做广告的拍卖会。

1　乔治-玛丽-爱德蒙·马太封·德·屈尔尼厄（Georges-Marie-Edmond Mathevon de Curnieu，1860—1917）：法国剧作家。笔名乔治·安塞（Georges Ancey）。

2　德鲁奥拍卖行位于巴黎第九区德鲁奥街，是巴黎最著名的拍卖行之一。

第四次谈话

我们始终在里昂，在加尔桑餐厅一间挂有葡萄酒渣色壁毯的小房间里，色调有些邋遢，更接近柯尔蒙而非马蒂斯。服务员给我们端上了意式土豆丸子、松露味煎蛋卷及芦笋，搭配了一瓶优质的玛戈酒庄红酒。亨利·马蒂斯从餐厅紫红色的底色中清晰地凸显出来。和我们一起午餐的还有阿尔贝·斯基拉以及皮埃尔·凯耶，他们都是图书出版商。天有点凉。马蒂斯披着他黑白底红格子围巾。他把我们带往尼斯，向我们描述他的〝瑞吉娜〞[1]公寓，他把自己的大鸟笼留在了那里——这想必是因为马蒂斯需要为这间有点潮湿的餐厅带来些许阳光吧。

马蒂斯谈论起画商以及他们为了把画卖出去而使用的伎俩：〝当一幅画卖不出去时，画商会说〝这不属于大众的

1　瑞吉娜（Régina）原本是位于尼斯的一座高级酒店。20 世纪 30 年代被改造成公寓楼。1938 年至 1943 年间，马蒂斯在此居住。

口味，买了它吧！'而在介绍一块稍微用旧了的地毯时，他又会说'这可是为艺术家准备的！'"

对于马蒂斯这一代画家而言，他们的画商纷纷在波埃西街或圣奥诺雷郊区街落脚。唯独沃拉尔与这些地方保持一定距离。（马蒂斯说："沃拉尔有很多钱，还知道怎么花。"）很长一段时间以来，沃拉尔都不再专设店铺，而是去当"室内"销售商。我们要买东西的话，得去他位于马尔蒂尼亚克街上的家中找他，前提还得是他同意给我们展示他收藏的绘画作品！在谈到《一位画商的回忆录》这本书时，马蒂斯说，沃拉尔请他那检察官弟弟校对文本，弟弟说："有点可惜，没有那么朴素自然。"在维泰勒[1]，沃拉尔说过："马蒂斯先生是个非常危险的人，因为他拥有惊人的记忆力！"

马蒂斯在回忆往事时，能够对哪怕最细致入微的事实进行精准的描述，我们确实对此感到大为震惊。在和您描述一间他四十年前出入过的房间时，他能够给出房间尺寸、每件家具的摆放位置以及光照的方向。他具备令人叹为观止的精确性，而且几乎只会承认那些亲自确证过的事物。在艺术方面，从一面旧墙壁歪歪扭扭的裂缝中找出它与某种轮廓的奇妙巧合，这样的事他不会做。埃利·福雷[2]写道，马蒂斯

---

1 维泰勒（Vittel）是位于法国东部的一座市镇。

2 雅克·埃利·福雷（Jacques Élie Faure，1873—1937）：法国著名艺术史家。

或许是唯一一位（与其同代人，尤其是与马尔凯和博纳尔相比）完全知道自己来自何处的人，也是唯一一位不把这一点表现出来的人，因为"他始终向着一个强烈、警醒而且无法遏制的意愿进发：做自己，而且只做自己"。

马蒂斯对所有的事都很上心。我们感觉他对绘画市场的认识不亚于对绘画本身。

啊！为了把一幅画卖出去，从威逼利诱到令买家落荒而逃，所有这些沃拉尔成功使用过的窍门啊！还不算那些安抚客人的谎话！"便是如此，"马蒂斯说道，"为了做成一桩买卖，他们会编造一些谎言，而在买卖达成之时，谎言便消失不见了。"

我们还聊起了画商们为了打入雷诺阿位于卡涅[1]的住处时遇到的困难。"雷诺阿不喜欢人家和他谈买卖，"马蒂斯说道，"这让他厌烦。只有保罗·纪尧姆[2]得以强行进入：他打着一个大花领结，把自己装扮成一位穷小子。他说：'我是这附近的孩子，一直热爱您的绘画。我刚刚继承了一小笔遗产，想买点您的东西。'"

1　海滨卡涅（Cagnes-sur-Mer）是法国南部普罗旺斯地区的一座城镇，毗邻尼斯。雷诺阿晚年定居于此，自1917年起定居于尼斯的马蒂斯常会前去拜访。

2　保罗·纪尧姆（Paul Guillaume，1891—1934）：法国著名艺术收藏家。他收藏了雷诺阿的很多画作。

我记得您的第一次展览就是 1904 年在沃拉尔那里举办的吧?

当时沃拉尔从马提尼克岛[1]来到巴黎,准备国家法律考试。他已经开始了法律博士的学习。他在普罗旺斯街与洛雷特圣母街之间的拉菲特街上,弄到了一间面积最小的店铺。店铺有一扇门,门不是很宽,一米都不到,估计只有七十五厘米,还有一面橱窗,大约也是七十五厘米宽。以至于在塞尚的首次展览上,那幅《酒神节》——若弗鲁瓦[2]将其与《迦拿的婚礼》[3]进行了比较——当时只能歪歪斜斜地摆在橱窗里展出。

在这个门面后面,有一间比门面略宽的屋子,纵深大约五米。沃拉尔就是在这间小店里筹办了塞尚的第一个展览。塞尚所有的画作都被挂在墙上,一幅挨着一幅,没有画框,挂了好多排。从地板到天花板,但凡能挂的地方,都被填满了,要是沃拉尔能把画放在画架上,他也会这么干的。

---

1 事实上应该是留尼汪岛,沃拉尔的出生地。——原注
   位于加勒比海地区的马提尼克岛和印度洋上的留尼汪岛均为法国海外领地。——译注

2 居斯塔夫·若弗鲁瓦(Gustave Geoffroy, 1855—1926):法国著名艺术评论家。

3 《迦拿的婚礼》是西方绘画史中的一个重要主题,故事出自《圣经·新约》,乔托、委罗内塞等名家均绘制过《迦拿的婚礼》,尤其以委罗内塞收藏于卢浮宫中的一幅最为知名。

在墙对面，有一个小小的壁炉，当时放着罗什福尔[1]的石膏半身像，是罗丹那件著名的罗什福尔青铜半身像的一个小样。这件石膏像由罗丹送给了马奈。即使是件孤品，我最后却只花了两百法郎便从沃拉尔那里把它买了下来。沃拉尔对我说："这个该死的半身像，我很高兴把它卖掉，因为打一开始它便一直让我提心吊胆。我是一个周日下午在热纳维利埃[2]从马奈夫人那里买下的。我走回来的路上，臂弯下夹着这件石膏像，一直担心把它给摔了！"

在摆放着罗什福尔石膏半身像的壁炉对面，靠边放着一张七十厘米左右的白色小木桌，这种桌子当时在市政厅百货[3]大概卖四个半法郎。沃拉尔坐在桌前，手捧一本准备法律博士学位用的大部头著作，专心致志地埋头苦读，不时抬头看一眼新来的访客。

若弗鲁瓦在塞尚画作前的预言着实精彩。他写道："保罗·塞尚呈现了一种和谐、庄重之感。自然在塞尚笔下显得肃穆而永恒……这样一位独特而且极为质朴的画家，我无法

---

1 亨利·罗什福尔（Henri Rochefort，1831—1913）：法国记者、政治家，是当时的一位知名公众人物。

2 热纳维利埃（Gennevilliers）是巴黎西北部的一座市镇。马奈晚年定居于此。

3 市政厅百货（Bazar de l'Hôtel de ville）是位于巴黎第四区里沃利街上的大型百货公司，与巴黎市政厅隔街对望。

不将其视作绘画艺术最优美的化身之一。在这些如此纯粹的作品面前，我感觉自己眼前的形象将永久定型……我相信他的绘画会穿越时间……"

关于沃拉尔的塞尚展览，若弗鲁瓦谈到其中一幅画的结构会令人联想到《迦拿的婚礼》。《日报》的读者多半是知识分子和艺术家，这为展览吸引来了许多访客。不管怎样，这些访客一方面还是（我是说我自己）被这些画作的非凡品质所惊艳，但同时也在当时显得不同寻常的变形或扭曲前感到有些不快。在某些画作中，我们看到一些物体脱离了通常的形态，构图也与学院派的几何造型不符，即使其中不乏一种不易察觉的古典精神。

我记得自己观摩过一些银灰色调的绝美风景画，我对那幅令人叹为观止的《穿红色背心的年轻人》记忆犹新，连它摆放的位置都记得清清楚楚。

一天，沃拉尔对我说："我马上过来。"我的太太做了一顿丰盛的晚餐。而我则准备了一批画。沃拉尔饱食一顿后，便开始打鼾。十一点的时候，他醒了，说了声"再见"然后就走了。

一天晚上，沃拉尔邀请我和我太太一起去他位于马尔蒂尼亚克街上的家中看他，当时也给我这么来了一次。他坐在壁炉前的摇椅上开始来回摇摆，双眼便闭上了。玛丽·多尔穆瓦[1]和另一位女士也在场，后者正在唱贝朗瑞[2]的歌。在一面沾满苍蝇屎的弱橘色灯罩下，是一张铺着旧防水布的圆桌，沃拉尔留下我们这些人在桌布前面面相觑。我感觉他似乎是用装睡来捉弄我们。

不，他是真睡着了。

我总能听见他含混不清的声音："不过，您和我说说……"

在他的第一间店铺里，沃拉尔总是叮嘱："您可别碰任何东西！"

他脱掉自己的假领、皮鞋，随地乱放。有一天，在《权威报》上，保罗·德·卡萨尼亚克[3]描述了沃拉尔的杂物间，声称塞尚根本没有存在过，那些被认为出自塞尚之手的作品其实是在沃拉尔的店铺里由他本人制作的。沃拉尔是一个易怒的人。他在得知这些以后说道："您知道吗，我认为卡萨尼亚克是犹太人（沃拉尔很讨厌犹太人），呵！我一点儿都不惊讶！"

1　玛丽·多尔穆瓦（Marie Dormoy，1886—1974）：法国艺术评论家。

2　皮埃尔-让·德·贝朗瑞（Pierre-Jean de Béranger，1780—1857）：法国诗人，写过许多歌谣体诗歌，被大众传唱。

3　保罗·德·卡萨尼亚克（Paul de Cassagnac，1842—1904）：法国记者。

沃拉尔最后搬家了，在埃克托·布拉姆[1]的推荐下，他在拉菲特街街口的位置找到了一间很大的店铺。在店铺地下，有一个相当深而且天花板相当高的酒窖，非常宜居。沃拉尔在里面布置了一间餐厅以及一些附属空间。这就是著名的沃拉尔酒窖，受邀前去赴宴是一件让人颇为荣幸的事。很多社会名流都去过那里。沃拉尔才智过人，脑袋里装着许多小故事，而且总能把它们讲得精彩纷呈。在他的酒窖里，晚餐的收尾环节也远近驰名。这就是"沃拉尔酒窖"。

您就是在那里举办了自己的个展吗？

是的。我的第一个绘画展览就是在后一间铺子举办的。我按照自己的想法进行了布展，把那些在我看来更容易引人注目的绘画放在了显眼的位置，将它们摆在了与观众的目光最接近的地方。显然，我并没有考虑它们的尺寸，是卡里埃提醒了我这一点。卡里埃在参观过展览之后，告诉沃拉尔，展览的布置没有顾及常识，一些大尺寸的画挂在了展墙边缘，而有些小尺寸的画则挂到了接近天花板的位置。他还说，这种挂画方式与绘画的正确展出方式背道而

---

1 埃克托·布拉姆（Hector Brame，1831—1899）：法国著名画商。其画廊位于拉菲特街2号。

驰，任何理由都无法成为这种恶劣做法的借口。向我转述这些话的，是常去卡里埃家走动的皮埃尔·拉帕德，他还和我说，卡里埃经常想起我，常常谈到我，并且他很愿意让我去他家一起聊聊天。

这让我决定前往卡里埃位于艾杰希普-莫罗街上的家中拜访，我带上了几幅自认为特别有意思的画，胳膊一夹便出发了。他再次谈起我的展览，并对我说："您下次再办展览的时候请通知我，我来和您一起挂画。"这句话出自这么一位曾经看着我画画却对我的画一言不发的人，我觉得非常感动。他说："我去过卡米洛那里很多次，我一直对您很感兴趣，但我感到您有自己的想法，而我并不想惹您不快。"

在第二间铺子里，沃拉尔收藏了许多非常有意思的画作：有雷诺阿的、塞尚的、德加的、劳特莱克[1]的、高更的以及杜米埃[2]的作品。围绕这些画作的收购、来路，以及已经完成的各种交易等相关话题，沃拉尔总能讲出一些有意思的事情来。在沃拉尔家中，很难不对这类趣闻中的小插曲产生兴趣。

1　亨利·玛丽·雷蒙·德·图鲁斯-劳特莱克-蒙法（Henri Marie Raymond de Toulouse-Lautrec-Monfa，1864—1901）：法国画家。

2　奥诺雷·杜米埃（Honoré Daumier，1808—1879）：法国著名漫画家。

于是，有一天下午，我待在他店里，看见一位先生夹着一幅画走进来。他对沃拉尔说："这一幅是蒙蒂切利[1]的画作。"沃拉尔回他说："很好，我亲爱的朋友，钱在这里。"那位先生说了声"谢谢"就走了。沃拉尔对我说："这还真是我第一次遇到这种花招。我见过好多次，某位绘画买家对我说，'我想把从您那儿买的画还回来，因为我太太不喜欢'。我总是回答说，'很好，那您把它给我带来吧'。但从来没有人带回来过。这位刚从这里走出去的先生是个例外。"

　　沃拉尔上午很少在家，总是东奔西跑。他经常让一位亲戚帮忙打理，譬如他的某个兄弟，是个数学老师，当时正在店铺后面备考教师资格证。后者不知道作品的价格，有时被问烦了之后，他就会说："那您想怎么样呢？我的哥哥就是这个样子。我也不知道他为什么不放心。他让我待在这儿，但我一无所知。这让人挺不爽的。"

　　我记得还有一位身着苹果绿裙子的女士，她也替沃拉尔看过店。沃拉尔给我们讲过一则关于她的趣闻逸事，沃拉尔称之为"女性逻辑"。他说，当他在店里的时候，这位女士对他说："安布鲁瓦兹，你这做的是哪门子生意啊？你待在自己家里，却不上门去找那些欠了你钱的客户，至少要让他们支付你一部分预付款，让你能应付月底的票据啊。"沃

1　阿道尔夫·蒙蒂切利（Adolphe Monticelli，1824—1886）：法国画家。

拉尔觉得理由充分，就拿起帽子出门了。然而，当他回来的时候，这位身着苹果绿裙子的女士又对他说："安布鲁瓦兹，我看你永远做不成生意，你的客人来找你买东西的时候，你永远都不在！"

沃拉尔拥有和他的腰围相匹配的惊人胃口，下午，当他从餐厅兼酒窖走上来，在他那放在方形店铺中间的圆桌前坐下时，很快便像饱餐一顿的蟒蛇一般，陷入沉睡之中，只会在报商"卖报啦"的叫卖声中醒来。在这一时期，德雷福斯事件[1]令所有人心绪不宁，而沃拉尔则站在德雷福斯的对立面。为了铲除德雷福斯分子，他设想了君士坦丁堡曾使用过的手段。以前君士坦丁堡市内野狗横行，城里人便决定将它们全部逮起来，并把它们抛到附近的荒岛上去。沃拉尔希望以同样的方式铲除德雷福斯分子。

在卖画的时候，他有自己的办法，他在人前表现出的样子好像卖不卖都无所谓。当一位买家确实渴望购买具体某一幅画作时，沃拉尔却躲着他，买家要追着他跑，甚至要恳求他才行。我在他的画廊里第一次做展览期间，他对我说："您就在这儿待一会儿。我猜想柏林弗雷德里克大帝博物馆的馆

1　德雷福斯事件（Affaire Dreyfus）是 19 世纪末发生在法国的一起重大政治事件。1894 年，一名犹太裔法国军官阿尔弗雷德·德雷福斯被误判为叛国，在当时反犹氛围甚重的法国社会中，爆发了严重的冲突和争论。一部分知识分子为德雷福斯辩护，另一部分则对其大肆攻击，造成了法国文化界与知识界的严重分裂。沃拉尔站在德雷福斯的对立面，表明他具有反犹立场。

长雨果·冯·楚迪[1]要来找我。您要是愿意的话，就跟他说我出去了，一上午都不在。如果他面露不快，还跟您说起高更的一幅画作，那您就给他看这幅。"他拿出了高更最美的画作之一，这幅画我从未见过：一个高大的裸体，在海边，一位高大的塔希提女性。雨果·冯·楚迪先生和我说："马蒂斯先生，您人很好，但沃拉尔真是一个奇怪的家伙。他知道我想要这幅高更的画作，但一直躲着我！他约我见面，自己却不来！我给他写信，他也不回。这是什么意思呢？"

还有一件事也曾让我惊讶。一天，沃拉尔买东西回来，问我有没有见到什么人。我对他说："我见到了一个年轻人带了些画来给您看。"沃拉尔于是问道："好的。是他画的吗？"

"我觉得是。"

"好。"他冷笑道。

在那个时代，如今最重要的艺术家们尚未受到赏识，我必须说，尽管沃拉尔常常戏弄人，却发挥着举足轻重的作用。即使在面对已经有些名头的艺术家的画作时，大多数画商只会接受那些以常规方式创作的绘画，他们通常都会拒绝

1　雨果·冯·楚迪（Hugo von Tschudi，1851—1911）：奥地利/瑞士籍艺术史家，曾于1896年至1909年间担任柏林国家美术馆馆长。1909年起担任慕尼黑的新绘画陈列馆馆长，直至去世。冯·楚迪并未担任过柏林弗雷德里克大帝美术馆馆长，可能是沃拉尔口误，或马蒂斯转述中的记忆偏差。

草图，拒绝那些尚未把画布完全填满的画作（他们习惯将其视为习作，觉得不应该从艺术家的画室里拿出来）。所有当时受到轻视的东西，只要它们有点意思，沃拉尔就会买下。塞尚的许多画作都没有把画布填满，却都是非常伟大的作品，因为塞尚在填充画布时，只会使用那些深思熟虑的笔触，我们不难见到，在一幅塞尚推敲了几个月的画作上面，依然存在不少空白。

但其他画商的橱窗里只展示那些完成度很高而且框饰奢华的作品，和它们相比，沃拉尔的这些东西则显得有点奇怪，有点草率。沃拉尔的橱窗表面上看起来漫不经心，被弗兰[1]开起了玩笑，他称呼沃拉尔为"拉菲特街上的旧货商"[2]。

沃拉尔是一个极其严谨的人，他让人把塞尚的所有作品都拍摄下来，在画册中一一标示，断了一些滑头对塞尚全集进行恶意增补的心思，这为他赢得了巨大的赞誉。

塞尚是不是对您的影响很大？

是的。

1　让-路易·弗兰（Jean-Louis Forain，1852—1931）：法国印象派画家。

2　旧货商很难在拉菲特街上弄到一间店铺，因为拉菲特街所在的街区毗邻巴黎歌剧院，属于较为高档奢华的街区。——原注您是在沃拉尔那里第一次见到塞尚的画吗？

是的。我记得，在沃拉尔以一百五十法郎的价格把塞尚的《丑角》卖给史楚金时，街上的人都在说："这不是真的！太不可思议了！"

从此之后，您就非常喜爱塞尚吗？

是的。他的绘画在我看来既新颖又有力，给我制造了很多问号，激发了我的创作。

您认识他吗？

不认识。我并没有特意要去促成和我倾慕的画家见面的机会。对我而言，他们的作品就足以滋养我了。不过我在雷诺阿的儿子家里见过塞尚的太太，塞尚当时已经去世了，我说了一句关于塞尚的话，她打断了我，并说道："喔！您知道吗，他并不知道自己在做什么，他的绘画都没有完成。"她一直在我面前说着他先生的坏话。她头脑有点简单，不可理喻。

您在沃拉尔那里见过不少很有意思、如今很有名的绘画吧？

当时在沃拉尔那里，有一幅凡·高粉色背景的《阿尔勒女子肖像》[1]。这幅画后来变得很有名。沃拉尔当着我的面向一个人报价一百五十法郎。我写信给我的弟弟说："如果你想用你的积蓄买一幅特别好看而且价钱还不贵的画，我找到了一张。它漂亮极了。"他回答我说："我买不了，因为最近新买了一辆无链自行车。"

当时特别流行自行车！

过了一段时间后，我又回去看那幅《阿尔勒女子肖像》。画作展示在我面前。我对沃拉尔说："我要用一百五十法郎把它买下来。"

"这辈子都不可能！这值五百法郎。"

"一个半月前这幅画还只值一百五十法郎呢，今天怎么就五百法郎了呢？"

"一幅画，"沃拉尔和我说，"没有固定的价值。我家里有一幅画。通常情况下，我要价五百法郎。来了一位叫卡蒙多[2]的先生，他当时想要这幅画。我的画立刻就不是五百法郎了，而是五千法郎。"

1　凡·高的《阿尔勒女子肖像》拥有多个版本，马蒂斯描述的画作应为凡·高为高更创作的复制品，今藏于圣保罗艺术博物馆。——原注

2　摩西·德·卡蒙多（Moïse de Camondo，1860—1935）：法国银行家，艺术品收藏家。

您不是还想给自己买一幅凡·高的作品吗？

是的，那幅《阿利斯康》。我去了沃拉尔店里，他对我说："我去把它找来。"他就不见了。然而，当时墙上挂着塞尚的一幅五十厘米 × 五十厘米的绘画，风景中有一些女人，是他的《浴女》。我看着它。当沃拉尔给我拿来《阿利斯康》时，它在我眼里就只是一张普通的木板油画而已了。

塞尚碾压一切吗？

是的！我没下定决心。我回到家，在家里见到一封快信，告诉我说，我留在图卢兹的儿子生了重病——他被寄养在图卢兹的外祖母那里。我必须即刻启程去图卢兹。他得了肠炎，我得陪着他直到他痊愈：在图卢兹待了一个半月！我在加龙河畔散步，当时正是在河边沐浴的季节。我脑中一直浮现着我那幅塞尚，浮现着草丛中身体的颜色、左边直立女子的手掌大小与画面整体的比例。我写信给马尔凯："你愿意去找一下沃拉尔，告诉他我想买那幅塞尚的画吗？"他给我出价一千二百法郎。在壁炉上，摆着那尊罗什福尔的半身石膏像，之前我已经和您说过了，这件孤品他给我出价二百五十法郎。我总共花了一千四百法郎，得到了罗丹的《罗什福尔》和塞尚的那幅画。我对马尔凯说："你和他说我先付五百法郎，但我不知道什么时候能够付齐余款。"沃拉尔让人回复说："在您方便的时候，别觉得为难。"

您这幅塞尚的《浴女》，不就是您1936年捐赠给巴黎市政府"小皇宫"的那幅吗？

是的。至于《罗什福尔》（它是唯一一件小样，是罗丹的一件习作，在这尊石膏像上，罗什福尔的头部是挺直的，而在最后的成品中，他的头略微倾斜，当时只铸过一次模），沃拉尔之后过来问我："您还一直喜欢那件《罗什福尔》吗？"他想把它买回去。我说："我已经习惯它的存在了。"

几年后，一位柏林画商来找我，问："您愿不愿意把这件罗丹的石膏像卖给我？""不愿意！"鉴于他一直坚持，我便问道：

"您想拿它做什么呢？做一件青铜雕像吗？"

"当然，沃拉尔也想拿它做件青铜像。"

您在巴黎的那些重要展览，它们的先后顺序是怎样的？

是这样的顺序。参加过的沙龙有：国家美术学会的战神广场沙龙、独立艺术家沙龙和秋季沙龙。关于个展的情况：第一，沃拉尔；第二，德吕埃；第三，贝尔南[1]（贝尔

1　亚历山大·贝尔南（Alexandre Bernheim，1839—1915）1863年在拉菲特路8号开设了自己的画廊，主要代理巴比松画派的作品以及印象派的画作。1898年，乔治·贝尔南（Georges Bernheim）在拉菲特路9号设立了自己的画廊，但它与亚历山大·贝尔南家族没有任何关联。1906年，亚历山大·贝尔南的两位儿子在马德莱娜大道25号成立了另一家画廊，名为"贝尔南—青年兄弟"画廊。

南、乔治·贝尔南、贝尔南—青年兄弟画廊 1921—1922—1924）；第四，乔治·佩蒂[1]（1928 年）；第五，大皇宫（1937年的世界博览会）。

您和贝尔南家族的关系如何？

我还记得马尔凯第一次把画带给贝尔南的时候。一位女士一边打量那些画作，一边说："瞧，一幅马尔凯的画，这是一幅马尔凯的画。"贝尔南对马尔凯说："您想卖这幅画吗？我们只会买那些功成名就的画家。其他画家的画都卖给了小画商，只有画到火候了，我们才会买。"

有一天，贝尔南对我说："雷诺阿看过您的画了。他很感兴趣。但他让我跟您说别这样使用颜料，不应该使用色膏，应该只使用油彩。"

我感觉您对沃拉尔有一种偏爱。

面对为自己举办过第一次展览的画商，画家总应该怀有一定的感激之情。其次，沃拉尔并不仅仅是一位画商，他

1　乔治·佩蒂（Georges Petit，1856—1920）：法国画商，1881 年成立了乔治·佩蒂画廊，举办过许多印象派和后印象派的展览。

还是个人物。

您在保罗·罗森贝格[1]那里也展出过吗？

是的。我和他一直关系不错。但在画商与画家之间，无论他们的关系有多好，总是存在一条鸿沟。画商完成他的角色。他终归是站在自己那一边的。

确实。画家与画商之间存在深厚的友谊，这种情况还是很罕见的。

不过这确实存在，但属于例外。兹博罗夫斯基[2]和苏丁[3]就非常亲密。

您欣赏苏丁的画吗？

我欣赏，我认为他是一位真正的艺术家。

1　保罗·罗森贝格（Paul Rosenberg, 1881—1959）：法国著名画商，以代理过布拉克、毕加索、马蒂斯的作品而知名。

2　列奥波德·兹博罗夫斯基（Léopold Zborowski, 1889—1932）：波兰诗人，1910 年抵达巴黎后开办了自己的画廊，展出过莫迪利亚尼、苏丁等人的作品。

3　柴姆·苏丁（Chaïm Soutine, 1893/1894—1943）：俄裔犹太画家，1913 年定居巴黎，画风独具一格。

您不会觉得他有点太受凡·高的影响了吗？

不，不！苏丁就是他自己。有点撕裂，有点疼痛。有一种独特而且悲苦的感受性。此外，苏丁的创作过程非常艰难。他常常对自己很不满意，并毁掉那些令他不快的画作。

比如这个关于四分之一头牛的故事。苏丁想画一头被剥了皮的牛，兹博罗夫斯基就为他买了一整头牛。他让人把牛送到苏丁的画室。苏丁创作了一周的时间，画了很多习作。兹博罗夫斯基专门过去看了，非常高兴，把他见到的好东西都告诉了他的太太。当苏丁和他说"完了"[1]之后，兹博罗夫斯基跑去看，结果发现苏丁把之前创作的东西都销毁了。

他一贯如此吗？

这是格列柯[2]与凡·高的糅合，不过他的情感简直绝了！我在巴恩斯的收藏中见过苏丁的人物画，它们让我联想

---

1 "完了！"（c'est fini!）在法语中有两种意思，一是"完成了"，一是"完蛋了"，兹博罗夫斯基以为苏丁的意思是前者，而苏丁的意思是后者。

2 艾尔·格列柯（El Greco，1541—1614）：著名画家。出生于希腊克里特岛，原名多米尼克斯·希奥托科普罗斯（Doménikos Theotokópoulos），格列柯是他的笔名，意为"希腊人"。成年后长期在西班牙定居。其画风对后世尤其是 20 世纪初的先锋派影响巨大。

到伦勃朗的人物。

从本质上来说，在这些关于卖画的故事里，您难道没有觉得，大部分时候，那些真正的爱好者，那些不太关心物质层面的爱好者，偏偏是买不起画的人？

是这样的。那些为投机而买画的人，一两年后就会思忖着：我的画现在值多少钱了？他想急着变现。然而，谁能够预言一幅画在具体某一天卖出时能够获得怎样确切的收益呢？我让一些朋友买了一些漂亮的绘画，他们之后都对我心怀怨恨。

"太妙了，"送马蒂斯和他的秘书乘出租车离开后，凯耶在街上和我们说道，"大画家们对画作交易的了解简直太了不起了。"随后，或许是为了安抚自己，他加了一句："现在只有金融家能当诗人了。"

第五次谈话

在去见马蒂斯之前，我去了里昂的一位朋友家，朋友是一位医生，子承父业。在书房等候时，我看到了一整套1905年的《画刊》[1]。我一边翻阅杂志，一边寻思着：这恰好处于我们谈话的框架之下，1905年，马蒂斯不正是在这一年的大皇宫秋季沙龙上获得了认可，当他抬头观看大皇宫的装饰时，不恰巧可以重温几年前在让邦工作室镶嵌的月桂叶片吗？如今，它们正装饰着具有工业化色彩的女神前额。他获得了认可，我的意思是，他送来的作品受到了居斯塔夫·若弗鲁瓦与路易·沃克塞勒[2]这两位资深艺评人的关注。然而，亨利·马蒂斯的绘画无疑令这些上流社会的观众感到惊恐，他们的浮华空虚则可见诸周刊的每一页：全巴黎的美

1　《画刊》是从1843年开始发行的一份法国周刊，在当时影响力颇大。

2　路易·沃克塞勒（Louis Vauxcelles，1870—1943）：法国著名艺术评论家。正是他提出了"笼中野兽"这一说法，从而产生了"野兽派"的名称。

丽女士们身着白色华服，手持小阳伞，头戴饰有羽毛、鲜花与面纱的帽子，围着阿尔蒂尔·梅耶尔[1]的喉咙与胡须撩起她们的裙摆，她们盛装打扮只为来看马奈的回顾展——这个托词非常引人怀疑。

在《画刊》的其中一页，编辑部有意将歌颂名利场的义务放在一边，于是，我看到上面翻印了马蒂斯的几幅画作，被放在塞尚的《浴女》以及那位海关职员亨利·卢梭[2]的《扑向羚羊的狮子》旁边。出现在这里的除了马蒂斯的作品，还有他在莫罗画室或比耶特画室的同学们鲁奥、德兰、让·皮伊的送展作品。我对这些野兽时期的画作十分了解。它们富含大量的鲜亮色彩，笔触有点类似新印象派，然而目的并非将颜色系统分割成细小的色点，而是使用更加壮阔的色彩，运用红、黄、蓝等大色块，更为稳固、富含力量，洋溢着东方的色彩强度。此时正是新兴艺术的起步阶段，而在此之前，它一直未曾拥有客户群，正是从这时起，它找到了首批拥护者以及诸如卡米耶·莫克莱尔[3]先生这样的反对者（是的！已经有反对者了！）。

1　阿尔蒂尔·梅耶尔（Arthur Meyer，1844—1924）：法国当时的报业巨头。

2　亨利·于连·菲利克斯·卢梭（Henri Julien Félix Rousseau，1844—1910）：法国著名画家，自学成才。曾长期在海关担任职员，因此经常被称作"海关职员"卢梭。

3　卡米耶·莫克莱尔（Camille Mauclair，1872—1945）：法国保守派文艺评论家。对野兽派多有抨击。

1905 年（我继续翻阅着杂志）。第一件具有历史意义的事件涉及马蒂斯的老师们：描绘过《爱神在水上摇摆》中华丽场面的布格罗，这位年过八旬、趋迎奉承的守旧派画家在他位于拉罗歇尔的宅邸内去世了。沙俄与日本签署了停战和约。卢贝总统[1]在主持完国际结核病大会并陪同保加利亚费迪南王储[2]于贡比涅狩猎后，前往西班牙与葡萄牙展开国事访问。阿里斯蒂德·白里安[3]担任了政教分离法案的报告人。法兰西喜剧院里，巴尔泰[4]正在演出恐怖悬疑剧目；吕涅–坡[5]则在自己的剧场内，将高尔基的话剧《底层》搬上了舞台。俄罗斯正在发生着革命，敖德萨出现了骚乱，圣彼得堡则进行着学生运动。索邦大学内，爱弥尔·法盖[6]面向台下一众老妇人，开设了一堂有关"第一帝国时期的法国诗人"的课程；塞亚耶[7]在讨论"上帝的理念"；朗松[8]谈论着

---

1 埃米尔·卢贝（Émile Loubet，1838—1929）：法国政治家，1899 年至 1906 年间担任法国总统。

2 费迪南一世（Ferdinand Ier，1861—1948）：1887 年成为保加利亚王储，1908 年登基。

3 阿里斯蒂德·白里安（Aristide Briand，1862—1932）：法国律师、政治家。1926 年获得诺贝尔和平奖。

4 茱莉娅·巴尔泰（Julia Bartet，1854—1941）：法国演员。

5 吕涅–坡（Lugné-Poe，1869—1940）：法国作家导演，创建了著名的"作品剧院"。

6 奥古斯特·爱弥尔·法盖（Auguste Émile Faguet，1847—1916）：法国文学评论家。

7 加布里埃尔·塞亚耶（Gabriel Séailles，1852—1923）：法国哲学史家。

8 居斯塔夫·朗松（Gustave Lanson，1857—1934）：法国著名文学史家，巴黎大学文学院教授。

"法国文学品位史";而纯粹意义上的法国历史由奥拉尔[1]教授。罗曼·罗兰[2]则为学生上了几堂关于"歌剧:从卢利到格鲁克"的专题课程。

下一年则开启了法利埃[3]总统任期下"乖孩子"巴黎的时代。春天,欧仁·卡里埃去世。亨利·马蒂斯的《生活之乐》(图17)在独立艺术家沙龙展出时,引起了某些人的愤慨。而在很久以后,这幅画作将远赴重洋,进入美国巴恩斯基金会的馆藏。

哦!后天见到马蒂斯时,我得就这个话题好好和他聊聊!

马蒂斯换了房间。在接待我时,他戴着鸭舌帽,肩上披着一条棕色花呢毛毯,他跟我解释道,这家旅馆,一次只能租住一周。他得给某位施瓦茨女士腾出位置,所以只能在一间稍小的房间暂住。这让他可以分分心。从他的新卧室望出去,可以看见罗讷河上的大桥和一座座桥拱。马蒂斯谈话时,一直在端详手中的一张纸片,反复把它拿起又放下。他坐在一把扶手椅上,身上裹着一件宽松的浅棕色睡袍。他戴

1　阿尔丰斯·奥拉尔(Alphonse Aulard, 1849—1928):法国历史学家,在索邦大学长期讲授法国大革命史。

2　罗曼·罗兰(Romain Rolland, 1866—1944):法国著名作家。1915年诺贝尔文学奖获得者。1904年至1912年间在索邦大学开设音乐史方面的课程。

3　克莱芒·阿尔芒·法利埃(Clément Armand Fallières, 1841—1931):法国政治家,1906年至1913年间担任法国总统。

着鸭舌帽和眼镜的扮相，让我想起了雷诺阿在卡涅拍过的几张照片——他们的着装非常相似。我注意到，他手表的表链是用一根皮绳代替的。

您的新房间好像少了点什么。

少了什么？

两幅塞尚画作的复制品。

啊，是的！

马蒂斯有些疲惫。他睡不着觉。他和我说，为了入睡，在上床之前，他必须得摆出一个不舒服的姿势。他说："我睡觉从没有超过五个小时。"在回答我的问题时，马蒂斯向我保证，我们的谈话并没有让他受到折磨。然而，在我们谈起他的艺术时，我知道，这要比他口中的"闲谈"消耗他更多的精力。

我现在就坐在马蒂斯面前，于是向他问道：

1905 年，您和一群打破传统的画家一起展出，这个群体被命名为"野兽派"，我很好奇这个名字是如何诞生的？

在秋季沙龙上，我们在一个大展厅里汇集了所有色彩稍显鲜艳的画作，大多是一些独立画家的作品。在展厅中间，摆着一件马尔克[1]的雕塑，这位雕塑家经常创作一些手舞足蹈的小爱神雕塑，以及具有文艺复兴气质的、面带微笑的半身塑像。当时马尔克制作了一个塑像：一个年轻女孩的头像，又或者是一群正在跳舞的婴儿——一群爱神。当展览布置完成时，艺术评论家沃克塞勒进入展厅走到我身旁，看着马尔克的作品说道："看啊！多纳泰罗[2]在一群野兽中间！"这个词就这么流传开来了。和印象派一样，这个名称并不是刻意而为的，而在此之后，立体主义以及所有紧随其后的各种流派名称都是人为刻意制造的。"印象派"与"野兽派"出于自发与本能，"新印象派"则是有意为之，因为后者在革新技巧方面，其重要价值主要在于操作的清晰性、逻辑性，为了令这些技巧革新引起人们的注意，"新印象派"这样的表述是有必要的。

您并没有想过要建立画派。你们每一个人在表达上都是独立的吗？

是的。不过一起工作的年轻人总是会彼此模仿。我们在一起工作，都卖不出去画。我们非常幸福，非常自由，想

1　阿尔贝·马尔克（Albert Marque，1872—1939），法国雕塑家。

2　多纳泰罗（Donatello，1386—1466）：意大利文艺复兴早期杰出的雕塑家。

做什么就做什么，我们没有参与任何运动，可以彼此倾听。我们之间不存在嫉妒。我看着邻座的画，就像它是我自己的画一样，感觉有义务把它变得更好。

马蒂斯的声音变得略微有些低哑。他多半是想起了当时为了鲜亮的色彩而发动的骁勇征战。

我看到 1905 年 11 月 4 日的《画刊》中用了一整版来报道您在秋季沙龙的"兽笼"[1]，尤其还用上了您的两张画作来配图：《戴帽子的女人》（图 19）和《敞开的窗户》（图 20）。在第一幅画作的翻印图下方，我读到了路易·沃克塞勒在《吉尔·布拉斯》[2]中的评语摘录："马蒂斯先生是当今最具天赋的画家之一。他本可轻而易举地获得喝彩，却选择了沉潜、游荡于富有激情的探索之中，希冀从点彩中获得更多的震颤与明度。然而，他对形式的思考却令人担忧。"我认为，沃克塞勒的这个评语更适用于您早年的尝试，在您用切分颜色的方式描画圣母院之时？

1　当时，野兽派画作集中于秋季沙龙七号厅展出，该展厅被媒体戏称为"兽笼"，以此进行讥讽。

2　《吉尔·布拉斯》（Gil Blas）是一份在当时颇有影响力的报刊，1879 年开始发行，除了《吉尔·布拉斯》日报，还发行周刊《吉尔·布拉斯画刊》。

是的。我们之后再细说。我会和您谈谈我是如何被引导着去一步步改变我的上色习惯的。

在第二张画作的翻印图，也就是您那幅《窗户》下面，我读到了若弗鲁瓦的一段评语，摘自《日报》，包含的思想和沃克塞勒不谋而合："亨利·马蒂斯先生拥有极高的天赋，却和其他人一样迷失于着色的怪癖之中，但毫无疑问，他会重归正途的。"

对于一张呈现出全新视觉效果的绘画，第一眼看见时，有时候理解起来确实会很困难。我能理解这种犹疑的时刻，我自己有一天面对您的《家庭肖像》时也体会过。您知道的：那是一张大尺幅绘画，画里有一架普雷耶钢琴，展出于1918年的秋季沙龙或独立艺术家沙龙。我没能进入您的绘画中，这是唯一一次。当时我揉着眼睛，思忖着：这是认真的吗？现在这幅画已经完全不会让我震惊了。我把它和其他画作联系起来了。

在这一期《画刊》中，还有鲁奥的《卖艺者、跛脚演员、小丑》，德兰的港口风景《晾晒船帆》，让·皮伊的《松树下的散步》以及芒甘[1]的《小憩》。每幅画都配有一位批评

1　亨利·查理·芒甘（Henri Charles Manguin，1874—1949）：法国画家。

家的评语摘录。我还忘了提及维亚尔的那幅如蝴蝶般飘逸的画作《音乐》。但您是唯一独享两幅画作的人。巴谢[1]老爹那天还是很厚待您啊。

既然我们在谈论野兽派，我想您一定已经想起了您在卡米洛学院的同学安德烈·德兰，他当时在沙涂[2]，和自行车冠军以及《自由周报》编辑弗拉明克[3]一起画画。

是的。有一天，我和安布鲁瓦兹·沃拉尔一起乘马车去沙涂。我对沃拉尔说："您看吧，他是一位非常有意思的小伙子。"

"喔！您知道吗？"沃拉尔说道，"我什么也不懂，您替我把关吧。我交由您负责这次买卖。"

沃拉尔嗅觉敏锐吗？

他没有任何个人见解，但他懂得倾听。他听从了雷诺阿让他购买瓦尔塔[4]作品的建议。有时候，沃拉尔只花几百法郎就能把整个"画室"买下来。于是，从德兰的画室回来

1　勒内·巴谢（René Baschet, 1860—1949）：法国记者，曾任《画刊》杂志社社长。

2　沙涂（Chatou）是位于巴黎西部的一座市镇。印象派画家常在此活动。

3　莫里斯·德·弗拉明克（Maurice de Vlaminck, 1876—1958）：法国画家。

4　路易·瓦尔塔（Louis Valtat, 1869—1952）：法国画家。

时，他就这样带回了画家的一大捆画。过了一段时间，沃拉尔又去了一趟德兰的画室，再次带回来一捆画，由德兰本人亲自陪同。沃拉尔付了他几张百元大钞。走进沃拉尔位于拉菲特街的宅邸时，德兰瞥见，在角落里，他的第一捆画沃拉尔甚至还未拆封。

我刚刚看了看这个野兽时期的绘画：弗拉明克的绘画尤为鲜亮，色彩表现出的力度极为精彩，色泽清爽，质感极佳。我们能够在他对绘画的构想中感受到远东对他的影响。就您而言，野兽派时期与其说是一个落脚点，不如说是一条路径：您不知不觉地又回到了印象派的角度与主题，也就是那些散落的色斑上。

德兰，弗拉明克，沙涂，这些让我想到了黑人艺术。您不正是对此产生兴趣的第一人吗？我记得好像阿波利奈尔[1]把对黑人艺术的发掘归功于您。

是的。我径直走入了黑人艺术。我经常路过雷恩街上一家出售异国珍品的商店，店老板是绍瓦热老爹。我常常观摩在橱窗里摆放的各式各样的小东西。其中有一角摆满了来

1　纪尧姆·阿波利奈尔（Guillaume Apollinaire，1880—1918）：法国著名诗人，与艺术家们来往密切，撰写过许多艺术评论。

自非洲的各类小木雕。当我从雕塑语言的角度去观察它们是如何被构思出来时，我感到十分吃惊，因为它们和埃及雕塑十分接近。我的意思是，欧洲雕塑总是优先依赖肌肉，依赖对物体的描述，与之相比，这些黑人木雕是依据材料和想象中的层次与比例制作的。

我经常观察它们，每次经过时都会驻足停留，但却丝毫没有购买的意图。后来有一天，我走进这家店，买了一件木雕，花了我五十法郎。

我去了位于弗勒吕街上的格特鲁德·斯泰因[1]家中。我给她看了那座木雕。这时毕加索来了。我们聊了聊。毕加索正是在那时候注意到了非洲木雕。这便是格特鲁德·斯泰因谈论非洲木雕的起因。

德兰买下了一张巨大的面具。黑人艺术渐渐成为前卫画家们的兴趣所在。

这解释得非常好。我读过吕凯[2]先生的一项研究，他是一位极有智慧的人种学家，但对于当时活跃的新艺术并不特

1　格特鲁德·斯泰因（Gertrude Stein，1874—1946）：美国小说家、收藏家。1902 年移居法国，时常出入巴黎的先锋派画廊，并成为马蒂斯、毕加索等人的终生挚友。

2　乔治·亨利·吕凯（Georges-Henri Luquet，1876—1965）：法国人类学家。

别精通。我在国际智力合作协会负责布拉格民间艺术大会的组织工作时，吕凯先生曾为我们做过一项报告，其中就包括对原始艺术的定义。那完完全全、一字不差就是对您本人艺术的定义，也是对我们所喜爱的艺术的定义：原始人并不试图去复制他们阐释的物品，他们并不对其进行描述，而是完全单纯天真地表达这个物体作用于他们的情感和想象时造成的冲击。

我想，斯泰因一家，是您绘画的首批重要藏家吧？

他们是定居巴黎的美国人。迈克和莎拉·斯泰因[1]拥有一批中国艺术方面的重要收藏。他们对我的绘画很感兴趣，并买了我一两幅画，他们起初把它们当作一些物件，一些小玩意儿，因为它们表面上看起来有些异国情调。这便是开端。

让·皮伊在一篇文章中讲述了他对您的回忆，说起在迈克·斯泰因——您1916年为其画了肖像——家中，墙上"挂着十一二幅马蒂斯的画作"。

斯泰因一家也买毕加索的画。毕加索的画让我很感兴

---

1 迈克·斯泰因（Michael Stein）是格特鲁德·斯泰因的兄长，莎拉·斯泰因（Sarah Stein）是迈克的太太，他们都收藏了马蒂斯的画作。

趣。有一天，我在大道上碰见了马克斯·雅各布[1]，我对他说："如果我没有做过自己一直在做的那些东西的话，我真想像毕加索那样画画。""嘿，"雅各布说道，"这事儿太稀奇了！您知道吗，毕加索在和我谈到您时，也说了同样的话！"

毕加索和您，你们是一把利剑的双刃。如果我喜欢分类的话，我会说：构图与色彩，毕加索—安格尔与马蒂斯—德拉克洛瓦，但分类是粗略的，大多数时候，不过是在理解作品之前简单的关注方式而已。在乔治·佩蒂画廊里，你们都举办了各自的大展，您的作品总体上给人一种和谐、连续的印象，而毕加索的展览则呈现出多样、冲突的观感。不管如何，我们都能感觉到，在你们之间存在某种交流。您1912年的那件《静物》（石膏半身像与鲜花）在我看来是毕加索后期画作的由来。

让我们回到斯泰因一家的话题上，难道不是因为他们，您才有了开设一间绘画学院的想法吗？

这可追溯至我为西涅克太太画肖像的时候。我当时住在圣米歇尔堤岸，我把房间当作画室，面积不是很大。为了在观看自己的画作时能有一个较远的距离，我在寻找一个更

1　马克斯·雅各布（Max Jacob，1876—1944）：法国诗人，毕加索的好友。

为宽敞的地方。通常，不画尺幅较大的画作时，我在这间画室感觉还是很不错的。有人和我说，在巴黎很容易租到按天计费的画室。门房手上有空置的画室时，便把它们按每天五法郎的租金租给艺术家。我找了找，最后找到了阿莱西亚街。有人和我说："啊是的，是一位雕塑家，他人不在，他工作的画室在塞弗尔街上的'群鸟'里。"

在原来的修道院里吗？

它位于塞弗尔街与蒙帕纳斯大道拐角的位置。我说："我要去看看。"我去见了那个人，发现自己身处一所全是空闲房间的修道院，这些房间的租金都很低廉。一间屋子每年租金一百法郎。我于是租了两个大间，并在其中一间工作。在第二间，则带一些学生。

您在您的学院还是教过一两次课的吧？

是的，仅此而已！画家们常去我的朋友斯泰因家看画，在那里，有人和我说："有个叫汉斯·普尔曼[1]的德国小伙子

---

1 汉斯·普尔曼（Hans Purrmann, 1880—1966）：德国画家。他于 1906 年至 1914 年旅居巴黎，并成为马蒂斯的学生与朋友，受到德国表现主义与马蒂斯野兽派风格的双重影响。

非常有意思。如果您能给他一些小建议的话，他会很开心的。"我说："我很乐意。"别人给我看了一些他的素描。我说了我的想法。有人对我说："您愿不愿意时不时地给他一些建议呢？""好啊！"

有个叫布鲁斯[1]的美国人向我提出了同样的要求。我想起了我们三四个同学曾经一起组建的自由画室。于是我说："请听好，如果他们愿意一起工作的话，我可以时不时过去一次看看他们，给他们一些建议。"于是他们便在我的画室隔壁租了一间屋子，也就是我刚才提到的这第二间屋子。

这个普尔曼，我记得读过他在《艺术与艺术家》杂志上关于您画室的回忆文章。他说在那里大家并不模仿马蒂斯，说您和您的学生在一起就像同窗学友一般，而且在批改时，您的主要批评是："这里有一个漏洞，那个色调不够饱满！"

来了三十多个学生。我说："定个价吧。我不想要任何报酬，因为这并没花我太多时间，而且我也不想成为这件事的奴隶。我希望可以随时说'我不想干了'。但得定一个和别处一样的价钱，要让大家不是觉得这里比别处便宜才过来。"

1　帕特里克·亨利·布鲁斯（Patrick Henry Bruce，1881—1936）：美国画家。

我留在那里工作。我在那间画室完成了一张大画，表现三位女性在海边戏耍一只乌龟。这幅画原先收藏在德国威斯特法伦州哈根市的博物馆里。一年前，它在瑞士被拍卖了，当德国人举办……

他们的大拍卖，我记得是在卢塞恩。

现在这幅画在美国。它被卖给了纽约的某个藏家。

我画了这幅画，之后就没什么东西了，因为这个"群鸟"修道院正在进行最后的售卖程序。有另一家修道院，在稍微远一点的地方，之后也用于出租：那是位于巴比伦街街角的"圣心"修道院。我去了，租下了一个套间以及十八米长的接待室。我在花园租了一个古老的小楼，用来画画。它被分割成了两部分。"群鸟"的学生们也来了这里。他们占了我一半的工作室。我大约在那里待了两年。之后，我们必须离开，因为修道院要被卖了。在享用过这么大的空间之后，我觉得哪里都显得太小。于是我说："如果我能在巴黎附近找到什么地方，那就太好了。"最后，我在伊西莱穆利诺靠近克拉玛尔城门的地方找到了一座很大的宅邸，四千六百平方米的地皮。我住了进去。

也就是在那里，狄亚格列夫第一次拜访了您，请您为《夜莺之歌》设计布景？

是的！随后，我在南部待了整整一年。孩子们结婚了。拥有这么大的房产，既昂贵又无用。我们把它租了出去，在蒙帕纳斯大道买了一间公寓，以便不在南部时可以居住。

就是我去观看您旧作的那间公寓吧。您一直留着它没卖吗？

一直留着。

我想，您有三个孩子？

是的。

您的儿子皮埃尔是不是在纽约有一间画廊？

是的，在纽约。

还有我认识的杜图伊太太[1]，您为她画了那么多幅《玛格丽特肖像》。

我尤其喜欢她留着长发，低头阅读一本大书的那幅。

1　此处指马蒂斯的女儿玛格丽特，嫁给了法国作家、马蒂斯研究专家乔治·杜图伊（Georges Duthuit，1891—1973）。

还有雕塑家、装饰艺术—室内设计师让·马蒂斯。您知道吗，这是一种家装设计师的职业，负责制作吊灯及其他各种物件。

全屋设计师吗？

不是，那是以前了，现在是直接施工。他做这些东西的时候是个雕塑家。他做吊顶，用石膏做吊灯以及流行款式的桌子。同时，他也做釉陶，他是一名陶瓷师。

您母亲曾经给碗碟做过纹饰吧？

怎么会呢！……是别人乱说的，她只画过几只碟子。

她不经常做吗？

不。

不过她还挺有色彩感的？

是的。

您刚才和我说您睡不着。

我睡眠很差，也不能服用镇静剂：它会让我处于疯狂的烦躁不安之中。我不能躺着睡。我有一张完美的床铺，在上面却睡不着觉。于是我起身坐在一把椅子或一张沙发上。很不舒服，但没关系。我把头歪着，便睡着了。醒来之后，全身疼痛，就能在床上睡一个美觉了。夏天我睡在地上、硬板上，来揉碎我的身体。这样我就能睡着了。我身体上的紊乱五花八门。我的一条大腿让我感觉自己木化了，或注满了水。这没关系，得等它过去。

这是那些医生给您开的药物引起的反应吧？

目前我哪儿也不疼，但到处都在撕扯我。我几乎整夜都在呻吟。我离开床，躺在一把扶手椅里。一切都结束了。我就能睡着了。

您的失眠由来已久吗？

我的睡眠从未超过五个小时。我总是预感第二天会过得很糟，这让我无法入睡。我曾经去过一趟西班牙。在那一个月里，我一丁点儿觉都没睡。这发生在我为俄罗斯收藏家史楚金制作的壁饰《舞蹈》和《音乐》遭到拒绝之后。

是的。史楚金是您的一位重要藏家。当他和莫罗佐夫[1]的收藏成为苏维埃的国有财产，并以"莫斯科现代艺术博物馆"为名面向公众开放时，其中包括不下三十七幅马蒂斯的画作！您还和谢尔盖·史楚金去过莫斯科？

是的。我们等到旅行那一章里再谈吧。

而您自己不也多少算是一位藏家吗？在尼斯，您拥有一个漂亮至极的鸟笼！

我对自己所拥有的东西没有足够的依恋。我喜欢我所渴望的那些东西。当我把它们买下之时，它们便少了些什么：少了我的渴望。

但与此同时，若非自身的渴望，我们又真正拥有什么呢？一件艺术品理应属于所有人，像意大利 15 世纪的壁画

1　米哈伊尔·阿布拉莫维奇·莫罗佐夫（Mikhail Abramovich Morozov, 1870—1903）和伊万·阿布拉莫维奇·莫罗佐夫（Ivan Abramovich Morozov, 1871—1921）兄弟均为俄国收藏家。他们购买了 250 多幅塞尚、高更、莫奈、马蒂斯、马尔凯、德兰和毕加索等法国现代派艺术大家的绘画和雕塑。他们的藏品与史楚金的藏品一样，都在 1918 年被收归国有，世界上第一座现代艺术博物馆就是以他们的藏品为基础建立的。

一样属于一个群体，至少与博物馆相比不那么像一座坟墓，因为作品起码留在了艺术家为它们指定的地方。一幅画，作为独一无二的物品，当它被其所有者自私地、小心翼翼地占有时，便产生了某种资产阶级令人反感的姿态。然而，在我们发现所谓"珍玩店"之后，被占有便成了画作的命运。您本人也有过收藏欲吗？

我每次想要搞收藏的时候，都没能成功，最后总是变得讨厌起收藏家来。因为没法搞收藏，我便开始讨厌收藏、讨厌藏家。我到巴黎的时候，对旧货商很感兴趣，被一切有质感的东西所吸引，我每月只有一百法郎，无法买下我喜欢的东西。于是我会买些餐碟碎片，那种带花的餐碟，用的是一种法国釉陶。我也会去买圣母院附近摊子上发现的地毯残片。我已经建立起一间小小的样品博物馆，因为我没有能够买下整件的胃口。

一天，莫里斯·德尼[1]对马约尔[2]说（您知道的，马约尔极为节俭）："您知道吗，我在圣母院广场上的一间铺子里，看到一座特别漂亮的雕塑待售。您或许会感兴趣，不是很贵，1 500法郎。它特别美，是一座石雕，您该去看

1　莫里斯·德尼（Maurice Denis，1870—1943）：法国画家。

2　阿里斯蒂德·马约尔（Aristide Maillol，1861—1944）：法国画家、雕塑家。马约尔的艺术生涯以绘画起步，四十岁时才开始投入雕塑创作，是当时最为著名的雕塑家之一。

看。"马约尔对我说:"您去看看这座雕塑吧。如果它真的特别好,我就买了它。"我去看了那座雕塑。它是一座将近一米高的哥特式圣母石雕。已经卖掉了。跟我那些只花费一两法郎的小玩意儿相比,我发现马约尔(那时候他并没有多少钱)渴望购买圣母一类东西的勇气着实了不起!然而,到了月末缺钱时,我发现哪怕是一两法郎的小玩意儿,也蚕食了我的一部分钱财。我就对自己说:"蠢货,为什么你要当藏家呢?如果你喜欢漂亮的东西,就去卢浮宫啊,别去向那种拥有产权的感受低头。你喜欢波斯布料啊?天上有那么棒的云彩,还一直在变幻。如果你无法喜爱水果,你就不配食用果酱。既然我拥有树林,为什么要去购买别人用木材制作的东西呢?"就这样,我从收藏的想法中解脱了。

然而,1898 年的一天,我在科西嘉岛,感觉有些迷失,很苦恼。那是我第一次去那儿。一两个月后,我感觉有点失去了方向,于是回到巴黎四处转转。那时,在皇宫附近的一位明信片商人那里,我见到了一个石膏裱框的蝴蝶标本系列。蝴蝶被钉在一块小石膏板上。颜色看得很清楚。我看了看,对自己说:"买这么一只蝴蝶,真是肤浅至极。"我进了店门,想看看细节。不管如何,我并没有被人强制购物。我的目光却停留在了一只蓝色蝴蝶身上!这种蓝色是一种直抵心灵的蓝色!我说:"多少钱?"我想着："真是疯了！""五十法郎！"我买下了它。之后，我思忖着，既然我得给我太太带些礼物，那这就是礼物之一了。我把它留在身边很久很久。二十年后它才落在了地上，摔碎了。那是一块石膏片，蝴蝶被钉在上面，表面覆有一块玻璃。

您这已经不算藏家了。是颜色吸引了您。

或许是吧。但您看，我还是喜欢买下那些我喜欢的东西，让它属于我。

您还收藏过一些鸟类，或许也是由于色彩的缘故：它们让您精神焕发！您还一直没和我说，您最初是怎么开始购买鸟类的？

我当时要给一位美国太太[1]画肖像。我们约好了6月的某一天在巴黎见面。我都准备好了，也不想展开别的工作。我就这么等着她，焦急得不行，也就是此时她通知我说，她不来了，她被滞留在瑞士了。

1　美国哥伦比亚广播公司董事长威廉·塞缪尔·佩利（William Samuel Paley，1901—1990）的太太多萝西·佩利（Dorothy Paley，1908—1998）。

在圣莫里茨[1]！

是的。我一直在等着。当时我已经有几只鸟了，有四五只金丝雀。我不想把它们留在尼斯，夏天就把它们带到了巴黎。我不知道在画室里该怎么摆放这个鸟笼。相比逼仄的巴黎公寓，在山里，笼中鸟能扛得更久些。我去塞纳河边的鸟市漫步，看到了一些鸟类，它们的色彩令我惊叹不已。和往常一样，我立刻就想把它们买下来，想得到它们。每次见到令我惊奇的事物时，就是如此。我并不相信自己能够像平常那样忍住冲动。我还心怀为佩利太太保留的热情，不应该让它冷却，必须继续保持这股热情。

您不能让自己失去幻想。

我后来意识到，我之所以需要买几只鸟，是因为我需要为那位缺席的模特寻找一个替代品。我买了一只绿鸟、一只蓝鸟、一只黄鸟。于是又需要一只鸟笼。我一旦开动，便全心投入。等我再回去逛鸟市时，那些卖主围着我说："您还没见过这个呢，马蒂斯先生。这个怎么样？这个呢？"我就一边等待我的模特，一边继续买着鸟。佩利太太到达巴黎

1　圣莫里茨（Saint-Moritz）位于瑞士东南部，知名度假胜地。

后，她来画室也总是迟到。我十点准时到了，得等着她。她回去时，那些摆造型的场面让她十分兴奋，并且逢人就说。我们两点半去吃午饭。

那张肖像画完了吗？我只见过一系列素描。

画完了。当时佩利太太很快就要离开。我想先利用炭画探索一下。肖像应该是在第二年画好的。一件作品就像一座丛林，必须试图从中找到出路，而我也不知道需要花多长时间。于是我就画了这些素描，为来年做准备。

就这样，我重新变成了藏家，我和您说过，我不太喜欢这样。但这些小鸟成为一种陪伴。我不出门，不见人，和我的鸟儿们和谐共处。我时不时对自己说："这些鸟儿本该在别处歌唱，你纯粹就是个监狱看守，是把它们圈在家中的一个粗人！"但在注视它们时，我获得了慰藉。早晨，在蒙帕纳斯大道的公寓里，当我穿过房间时，我会停下脚步，打算在它们身上花费一刻钟时间，而一个半小时之后，我还穿着睡衣站在那里端详着它们。这是一种巨大的消遣。而且，我不知道这些色彩为我所用的极限究竟在哪里。

演员米歇尔·西蒙[1]家中养了一些长尾猴，起码养过

1　米歇尔·西蒙（Michel Simon，1895—1975）：瑞士演员。

很长一段时间。这让他消磨了不少时间。但它们四处乱跑乱跳，还弄坏东西。米歇尔·西蒙跟我说，长尾猴们爬上天花板，当它们看到一块翘起来的壁毯时，便抓住壁毯边缘悬吊在上面。壁毯从上到下全都被撕烂了。不过他不是为了圈养长尾猴，而是利用它们来研究喜剧的表演手法。

一只鸟您还可以盯着。它会抖动身体，每天都要洗澡。按照我当时拥有的鸟类数量，不久之后就不得不给它们建了一个大鸟笼。

那个放在尼斯的大鸟笼吗？

是的。我看它们很开心，好吧，相对比较开心。它们抖动身体，梳洗打扮。我紧盯着它们。它们进食，进行一些基本却总是合乎常理的活动。至于猴子，你却没法盯着它：它会把你逼疯的。它看见一个东西，跳起来就去了，在过去的路上，它又看见了别的东西，停下脚步就开始看向别处。它无法将一个念头贯彻到底，这让人很头疼。

马蒂斯聊起他的鸟笼，为了安置它，几乎动用了西米耶区[1] 瑞吉娜公寓的一整间房。有一条小过道能让我们透

---

1 西米耶区是位于尼斯城内的一个上流街区。

过栅栏观看那些珍稀的禽鸟。在马蒂斯看来，知更鸟与夜莺是最美的鸟类。遗憾的是，它们太脆弱了，不能被圈养。"有一天，"马蒂斯说道，"一个意大利朋友试图给我带来一批生活于阿比西尼亚高原三千米海拔的鸟类。他乘飞机把它们运来。旅行一切顺利，直到飞机下降至一千米时，剧烈的高度变化把鸟都杀死了。"鸟有时候会在笼子里互相打斗。根据鸟喙的厚薄，我们可以识别它们威信的高低。马蒂斯拥有一只黑黄相间的乌鸫，一公里开外都能听到它的声音。

得小心它啄你的指缝，这可能会引发甲沟炎。我们给它喂一小块面包，它会取走面包并将其泡在水槽里。它还能解开绳结。在我拿起它时，它盯着我的口袋或嘴部缝隙，我瑟瑟发抖，胆怯得不行。而我的另一只鸟对女人很凶，它会跳上她们的大腿，打她们大腿的主意。它会攻击人、会啄人。它曾经拔过一只正在孵蛋的雌鸟的羽毛，把它的羽冠全都扯掉了。

我想您应该失去过不少鸟儿吧？

当一只鸟死掉时，我不会再用别的鸟去替换它。而且当时有这么多鸟挤在一起，不可能再弄来更多了。

谁来照顾它们呢?

一个曾经的赌场伙计。

赌场伙计兼鸟类管理员!但这种巨大的鸟笼,应该很难运输吧。

是的。两年前,当尼斯面临意大利军队威胁时[1],我已经准备好要把我的鸟用烟熏死了。

您给它们喂什么食料呢?

一种昆虫与大麻籽制成的混合饲料(现在很难获取了)。有些鸟食用谷物。正常时期,会给它们喂一些沙拉和香蕉。

在您的生命中存在一些鸟类,或许正是它们,在以另一种形式,化作飞翔中被捕捉的缤纷色彩来到您的画布中停落,并以自身的方式歌唱着一种静默的旋律,为我们的双眼带来愉悦。

---

[1] 1940 年 6 月,随着德军在北线对法军攻势的胜利,意大利也发兵从南部对法国进行入侵,但被法军击败。1940 年 6 月 25 日,在法国向纳粹德国投降后,意大利占领了尼斯。

第六次谈话

马蒂斯感冒了。我见到他时，他正躺在床上，头部裹着软帽。在我们接二连三的午餐之后，现在变成了旅馆卧室里的系列对谈。在这家酒店，我刚刚见到演员路易·茹韦[1]正在与吉罗杜[2]交谈，我还得知夏尔·莫拉斯[3]也住在这里。亨利·马蒂斯依旧独来独往，拒绝一切拜访。他承认，在经历过初期的犹疑之后，他开始喜欢上我们的谈话。"或许对您来说，这是某种形式的消遣？"我对他说。"不是的。"马蒂斯肯定地和我说道。我们的谈话呼应着一种需要：这标志着他人生的一个重要阶段。可以肯定的是，我们可以为一位艺术家的作品持续不断地撰写评论，但我们最缺少的，却是如德拉克洛瓦、柯罗、雷诺阿、塞尚那样对于自身生命的倾

1　路易·茹韦（Louis Jouvet，1887—1951）：法国著名戏剧演员。

2　伊波利特·让·吉罗杜（Hippolyte Jean Giraudoux，1882—1944）：法国作家。

3　夏尔·莫拉斯（Charles Maurras，1868—1952）：法国作家，法兰西学院院士。

诉。"墓志铭无疑最具误导性。"来自日内瓦的鲁道夫·特普费尔[1]如是说。因此，当一个人进行讲述时，我们逐字逐句记录下他所说的话，不附加任何文学意图，这应该是件很有意义的事情。

斯基拉已经与我们告别。凯耶则启程回日内瓦了。我们曾在某一刻萌生过组织一场午餐会的想法，介绍马蒂斯和吉罗杜、路易·茹韦认识，但这样会显得不太自然。马蒂斯厌恶一切刻意安排的事件，从未尝试促成任何形式的会面。由此，构成他亲密圈子及私人生活的友谊与人际关系便愈发具有分量。

在马蒂斯还年轻的时候，他就是这样认识了罗丹，他去向罗丹请教过一些问题。他曾经和雷诺阿在卡涅有过一段交情（马蒂斯 1925 年画过雷诺阿的花园，那幅藏于阿尔及尔博物馆的画作）。他与那位鼻眼挨得很近的小个子马尔凯的友谊贯穿了他的一生。在科利乌尔以及巴纽尔斯[2]，则与马约尔来往频繁。

马蒂斯把一只手搭在眼部，从记忆深处搜寻并带回布丹[3]站在工作室晦暗处的身影，还有脸庞瘦削、硕大的鸭舌

1　鲁道夫·特普费尔（Rodolphe Töpffer，1799—1846）：瑞士作家。

2　滨海巴纽尔斯（Banyuls-sur-mer）是法国南部的一座滨海小镇，紧邻科利乌尔。

3　欧仁-路易·布丹（Eugène-Louis Boudin，1824—1898）：法国画家。他是走出画室捕捉户外风景的首批法国画家之一，被视作印象派的先驱。

帽下显得尤为单薄的雷诺阿，此时此刻，应该让马蒂斯说下去，不要用无聊的废话去打断他。谈话时，他的眉毛在他对人生无休止的追问中挑起，双眉下的一对眸子闪动着耀眼的光辉。

马蒂斯一边讲话，一边把玩一盒药片和一支红色铅笔。他的秘书在床头放了一叠纸巾，他每时每刻都在按日本人的方式拿它擤鼻涕。窗帘显得厚重。透过玻璃，我们可以看见浓烈的阳光不时洒落在里昂的桥梁与房屋上。壁毯具有一种怡人的黄色。马蒂斯的床边放着一台无线电广播。秘书正在缝缝补补。马蒂斯穿着一件驼毛外套和浅绿色衬衣。他在把玩纸巾，将它们叠起又展开。他说话似乎比往常艰难。我们的谈话起初显得凝滞，然后在某个时刻，马蒂斯的话匣子突然就打开了。

我记得有一次去布丹家拜访。我曾经在一位表亲家吃午饭时提到了他，后来，某个周日，表哥便带我一起去见布丹，臂弯下夹着两幅小画。我们来到了杜艾街，一位女仆为我们开了门。

"他在吗？"

（语气有些无礼，马蒂斯说道，不过对女仆倒是挺合适，她把自己的主人视为奇才，虽然并不能体会他妙在哪里。）

"在。"

我们进来了，见到了布丹的画室，光线从一扇落地窗照进来，在窗下形成了一片阴影。半明半暗之中，放着一排沙发。阴影里有个东西在晃动：那是一位穿着拖鞋，一身灰衣的小个子男人。

"您好，布丹，您在做什么呢？"

"我很烦躁，很烦躁。"

"为什么呢？您刚刚被授勋，您现在是巴黎画卖得最多的画家了。"

"是的。但这不值一提，这并不是我的幸福所在。"

我们开始聊天。我的表哥指着我说："这位年轻人是一位画家。"

"啊！好的，好的。"

"他在巴黎美术学院。"

"啊！好的，好的。"随后布丹问我："您的老师是哪位？"

"居斯塔夫·莫罗。"

"啊！好的，好的；那个画骑兵的！"（他把居斯塔夫·莫罗和艾梅·莫罗[1]搞混了。）

"不是，"我说道，"他画一些充满想象力的画。"

"啊！好的，好的。他会用莎拉·伯恩哈特[2]做模特。他

1　艾梅·莫罗（Aimé Morot，1850—1913）：法国画家。
2　莎拉·伯恩哈特（Sarah Bernhardt，1841—1923）：法国著名演员。

教您什么呢？"

"他什么也不教我。我和他一起工作。"表哥插了一句："不过亨利在卢浮宫临摹。"

"啊！这很好，"布丹说着，"在卢浮宫临摹，这太好了！不过你得当心！要当心呀！不是每件作品都滴水不漏，有些东西错误百出。所以，我每次从荷兰回来，直奔卢浮宫观看范·戈因[1]的画作，我都会在展厅里大声嚷道：'简直是个老骗子！'让那些安静的参观者惊诧不已。在他的所有画作中，都存在色彩浓重的陪衬，存在各种深色的近景，这在现实生活中并不存在。"

（"陪衬"始终存在，马蒂斯低声说道，现在它们换了一个名字：我们称之为"对照"，以不同的方式出现在画作之中。）

"我亲爱的布丹，您现在这么成功，和当年那个勒阿弗尔颜料商人不可同日而语了。"

"我当时已经在画水彩了，并不倒霉。"

表哥还在向他发问，可能是想让他在我面前多说些话："您认识米勒[2]？"

"是的，是的。有一天，店里进来一位高个子的英国先

1　扬·范·戈因（Jan van Goyen，1596—1656）：尼德兰著名风景画家。

2　让-弗朗索瓦·米勒（Jean-François Millet，1814—1875）：法国著名现实主义画家，巴比松画派的创立者之一。

生和一个穿着普通的男子。那位英国人说:'您可以给这位先生的颜料赊这个数目的账。''这位先生'就是米勒。他经常傍晚来店里聊天。一天,我对他说:'我真想丢下商店去巴黎画画。'他对我说:'您怎么能这么干呢?您有一份这么棒的工作,竟还想着去巴黎画画!'"

在求学阶段,您不是也和罗丹打过交道吗?

我见过罗丹很多次。第一次是在很久以前,是在我去科拉罗西学院上速写课的时候,也就是 1900 年前后。模特每个姿势摆半小时,我就在这段时间内把素描画好。一堂课包括四个姿势,每个持续半小时,我根据每个姿势,在半小时内构思一张素描,也就意味着这张素描多少经过了细致观察,但其中的各个组成部分则不能再进行润饰或增补。因此,这张素描是一个封闭的整体,里面多少包含了一些信息,尤其是模特的运动信息,这种运动通过模特姿势中特定的节奏相当充分地被暗示了出来。

我在这些素描课上经常碰到一个对我非常友善的小伙子,叫拉加尔[1]。我最早是在居斯塔夫·莫罗的画室认识他

<hr />

[1] 欧仁·拉加尔(Eugène Lagare,1872—1929):法国雕塑家。早期跟随莫罗学习绘画,1898 年起成为罗丹的学生,全身心投入雕塑工作。

的，之后就失去了联系。再见他时，他完全转变了方向，去做了雕塑，因为他觉得绘画过于柔美，过于妖艳，必须逃离。于是他去了罗丹工作室，在看过我的素描后，他对我说："您应该拿去给罗丹看看。他应该会非常感兴趣。"

我和罗丹进行了预约，然后就去大学街找他了。

罗丹当时待在大学街吗？

是的。他在巴黎市政府的大理石库房工作。

我给罗丹看了我的素描，他对我说："您的双手灵巧、敏捷。但您必须对此保持警惕。您得画些极为精细的素描，甚至要一笔一笔细细地、慢慢地画，越多细节越好，等您把这些做好的时候，再拿给我看吧。"我离开的时候，感受到的失望情绪大于受宠若惊，因为我本来想着罗丹应该能教我些东西。我思忖着，我如果已经可以画出如此细致的素描，那就不需要任何人给我提供建议了，因为我的工作方式天生便是由简入繁，为了在整体中添入一个细节，我需要付出极大的努力，而几乎每一个在素描构思阶段没有预先安排的细节，都要求我重新规划整体，以便能够将这个细节嵌入进去。

我这会儿想起来，罗丹在创作他那件《加莱义民》时，从一座雕像上取下一只手掌。这只手掌之前被一根铁钎固定在原件的胳膊上，他把这只拆下的手掌放到自己手中，并比照着自己的手，细致入微地塑造它。临摹完成后，罗丹把这只手掌安回原处，装在与其搭配的那条胳膊上，在他觉得有必要让手掌与人物整体的运动和谐搭配时，他只是简单地扭一下胳膊而已。从我的角度来看，这就导致这一大套细节在装饰整体中变得无足轻重，它们无法在同一时间抵达观众眼中。这种方法在我看来，远远不如把自身的感觉组织起来，去构建出一个对精神而言明晰的整体。这也使得妒忌罗丹的一位同行这么说道："罗丹创作的是近视患者的雕塑，每个细节可以单独观看，整体则立不住。"

您的言辞与我们一开始说的如出一辙：我记得有人指责罗丹是照实物铸模的。

这不是真的。

这纯属诽谤。但按照您刚才所说的，罗丹工作起来似乎有点儿按照实物铸模的意思。他有观察生活的天赋。他断言，艺术的唯一原则是"临摹眼之所见"。

他创作的是细节。他实现了很多优秀的碎片化作品，但涉及宏大构图时，他便屡屡受挫。

正如他的《地狱之门》，这件他设计的宏伟巨作。罗丹似乎情不自禁地一边诠释一边歪曲自然。他擅于刻画肌肤表皮，他雕刻的身体具有一种让人难以忘怀的微颤感。

我知道亨利·马蒂斯对罗丹的诗意不以为然。从他的面部表情可以看出，对他而言，构思时忽视整体是一件不可思议的事。

在一位我不想说出名字的顶级雕塑家[1]的工作室里，我看到一座小雕像的姿势是这样变化的：把底座朝膝盖方向转一下，背部朝向空中，因为这样显得更加合适，而其中没有任何一个细节被改变。[2] 我必须说，我非常喜欢这位雕塑家，对他的喜爱程度之高足以让我承认：他巨大的才能战胜了这种逻辑缺失。

有一件事我很想请您跟我们聊聊：您的雕塑。

……

每次谈论您的雕塑，您都不予回答。然而，我却觉得

1　即罗丹。

2　或许他指的是：罗丹的《我很美》是其《蹲着的女人》与《跌落的男人》两件雕塑的结合体？——原注

它在您的作品中占据着相当的分量。我并不将其看成您的一项消遣。

我做雕塑，是因为绘画让我感兴趣的地方在于：在脑中建立秩序。我转变方式，拿起黏土，是为了让自己从绘画中脱离，以此获得休息，因为此刻我已经在绘画中做了一切力所能及之事。这就意味着，投入雕塑还是为了组织、安排，是为了理顺我的感觉，以便寻找一种完全适合我的方法。当我在雕塑中找到这种方法时，它也可以服务于我的绘画。这都是为了能够控制我的头脑，是对我感知层级的分类，让我得以做出概括总结。一天，在去拜访卡里埃时，我把这些话都对他说了。他回答我说："可是，我亲爱的朋友，您正是为此而工作啊。如果您已经做到了的话，您很有可能就不继续工作了。这正是您工作的缘由所在。"在绘画中，在任何一件作品中，我们需要做到的，便是调和不可调和之物。在我们身上，存在着各种各样彼此矛盾的资质。我们需要以此为基础来建构一些可行的、稳定的东西。这便是为何，在我们没有逃避，没有丧失好奇心，尚未沦陷于惯例中时，我们会工作终生，并且愿意工作到人生最后一刻。

在您的雕塑中，有某种东西会击中那些不了解其灵感来源的观众。其他那些画家兼雕塑家常常创作相对传统、一成不变的雕塑，与他们相比，您的雕塑总是显得新颖而独特，正如您的绘画一样。我们有这样一种印象，您已经完全掌握了这门技艺。

因为这是为我自己而做，为我的需要而做，不是为别人而做。如果我遵循陈规，那我什么也做不成。我什么也无法理解，只能理解我自己，我把一切都与自己联系起来。在我观看其他人的作品时，我总是在其中寻找那些尤其适合我自己的东西。

这很好，理应如此。人类被创造出来就是为了回归自己。在一切艺术观照中，都存在着两个时期：自负自大、自我中心主义的时期；在那之后，他们便把从人类身上得到的东西还给人类，以一件作品的形式还给人类。不过，您在雕塑方面是如何起步的呢？

我也不知道自己做雕塑是从何时开始的。我在想，是谁最早向我展示雕塑的。我记得好像是洛尔茹[1]，当时他是居斯塔夫·莫罗的学生（他之后成了里昂素描学院的院长）。此刻我仿佛看到洛尔茹正在我面前揉土。

1　乔治-欧仁·洛尔茹（Georges-Eugène Lorgeoux，1871—1953）：法国雕塑家。

我很久没有做过雕塑了，但我几乎一生都在做雕塑。我的画室里一直有一件进行中的雕塑。

有一段时间，我待在科利乌尔，而马约尔住在他的故乡巴纽尔斯，当时我和他有过非常愉快的往来。

我常去看他，他也常来看我。我记得有一天早晨（我当时住在毗邻教堂的港口，手边正在创作一件雕塑），我正在等待去巴纽尔斯马约尔家的发车时刻，这时我想给包裹雕塑的布料再洒点水，当时是十点钟。我看到有一个小地方要修改，接着出现了第二处、第三处。我对自己说："别忘了火车！"当时，我只要扭过头就能看到教堂钟楼上的时间。我干劲十足，边看着钟楼边对自己说："去车站需要五分钟，我还能再干几分钟。"而当我想到应该停下时，我已经错过了火车。

上午有两趟车。我两趟都错过了。

我下午才见到马约尔。但很奇怪的是，做了一早上雕塑，我感觉精神上都与马约尔在一起。

这是哪件雕塑？

这件让我全神贯注以至于错过了火车的雕塑，是一位躺卧的女性，她把胳膊举过头部，一条腿蜷曲着（图21）。我在它身上花了相当长的时间。一天早上，我正在热情洋溢地干活，放置这座雕塑的托盘从雕塑台上滑了下来，所有东西都翻倒在地，模塑自然也被压碎了。我太太当时正在这间房间正下方的屋子里，听到我发出的尖叫以及重物跌落的声音，迅速跑上楼来。她看见我时，我正呆若木鸡，她安抚了我几句并立刻带我去田野里散步。非常好的治愈手段！我很快就缓过神来。第二天，我重新拾起工作，并且能够镇定自若地将其继续进行下去。而在此之前，我对它在我头脑中留下的印象成竹在胸，便着手创作一幅大画，画出了《比斯克拉的记忆》（图 22），后来变成了《躺卧的蓝色裸体》（同上幅图），现在归科恩小姐所有。

我想我知道这件雕塑。不就是那件名叫《躺卧的裸体》，在我们里德出版社出版的小书上翻印过的雕塑吗？我没有记错的话，您应该是在 1907 年完成的。双臂折叠，双腿并拢，在二者的动态中，呈现出一种非常美妙的律动。之后，您在 1929 年又把它塑造出了另一种状态，与前者大异其趣，更加轻盈小巧。

是的，是这样。

他微笑起来。

我想起来，有一次去拜访马约尔时，我们在巴纽尔斯海滩散步，他对我说："很久以前，在我二十岁时，我给这里的神父画了一幅肖像，有一天，他对我说，'阿里斯蒂德，给我画幅肖像吧，我给你出黑色颜料的钱……'"我以为这是个玩笑……马约尔对我说："完全不是。这幅肖像确实存在。我甚至可以带你去看。"他把我带到了神父的姐姐那里，把我置于一幅从上到下高达两米的巨大肖像面前，肖像展现了一位身穿黑袍的直立神父，他对我说："我向你保证，他真的付了黑色颜料的钱，不过也只付了黑色颜料的钱！"

那个时候，他已经在做雕塑了吗？我记得他好像开始得相当晚。

马约尔一开始是在卡巴内尔[1]那儿画画。他开始做雕塑完全是出于偶然，就是打发时间。他指挥他的太太按照他提供的素材制作壁毯，在等待羊毛填满特定方格的工夫，他便从自家花园里找出一块梨木进行雕刻。他雕出的东西非常出色，这让他有了继续下去的欲望。

在马约尔下定决心开始创作雕塑时，他已经四十多岁了。他的起步阶段相当艰难。我们的一位共同好友，来自埃

---

1 亚历山大·卡巴内尔（Alexandre Cabanel，1823—1889）：法国学院派画家。

尔纳的泰鲁斯[1]曾和我说，有一天他来巴黎找马约尔，发现他一个人待在旅社房间里，已经很久没有进食了。泰鲁斯很吃惊，问他为什么就这么待着，哪儿也不去。马约尔回答说："我在等人来，你看，我是对的，因为你来了。"

在艰难的日子里，波德莱尔也曾躺在床上等待陌生人的到来。

我在尼斯有过三个模特，三个十七八岁特别漂亮的年轻姑娘。她们是剧场的群演，同时也给艺术家做模特。她们的品性正直高尚，并不惹人厌烦。她们有时候饥肠辘辘，饿到必须身体趴着来平复胃部的疼痛感。她们在等待某种我所不知道的……奇迹。她们等待着可以跳舞的时刻。当她们身处这种状态时，你是拦不住她们的。她们备受煎熬，越是煎熬，越认为自己是艺术家。

在起步阶段，马约尔没有制作雕塑的材料，只有黏土，等黏土干了，他就把它放入火炉里炙烤。他非常满意，看不上其他任何材料。有一天，在田野里散步时，他对我们的一位共同好友法布雷先生（来自纳博讷，博闻强记的绘画爱好

1　埃蒂安·泰鲁斯（Étienne Terrus，1857—1922）：法国画家，出生于法西边境小城埃尔纳（Elna）。他与德兰、马蒂斯来往很多，与雕塑家马约尔关系密切。

者）说："多少人必须得用大理石才行！"他弯下身子，拾起一把土，说道："瞧，只要用土我们就能完成一些杰作。"

他住在马尔利勒鲁瓦[1]，房子是他亲手建造的。他希望一切都依靠自己的双手，蔑视一切工具。相比于在商场里买到的任何一件工具，他更青睐在圣日耳曼森林捡来的一段铁块，他拿回来修理、锻造、淬火锤炼——他断言我们已经不懂如何炼钢了。他心灵手巧，这把他引向了造纸，这就是著名的、有着独一无二品质的马约尔纸。不过说起这些有点麻烦，因为听上去就像是天方夜谭。

一点儿也不，您还是得给我们讲讲。

好吧，一天下午我去了马约尔那里。他对我说："亲爱的，我造出纸了！"马约尔一直觉得商店里销售的纸用起来不舒服，即使是精美的豪华纸张，他也觉得过于冰冷、毫无生气，不够贴近手工，过于机械化，即便单张制作的也是如此。他总是对我说："马蒂斯，您不觉得这种纸实在太难看了吗？"至于我呢，我主要关心的是自己画在纸上的东西，还没达到去追求卓越材料的阶段，在这一点上，我就像因为没办法弄到大理石就觉得泥土也很好的马约尔。

---

1 马尔利勒鲁瓦（Marly-le-Roi）是位于巴黎西边的一座小城，曾经备受印象派画家的青睐。

所以，这天下午我来到马约尔家，他对我说："马蒂斯，我刚刚造出了纸。""是吗？""在这儿呢！"他走向工作室的一面墙壁，那是一面很普通的灰泥浆墙壁，他从中剥出一块直径五六厘米、厚厚的圆片状的东西，对我说："这就是了！您看，这就是纸。"一边说，一边给我指着圆片紧贴墙体的那面。"这是纸，是我做的。您不觉得精美极了，表面极富生命力吗？您知道我是怎么做的吗？我不明白为什么那些蠢货商人、那些厂家做不出好东西来。我只是把抹布碾成浆，直到获得一种我认为合适的浓稠度。然后啪的一声！我把它拍在墙上。这就行了。"

我下一次去探望他时，他的侄子加斯帕尔·马约尔正在借助一个小画架制作铜丝网格，好让纸浆附在上面——这是那项发明的后续产物。

克塞勒伯爵[1]对这桩生意很感兴趣，出资购置了造纸需要的设备。这种纸精美无比却造价不菲。康颂纸行[2]最后把这些造纸用品都买了下来，当时，这种纸被视作世界上最精美的豪华纸张。沃拉尔的所有出版物都印刷在这种纸上。

1　哈里·克莱芒斯·乌尔里希·格拉夫·冯·克塞勒（Harry Clemens Ulrich Graf von Kessler，1868—1937）：德国伯爵，收藏家、外交官。

2　康颂纸行（Canson®）是世界领先的一家法国专营美术用纸的企业，成立于1557年。文中提到的马约尔纸于20世纪初在康颂正式投产，一直存在至今。这种纸的最大优点是在画水彩时方便更改，同时凹凸不平的纸面能够更好地呈现笔触与材质的效果。

我很喜欢马约尔的一点，就是他对手作之物的热爱，这是一种从万物中感受人类痕迹的需要，一言以蔽之，对一切批量生产的厌恶。我们在他的雕塑中也可以体会到这一点。和雷诺阿的绘画一样，马约尔的雕塑凝聚着一颗美丽果实的喜悦，让人不禁想去亲手碰触。

您是不是恰好在定居尼斯后（您自1917年起于尼斯定居）的第二年去了雷诺阿家？

马蒂斯花了些时间厘清思路。

1918年乔治·贝松[1]带我去卡涅见了雷诺阿。雷诺阿住在一座大庄园里，里面种着许多千年橄榄树。他在花园一角安置了一座可拆卸的小工作室，他就在那里工作。有人用轮椅送他过去。

他当时已经风湿病缠身了吧？

是的。早上九点，想到有模特在等他，他便急不可耐，训斥他的看护，大个子路易丝，说她在自己手部与身体的风湿患处缠了太多绷带，导致他迟到。"您抓紧点，路易丝，

1　乔治·贝松（Georges Besson，1882—1971）：法国艺术评论家。

您不知道模特在等我吗？"雷诺阿晚年仍然非常忙碌，一直充满好奇心。

雷诺阿不会浪费半点时间。他禁止自己周日工作，但还是叫人把自己推到画室去。我便是在这样的一天见到了他。他在头一天和我说："您明天来看我吧。明天是周日，我不工作。"于是我到了卡涅，满心欢喜可以和他共度一段时光。我在屋门口碰到了他的侄子，他对我说："叔叔在画室呢。"我顿时不知所措。我向他的侄子表达了我的窘迫，但他还是鼓动我去见见雷诺阿。我向雷诺阿致歉，并提起他前一天和我说过的话。他回答我说："您错了，我亲爱的朋友，一点关系都没有，我不工作，我只是需要找找感觉。"

午饭过后，我们把雷诺阿送到他的画室，他在里面还要再工作几个小时，等到结束以后，我常常会过来和他再待上一会儿。在此期间，我自己也完成了卡涅附近的风景写生。

您画过雷诺阿的花园吗？

我没有在他家画画，是在他家附近。

有一天，我带去了一些自己的画给他看。其中有一张小画，是我在尼斯盎格鲁滨海大街"美丽河岸"旅馆的卧房里绘制的，画面表现了一扇敞开的窗户，一棵被风吹弯的棕榈树，海浪翻涌，呈银灰色，房间内部则悬挂着窗帘，深色桃花木的窗棂从中显现；而在窗前，有一张桌子，桌子上放着一个小行李箱，画面的近景是花枝图案的地毯，一直延伸到窗前。雷诺阿无比惊讶地注意到，我的画作中最重的颜色是桃花木窗棂，它是整幅画中最深的色调。他很惊讶地发现，这种深色调并没有跳到画的近景中来，反而恰当地待在画面中适得其所之处。他让我把画拿得离他远一些，他仔细端详，又让我把画拿到他身边，接着对我说："您是如何做到的？如果我在我的画面中加入这么一团黑色，它立马就会跳到前面来。"

我没能立刻找到一个解释，然而这个解释却相当简单：是通过构成画面的力度之间的配合。这是我们这一代人的贡献。我想还有就是，每次我站在实物面前观察它们的时候，我对空间的感知，甚至让我自己也身处这一空间之内。这种空间是由一系列"力"构成的，与对自然的直接临摹毫不相干。我很难给出一个更全面的解释，因为在这类构建中，大部分属于本能，相当神秘。

您说得很简单：这是我这一代人的贡献。或许吧！在呈现空间感知方面，您通过色彩的配量、比例、排列方式，最终出色地令色彩独立扮演了这一角色，而在此之前，前人则是通过浓淡明暗来实现的。我认为雷诺阿立刻抓住了您的与众不同之处。也正是因为如此，即使您在使用平淡的色调时，您的绘画仍然拥有属于它的亮度：您从来不是严格意义上的"装饰"画家。我一直认为，您在绘画中实现的这场小型革命要归功于您对传统浓淡明暗的绝佳理解。您对博物馆中的暗色系进行了那么多研习，以期找到准确的色调！

所有那些巴黎的桥梁！我还记得，自己在您蒙帕纳斯大道的家中见到那些画作时的惊讶之情。我认为，您把您对色彩渐变的学识本能地带入了画面色调之中。

不过，您能和我说说，在和雷诺阿的交谈中，您收获了什么吗？

我从对雷诺阿的拜访中得到的最大收获，便是注意到，工作了一辈子，一位艺术家的好奇心仍然可以毫不枯竭。维系雷诺阿生命的，正是为了让自己的作品再进一步的希望。他在创作一幅沐浴主题的画作时遇到了不少困难（这幅画最终收藏于卢浮宫[1]），因为画作的尺幅很大，而雷诺阿的双手已不太灵活。然而，只有等到今天想起来，我才能明白他遇到过不少困难，而当时，看到他站在画作面前，头脑带着极大的热情处理一切，却根本察觉不到这些困难。

在与雷诺阿的短暂交往中，我获得的另一个好处，是

1　雷诺阿的《浴女》后来从卢浮宫转移到了巴黎奥赛美术馆。

注意到这样一位全身疼痛、身体残疾，因腿部关节麻木而无法挪动一步的人，却仍然能够幸福地沉浸于工作之中并谈论他的事业。我们和他待上一段时间后，等到他在谈话中渐渐兴奋起来时，丝毫没有面对一位老者的感觉，他那闪耀着生机与智慧的双眸让人忘却了这一点。

和人们的谣传不同，雷诺阿画画时，并不借助额外的器械。不过，他手掌的皮肤由于关节炎体质，状态已经很差，上面裹满了小纱布，纱布被一根白色细带固定着，系在手背。

他的手指也有些变形。不过，他一直使用短杆画笔，画笔被夹在食指的第一节指骨与对应大拇指的上两节指骨之间。

我在雷诺阿家里经历过几次有趣的事。他的谈话极为鲜活，依然充满着他曾经生活过的蒙马特的味道。我聆听着一个思想活跃而且心情愉快的人。他经常讲述一些极为有趣的奇闻逸事。

譬如，雷诺阿在试图证明那些连十生丁都看不上的人其实早已破产时，显得非常有趣。我们本可以向他证明反过来也一样，并向他论证那些只盯着十生丁的人也早已破产了！他非常节俭，也经历过极为艰难的起步阶段，要养活一家人。我不记得谁和我说过，在把一幅画卖掉之后，他买了一整袋豆角，以此维持一家人几周的生活。

在凝视一幅画作时，我所获得过的最奇妙的体验之一，便来自雷诺阿为富尔奈斯小姐所画的肖像（图23）。富尔奈斯小姐是"巨碗"咖啡店[1]店主的女儿，雷诺阿青年时期曾在那里画过画。这幅肖像当时收藏于画中主人位于沙涂的家中。德兰认识画主，带我去了沙涂。那是一位老妇人，她为我展示了她少女时代的肖像。我还记得，在端详过画作之后，我转过身来，正准备恭维那位女士几句，却讶异地发现，这位女士脸上的表情与画中一模一样，丝毫没有受到岁月带来的轮廓变化的影响。所以说，雷诺阿凝练出了这位人物的本质。我想这正是他所拥有的生命天赋。把一幅戈雅的肖像放在其模特身边时，似乎同样的情形也会发生。

雷诺阿非常热爱蔚蓝海岸。在画过蔚蓝海岸的不同角落之后，他最后在卡涅定居下来，住在那座秀美的庄园里。因为他有一天得知，有人想砍掉那些橄榄树当燃料，于是他便买下了那处房产。

雷诺阿终其一生每天都在作画，直至人生的终点。去世前一天，他还在卧榻上画了一小幅水果静物画。

有一件极为蹊跷、令我无法解释的事。这件奇事是雷诺阿的一个儿子向我讲述的，并得到了雷诺阿晚年为他诊治多年的外科大夫确证：雷诺阿在弥留之际，四肢激动难安，

1　马蒂斯记忆有误，该咖啡馆的名字应为"富尔奈斯之家"。——原注

从床上起身并逃了出去。我向大夫询问他如何解释这种状况，因为雷诺阿当时下肢已经麻痹，而且双腿都吊着，然而他也无法给我一个解释。

我说过，雷诺阿的生命被一种艺术上始终不断精进的希望维系着，因为我们刚才谈论的那幅收藏在卢浮宫里的《浴女》，雷诺阿用了三年时间才完成。我还记得在第二年，我对他说："您的画已经很好了，已经完成了。"他回答我说："并没有！""那您觉得缺了点什么啊？"他和我说："我觉得它不够库尔贝。"我没有问原因，但我觉得他应该是想说，他渴望库尔贝画作中他所钟爱的那种色彩的统一性，而他还没有做到。

雷诺阿总是说："在我完成这幅画后，我就可以撒手而去了。"事情确实这么发生了。

在您的所有相遇中，雷诺阿肯定给您留下的印象最深吧？

我并没有和很多人打过交道，我从来没有试图去拜见那些年长的画家，首要原因是不想给他们添麻烦，其次是因为我觉得，和艺术家的作品相比，艺术家的话语无足轻重。在我们谈论造型时，那些言论可以适用于各种大相径庭的事物。

造型是无法被描述的。我们无法用词语来创造一种等价物。不过，还是需要把这些词语安放在观众们满心期待的地方。我从来没有见过塞尚，也没有尝试找机会和他会面。我从卡穆安[1]那里得知了他的许多事，卡穆安曾经在艾克斯－普罗旺斯[2]服过兵役。在到达艾克斯的头一天，多半是黄昏时分，卡穆安一从兵营脱身，就直奔塞尚家。当时已经夜幕降临，敲过门后，他看见二楼打开了一扇窗户。一个人手里拿着灯，问他想做什么。他表达了想要结识一位自己十分仰慕的画家的强烈愿望。塞尚回答他说："很好，您等一下，我来给您开门。"这可是一个我们口中非常孤僻的人啊！

卡穆安去得相当频繁。离群索居的塞尚很开心他的到来，这样他可以聊聊天。于是，在某些时刻，他充满热情，提高嗓门，突然停顿下来，去把聊天室朝向女管家房间的那扇门关上，之后重新投入谈话，并往桌子上狠狠敲上一拳："天啊！波德莱尔，等等。"

我认识毕沙罗[3]的时候，他正在里沃利街上的莫里斯宾馆作画。他当时在画杜伊勒里花园的风景以及里沃利街的街

---

1 夏尔·卡穆安（Charles Camoin，1879—1965），法国画家，在巴黎美术学院的莫罗画室中与马蒂斯相识，参与过野兽派运动。

2 艾克斯－普罗旺斯（Aix-en-Provence）是法国南方城市，塞尚的出生地和晚年定居地。

3 卡米耶·毕沙罗（Camille Pissarro，1830—1903）：法国印象派画家。

景。他极为友善，四方大脸，络腮白髯，让人联想起第戎《摩西之井》[1]上的一位先知。他生于丹麦属安的列斯群岛[2]，性格活泼。他与塞尚交往很多，他们一起工作过。我和毕沙罗有过几次谈话，常常从中得到一些非常有意思的信息，比如下面这个。他对我说："塞尚不是一位印象派画家。"我于是对他说："不过什么是印象派画家呢？""一位印象派画家，是每次都画出不同画作的画家，譬如西斯莱[3]。塞尚是一位传统画家，他从来只画灰色。他一辈子画的都是同一张画。他从来没有画过阳光。他只画灰蒙蒙的天气。他总是寻求一成不变的东西。"

我常常会想起这番话，不过，我却总是观察到，塞尚的每幅画作都拥有一种独特的新意。瞧！我只要听说塞尚的一幅画出现在离我一百公里的地方，我便会即刻启程去寻找一些新东西，然而，一幅西斯莱的新作（的确，在它被画出当天，甚至画完那一刻，肯定是个十分特别的东西）却无法让我产生挪动一步去观摩的想法！我认为毕沙罗已经不再是而且当时也不是印象派画家，因为在他的作品中有着一种稳定与安静，这是沉思的结果。

1　《摩西之井》是一座巨型雕塑，上面雕刻了满脸胡须的先知形象。

2　即今天的维尔京群岛。——原注

3　阿尔弗雷德·西斯莱（Alfred Sisley，1839—1899）：英国印象派画家，长期在法国生活。

毕沙罗有一位太太，对吗？他当时结婚了吗？

是毕沙罗夫人，我们叫她"毕沙罗大妈"。她并不怎么理解她丈夫的绘画。她对他说："你从来没有获得你想要的东西。你做了点彩派，之后又不做了。为什么？是好还是不好呢？在你做的时候，你觉得很好。之后，你又不做了，觉得不好。你不知道自己想要什么！"

这又是一个沃拉尔口中"女性逻辑"的例子！

毕沙罗和我讲过他是如何开始动笔画画的。他当时去拉菲特街上观看那些画商的橱窗。他很喜欢柯罗的画。有一天，他拿着自己的画去见了柯罗。柯罗对他说："很好，我的朋友，您很有天赋。继续工作吧，不要听信任何人。"

毕沙罗还是听了柯罗的话（在他早期的画作中能够感受到）。柯罗成名很晚。他是多大年纪才卖掉自己第一幅画的？我不记得了。

大约四十岁的时候。无法想象，一个人为了卖出一幅画究竟会经历多大的困难。我记得一幅柯罗的画：一位身着蓝色裙子的女士倚在钢琴边，一侧的肩膀裸露着。

是卢浮宫的那幅《身着蓝衣的女人》（图 24 ）吗？

是的。我去看了鲁阿尔[1]的收藏。我当时是和我的一位表兄一起去的，他是一名画商。

"你看这幅画"，他对我说："这幅画在巴黎地界上卖不出去。"

"为什么？"

"因为一句话，每个人都在传，关于这位女性的胳膊：这个肩膀胖得和羊一样。"

在柯罗的一次展览中，我很惊讶地发现，在一些辉煌大气的画作旁，一些风景画显得有些琐碎，许多细节显得像是从望远镜里看到的一样。

这是他为了被沙龙选中不得不做出的妥协。我第一次参观柯罗的画展，是在加列拉博物馆，里面的画作真不是一般的多！每一面墙，从上到下都挂满了。然而当时并不是所有画作都被人接纳（马蒂斯略微强调了"接纳"这个词）。譬如他的人物，大家都很讨厌他的人物。

1　亨利·鲁阿尔（Henri Rouart，1833—1912）：法国著名收藏家，尤其以印象派藏品闻名。

以至于我们在小拉鲁斯词典上是这样定义的：柯罗，法国风景画家……因其画作中静谧的天空而扬名！

而现在人们意识到，正是在人物方面，柯罗给出了最受到广泛关注的东西。柯罗正是在人物上呈现了最被广泛思考的东西。我还记得，在柯罗的一幅巨幅风景画里，近景上有一个年轻小姑娘躺卧在一片雏菊中，她正在阅读一本白色的漂亮书籍。很多人说：很遗憾我们不能为了得到一幅优美的画作而把这个人物切割下来，把她从这些巨大的、和她没什么关系的树木中分离出来。这幅画是为了沙龙、为了得奖而创作的。当时为了获得沙龙的赏识，需要画一些大尺寸作品。

哎哟！终于说完了！

他又重新开始用他的小纸巾擤起鼻子来。

您不会觉得回忆这些是件容易的事吧？

我对马蒂斯说，恰恰相反，他的记忆力让我备感惊叹。

我向您保证，我说的都是真的。您在谈论自己时，就像一位小学生谈论自己的逃学经历，很显然您乐得让我扮演老师的角色，可是这个角色我履行得并不怎么好。您畅所欲言，而且正如您刚才提到的，您并没有将自己的话及其书面形式置于和绘画同等的地位，而我来拜访您时，也没有既定的谈话纲要——您对此兴趣不大，我也是如此。要是我问您："大师，您如何看待这幅肖像的相似性呢？您对希腊雕塑有什么看法吗？您怎么看待立体主义、复活节岛，以及超现实主义呢？"您或许会当面耻笑我，万一我得不到答案，也不会对此感到诧异。您给予了我令人愉悦的亲密感以及极大的善意，这为我们的谈话奠定了轻松随意的质朴基调，摈弃了一切傲慢，不过您不要以为，这会让我忘记，对我而言您意味着什么。我不会忘的，亲爱的马蒂斯先生。我的双眼不断打量着您的双手（马蒂斯的双手苍白，筋骨突出，布满雀斑），我不无惊叹地凝视着它们并思忖着：一切正是从此而来，正在从这里而来，它们是温顺的仆人。您在我面前谈论自己，我非常珍惜您给予的这份优待。您向我讲述的所有这些过往经历，我相信都能从中获取教益。

您教会我，如果没有正确的自我意识，如果缺乏自信，我们将一事无成。不过，让我最为触动的是，在一群反对者中，您独自一人走过您那条充满艰难险阻的道路时表现出的顽强精神。

这就让我放心了。我恰好在责备自己有点过于饶舌了。

面对一位前来唤醒孤独者的冒失访客，用滔滔不绝的话语将其淹没，这种饶舌比起习惯性的废话癖还是要强一点。

有一位在艺术圈内分量较重的画家朋友，她对艺术家极为忠实，总是给予他们亲切的接待。只不过她谈论起自己时热情过于高涨，以至于忽视了那些访客也有讲话的需要。

一天，我和我太太去拜访她，在门口还未按响门铃之际，我说道："你看着吧，她会一直说个不停的，我一句话也插不上嘴。"果不其然，她把我们带到了她的花园里，在她那紧邻画室外墙的丁香树的浓荫下，说了一个多小时。我只能在某些时刻插上一句："是！……不……或许吧……哎哎！……好！"最终，我们起身准备离开，出口的大门位于一条横穿整座房子的长廊尽头，她陪我们走到出口的大门处。就在这时，就在给我们开门时，她突然停下来，仿佛如梦初醒般看着我说："啊！他一句话也没说！他什么也没说！怎么样，您近来还好吗？您在做什么呢？"

根据您和我说的这些，我认出了这位"画家朋友"是马塞尔·桑巴太太[1]，那位社会党议员的夫人，他们是收藏您

1　乔尔吉特·阿古特－桑巴（Georgette Agutte-Sembat，1867—1922）：法国画家。居斯塔夫·莫罗的学生。法国政客马塞尔·桑巴（Marcel Sembat，1862—1922）的夫人。

绘画的最早一批藏家，后来还将这些画作遗赠给了一座博物馆。桑巴夫妇的收藏构成了格勒诺布尔博物馆的首批藏品。

桑巴夫妇在霞慕尼[1]拥有一座房子，他们常年在那里滑雪。桑巴先生身患疾病。他突然意识到了自己的病况，因此变得忧郁，总是忧心忡忡，眼睛常常藏在深色的眼镜片后方，一顶宽大的贝雷帽在额前被刻意压低。

---

1 霞慕尼（Chamonix）是一座位于法国、瑞士、意大利交界处的法国城镇，因境内有阿尔卑斯山的最高峰勃朗峰而著称，是著名的度假胜地。

第七次谈话

在上次会面结束时，马蒂斯对我说："我们下次聊这些话题，你记一下：

"——狄亚格列夫。

"——舞台布景应该是什么样子。

"——我是如何被说服并决定接受为斯特拉文斯基的《夜莺之歌》[1]创作舞台布景的（图25）。

"——为了让我设计本不在计划之列的大幕，狄亚格列夫是如何争取的。

"——第二次布景：《奇特的法兰多拉舞》[2]，肖斯塔科维奇[3]

---

1 《夜莺之歌》是斯特拉文斯基创作的一首交响诗，内容取自其歌剧《夜莺》。之后俄罗斯芭蕾舞团将《夜莺之歌》搬上舞台，常常将剧名简称为《夜莺》，但与歌剧《夜莺》并不是一出戏。马蒂斯口中的《夜莺》指俄罗斯芭蕾舞团演出的《夜莺之歌》，故而在书中统一译作《夜莺之歌》。

2 《奇特的法兰多拉舞》又名《红与黑》，1939年5月由俄罗斯芭蕾舞团在蒙特卡洛首演。马蒂斯为演出进行了布景装饰，肖斯塔科维奇配乐，列奥尼德·马辛编舞。

3 德米特里·德米特里耶维奇·肖斯塔科维奇（Dmitri Dmitriyevich Shostakovich，1906—1975）：苏联作曲家。

配乐，制作时联想到了现在收藏于巴恩斯基金会的那张《舞蹈》壁饰。"

我回到了位于杜布瓦路上的酒店，房间里的小圆桌上盖着一块玻璃板，手感凉爽舒适（白天外面很热），我一边读着桌上的笔记，一边望向窗外。傍晚的阳光洒落街道，店铺里正在售卖寥寥无几的肥皂或者奇迹般抵达的沙丁鱼罐头，消瘦的家庭主妇们在店门口排起了长队。身处这个彻底溃败的法国，我回想起 1918 年之后欣欣向荣的法国，回想起那个曾经被香榭丽舍大街与布洛涅森林凸显的巴黎，我曾在树林中度过了许多年幸福的时光。那是属于俄罗斯芭蕾舞的巴黎，它突然出现在我背井离乡的思绪之中，套上了一圈记忆的光晕，浸润在一种无法言明的黄金时代氛围与高雅考究的声色场景之中。我又想起狄亚格列夫剧院的庞大工地，所有艺术门类都交汇于此，形成一股令人欣喜的合流，这是一项宏大的事业，绘画、音乐、舞蹈，通过它们最具活力的表达彼此联合，组成了一出延续了二十年的大型"巴黎即兴剧"[1]。马蒂斯对我说过："狄亚格列夫就是路易十四。"诺阿耶女伯爵[2]在提及这个奇怪的家伙时，曾经这样写道："脚上

1　《巴黎即兴剧》是法国作家让·吉罗杜创作于 1937 年的一部小说，作者在此化用了这一典故。

2　安娜·德·诺阿耶（Anna de Noailles，1876—1933）：法国诗人、小说家。她的父辈均为罗马尼亚贵族，因此继承了女伯爵的封号。

肌肉发达，脖子纤细精致，双腿拥有大理石般的肌肉组织，这些对他而言都不可或缺，而与此同时，他还能捕捉鲜花遍地的克里米亚夏天的细腻。无论是漫天风雪中一座朴实无华的教堂里发出的钟声，还是东方横笛吹奏的婉转乐曲，他都能将其化为己用。"俄罗斯芭蕾舞团，这个"美妙的小团体"，被带到了一座浮岛之上，在公众面前起舞，给他们带去"新奇古怪的快乐"。然而，演出的准备过程则显得十分狂躁，常常受到组织者阴晴不定的性格干扰。大厅里经常出现争吵。据传，在《春之祭》首次排练时，站在舞台前端的普塔莱斯女士[1]撕掉了自己的扇子并大吼道："我都八十多岁了。我出现在这里为这部剧带来了荣光。这还是头一回有人敢嘲笑我！"和新兴艺术活动的情况相似，最开始，"俄国芭蕾"也带着一丝附庸风雅的色彩，把全巴黎的优雅人士齐聚一堂。格雷菲勒伯爵夫人[2]，狄亚格列夫的教母，普鲁斯特笔下盖尔芒特公爵夫人的原型，她本人以及她位于阿斯托格街上的沙龙，是这些隆重热烈的晚会的重要供应方。为了给俄罗斯芭蕾舞团的首演造势（1909 年 5 月 17 日，他们在沙特雷剧院以《阿尔米德的楼阁》拉开了演出序幕），她

1　爱德蒙·德·普塔莱斯伯爵夫人（comtesse Edmond de Pourtalès，1836—1914）：法兰西第二帝国时期最美丽优雅的女性之一，被称作"巴黎女王"。

2　格雷菲勒伯爵夫人（comtesse Greffulhe，1860—1952）：法国贵族，艺术赞助人，普鲁斯特《追忆似水年华》中盖尔芒特公爵夫人的原型。

邀请了马塞尔·普鲁斯特、奥古斯特·罗丹、奥蒂隆·雷东[1]、诺阿耶女伯爵、雷纳尔多·哈恩[2]、热拉尔·杜维尔[3]、阿贝尔·埃尔芒[4]、雅克-埃米尔·布朗什[5]、伊萨克·德·卡蒙多[6]等人为舞团做宣传；加布里埃尔·阿斯特吕克[7]，剧团的首席舞台监制人，则首次在大厅里搭建了"包厢"，在前排展示巴黎最美丽的五十二位女演员，让她们按金发和棕发交叉排列。掌声雷动之际，被人称作"亲爱的罗贝尔"的罗贝尔·德·孟德斯鸠[8]，他的白手套与金手杖在乐队上空飞舞。伊达·鲁宾斯坦[9]、巴甫洛娃[10]、尼津斯基[11]、里法尔[12]……从那以后，一系列演出呈现在这些心醉神迷的观众面前，艺术家、

1 奥蒂隆·雷东（Odilon Redon，1840—1916）：法国画家。

2 雷纳尔多·哈恩（Reynaldo Hahn，1874—1947）：委内瑞拉裔法国作曲家。

3 热拉尔·杜维尔（Gérard d'Houville，1875—1963）：法国作家。

4 阿贝尔·埃尔芒（Abel Hermant，1862—1950）：法国作家。

5 雅克-埃米尔·布朗什（Jacques-Émile Blanche，1861—1942）：法国画家。

6 伊萨克·德·卡蒙多（Isaac de Camondo，1851—1911）：法国银行家、收藏家。

7 加布里埃尔·阿斯特吕克（Gabriel Astruc，1864—1938）：法国剧团经理人。

8 罗贝尔·德·孟德斯鸠（Robert de Montesquiou，1855—1921）：法国作家。

9 伊达·鲁宾斯坦（Ida Rubinstein，1885—1960）：俄国舞蹈演员，1909年至1911年间加入狄亚格列夫的俄罗斯芭蕾舞团。

10 安娜·巴甫洛娃（Anna Pavlova，1881—1931）：俄罗斯芭蕾舞团的主要成员，著名舞者。

11 瓦斯拉夫·尼津斯基（Vaslav Nijinski，1889—1950）：舞蹈大师，俄罗斯芭蕾舞团的主要成员。

12 塞尔日·里法尔（Serge Lifar，1905—1986）：俄裔法国舞蹈演员。1923年加入俄罗斯芭蕾舞团，被视为尼津斯基的继承人。

附庸风雅之人、好奇者、学生们相聚一堂，为这些融合艺术神魂颠倒，并且在易装结束之时，热烈欢呼舞剧中男性演员的重新登台。对于我来说，一直要等到 1923 年，我才接触到俄罗斯芭蕾舞团。我还记得，1927 年装饰艺术展开幕的时候，我"蹭"进了香榭丽舍剧院，因为那天晚上我没钱买票。在第一幕幕间休息之际，我大摇大摆地闯进剧场，观看了让我感兴趣的那一部分演出。我至今依然记得舞台前方偏右的那把扶手椅，我像熟客般有条不紊地坐了下去，上帝保佑！还好没有看见引座员。在我看过的演出里，没有哪一场比它更加唯美卓绝！不过我必须承认，我并没有看过独幕编舞父响诗《夜莺之歌》，它由斯特拉文斯基配乐，帷幕、布景和演员服装则是亨利·马蒂斯在 1920 年 1 月至 2 月间完成设计的。

狄亚格列夫。

舞台布景应该是什么样子……

而现在，目光所及之处，是阳光消失后的街道，是对面房舍里凄清的办公室，是聚集在杂货铺前的拥挤人群，几乎可谓大饥荒的前夜。法国被军队打败了。然而，鲜活的法兰西艺术，通过诸如我明天即将再次拜访的那位画家的作品，难道不是已经为我们战胜了那胜利者的虚荣心吗？时光流逝，阳光穿过百叶窗，难道它不正以胜利者的姿态，落在一位少女美丽的额头之上吗？

狄亚格列夫（马蒂斯一边说着话，一边在手中把玩一张纸片，他目不转睛地盯着纸片，把它卷在指间），狄亚格列夫是一位让我自始至终极为钦佩的人物，因为他有能力把各种人才聚集起来，并且让他们共事。不过，他终归是一位音乐家。他在圣彼得堡音乐学院完成了学业。他家境优渥，把传播俄罗斯音乐作为人生目标。他曾在巴黎举办过独奏音乐会，之后便忙起了芭蕾。他带着一个由俄罗斯艺术家组成的剧团跑遍了世界，始终保持着圣彼得堡舞蹈学院的严格纪律，保持着艺术家对于芭蕾舞导演的服从，保持着明星演员的谦逊态度。

我记得您在狄亚格列夫刚到巴黎时便结识了他。1906年，他在秋季沙龙上组织了一个俄罗斯艺术板块。狄亚格列夫对于画家同样独具慧眼。他应该多半也向您发出过邀请。他的气质充满律动与直觉，而且正如人们当时所说的，带着些许野性，您的绘画应该能够与之契合。

狄亚格列夫问过我好几次，能否为他的一出芭蕾舞剧创作布景，但当时我实在太忙了，忙于自己的工作，因此总是回避他。然而，有一天，他和斯特拉文斯基来伊西莱穆利诺看我，我当时住在那里。他对我说："我们来和您打个招呼，然后给您听点音乐。"斯特拉文斯基在钢琴前坐下，开始弹奏《夜莺之歌》的总谱。他们谈到想委托我为这场芭蕾舞剧制作布景和服装，而我则像往常一样明确拒绝了。我一边聆听《夜莺之歌》的音乐，眼中便仿佛看见音乐幻化为布景、动作以及各种服装。之后，我在表达赞美之时，说出了自己见到的画面。这时，他们二位对我说："这就对了！您的布景已经完全找到了。绝对就是它了。绝对必须由您来做。您已经非常清楚地看到它到底是什么了。只有您能做。您应该来做。"我软弱地说了句"不"。他们离开之时，我已深受触动。这个想法再也挥之不去。在我的脑海中，我把听音乐时看见的那些东西彼此对照，而我自己也渴望制作这个布景。于是我十分难受地等待着狄亚格列夫找到和我谈论此事的契机。

狄亚格列夫知道您在收集鸟类吗？

那时候我还没有开始收集鸟类。

在接受这项工作时，我对自己说：我可以从自己的工作，从自己的绘画中抽一点时间出来，不过我只做一个芭蕾项目，对我而言这会是一段经历。于是，我开始学习布景到底可以怎么弄，换句话说，布景可以被构思成一幅画，由一系列不断移动的色彩组成。这些色彩便是演员的服装。色彩虽然在移动，却依旧能够为布景赋予同样的表现力。需要一种强烈的表现力去统合所有色彩，这些色彩可以共同奏响华章，却丝毫不影响其余部分的和谐。编舞马辛[1]给予我很大的帮助，他非常理解我的想法。

我对此并不感到惊讶：列奥尼德·马辛期待这样一种舞蹈，它不再根据每个音符去确定舞步，而是形成与音乐的某种对位关系，它需要精确地保留节奏，但有时需要与时间作战。

当时商定好，这套布景是为巴黎歌剧院制作的。完全不涉及大幕的问题。事实上我也不想制作一条十九米长的大幕。狄亚格列夫正在伦敦巡演，有时候一待就是好几个月。在伦敦有一家制作布景的工作坊，当狄亚格列夫待在伦敦，或者动身前往蒙特卡洛和巴黎时，他就会让这间工作坊为他制作在伦敦演出需要的布景。有时候，包括那些不在伦敦上演的剧目，他也会把制作布景的工作交给他们。因此，他把《夜莺之歌》的布景制作也承包给了他们。

狄亚格列夫从伦敦发了一份电报到巴黎给我，跟我说："我们需要您抽出二十四小时，向您了解一点情况。来

1　列奥尼德·马辛（Léonide Massine，1896—1979）：俄国著名芭蕾舞演员、编舞。

吧。"于是我去了伦敦，到了狄亚格列夫那里。他十分恭敬地接待了我，安排我入住了非常雅致的"萨瓦酒店"，然后我们一起去了布景工作坊。工作坊位于科文特花园[1]市场背后，在一幢由泛黑的砖块砌成的巨大建筑顶楼，外墙有四五层装点了一些拱饰，必须使用一架铁质梯子才能爬上楼顶。顶层有一间可能足足四十米长、三米高的大房间。而在三米高的位置，有一个脚手架，巨大的布景平摊在地上，我们可以爬到脚手架上面去俯瞰整体效果，以此判断它的好坏。当时狄亚格列夫对我说道："《夜莺之歌》要开动了。根据合同，我们必须现在就开始。之后我们只能在您不在场的情况下动工。这很可惜。我们将竭尽所能，不过如果您能再待个半个月左右，帮助我们走上正轨，那就太好了。"

我有点吃惊，甚至有点震惊。我不想放下巴黎的工作，另一方面，我又感到投入这项布景工作会让自己多么愉悦。然而，我还是坚持自己的想法：我只是来这里待上二十四小时，我可不愿让自己像个孩子一样被花言巧语打动。于是我便赌气说道："啊！不行。我只是来二十四小时而已，我明天就走。"

1　科文特花园（Covent Garden）位于伦敦西区，是伦敦市民的果菜市场，也是皇家歌剧院所在地。

狄亚格列夫试图以各种理由挽留我。他对我说："我们去酒店聊聊吧！"我们便步行前往酒店，在穿过市场的时候，每时每刻都有不祥之物在我们面前出现，要么是一只黑猫，要么是一架横在我头顶的梯子。狄亚格列夫尖叫道："不吉利啊！您在做什么呢？太糟糕了！会带来霉运的。"我心想：这会给你带来霉运，因为你得不到自己想要的。不过，你得不到，那是因为你不讲道理，而不是因为我遇上了一只黑猫或者从一架梯子底下走过。

据传，曾经有一个俄国人问您是否迷信，您的回答是："我？一点儿也不，我的良心安宁得很！"

回到酒店以后，我们进了我的房间。我脱下帽子，把它放在床上。狄亚格列夫高举双臂跳起脚来，对我说道："不吉利啊！您在做什么呢？您知道吗，有一位医生来我家里看病，他把帽子放在我的床上，差点要了我的命！"我心里一直在想：你的霉运并非来源于此，仅仅是因为我不想做你希望我做的事而已。他一直没有放弃，我最后还是在伦敦待了半个多月。不过狄亚格列夫具有这样的特点：他把事情带入正轨之后便撒手不管了，然后去忙着把别的事情带入正轨。等到最后一刻，他才会想起已经决定好了的工作。

所有和他打过交道的人都这么说，他们说狄亚格列夫很专断，表面上他会让合作者们自由行事，但始终按照自己的心意指挥他们。他和您这么一个思路明确的人一道工作，看来事情并不容易！

他很清楚，我留在那里违背了自己的本意，他知道我不想浪费时间，知道我会尽己所能地推进布景工作。我制作了一件小模型：一个按照舞台尺寸等比例缩小的盒子，里面有我设计的所有布景和道具，人物则用不同颜色的彩色纸片变换位置来呈现。我甚至在模型上方加装了一台电灯，以便不至于出现任何意料之外的情况。事实上，在巴黎歌剧院的首演大幕拉开之际，我惊讶地发现，眼前完全就是一个放大的模型。当时，需要为斯特拉文斯基的《夜莺之歌》制作一个鸟巢，以便在舞台上把夜莺引入笼中。我们去了道具师克拉克森先生那里，他是伦敦的首席道具师（他为莎拉·伯恩哈特做过许多工作，后者则大力宣传他的能力）。我们来到克拉克森先生的工作室，他在接待我们时显得有点咄咄逼人，他问狄亚格列夫："您想要什么？"狄亚格列夫用他那极尽优美的笑容以及极尽温和的声音对他说道：

"克拉克森先生，我们真的很需要您。我们非常为难。我们需要一件极好却极难制作的东西。真的只有您才能做成。"

"我吗？我再也不会为俄罗斯芭蕾舞团工作了！结束了！"

狄亚格列夫无动于衷，继续说道：

"您在拒绝之前，至少得听我说完我要您做的东西啊。"

"不要，不要，不要！我已经决定了。我再也不会为你们制作任何东西了。"

"不过，先生，您把我们置入了一个非常窘迫的境地。我们的剧目相当重要，是斯特拉文斯基的《夜莺之歌》，由巴黎著名艺术家马蒂斯先生亲自布景。如果您不愿意听一听我的想法，所有这一切都将蒙受损失。"

在一小时内，狄亚格列夫依照克拉克森先生的能力，零敲碎打地向他解释道，自己想要一个鸟笼，把一位象征夜莺的白衣女士置入其中。

克拉克森说："我不想做这个。我现在忙疯了，我没有时间。"

"请您考虑一下。我给您考虑的时间。您会明白的，您不能不做这件东西。"

然后我们就走了。

狄亚格列夫对我说道："您看，总要搞得这么扭扭捏捏，但事情还是会成的。"最终克拉克森制作了那只鸟笼，分享了俄罗斯芭蕾舞团的荣光。

那么之前是什么原因让这位卓越的克拉克森先生这么伤心气馁呢？

我后来才知道，克拉克森先生之所以这么不高兴，是因为之前排演的《幻想玩具店》，那是一出由德兰布景的罗西尼[1]歌剧，有人向他预订了数千个类似于卡通人物的纸板娃娃，准备在演出结束时往大厅内抛撒。结果等到临近演出的时候，他们又觉得这个动作没什么必要，然后把所有娃娃都留在了克拉克森先生那里。

狄亚格列夫真是一个妙不可言的组织者。他的座右铭是：不要重复。每一年，他都会拿出自己的钱去投入新的演出。他对那些为此感到诧异的人说道："我当然可以靠着一直演出《舍赫拉扎德》《彼得鲁什卡》《伊戈尔》甚至《春之祭》或《游行》成为千万富翁。但正是因为俄罗斯芭蕾舞团每次都会做一点点能力范围之外的事，正是由于这个原因，他们才是俄罗斯芭蕾舞团。"

是的，他真的与众不同。他总能让各种想法从艺术家

1　焦阿基诺·安东尼奥·罗西尼（Gioachino Antonio Rossini，1792—1868）：意大利作曲家。《幻想玩具店》是一出独幕芭蕾舞剧，1919年由狄亚格列夫的俄罗斯芭蕾舞团首次排演，著名法国画家安德烈·德兰设计了舞台布景和演出服装。

们的头脑中生长出来。所以我按时去那座巨大的阁楼里工作，等着狄亚格列夫一起吃午餐。他原本应该在舞蹈排练结束后过来接我，但他从不准时，有时竟把我给忘了，一直到下午四点才来找我。我不懂英文，只好杵在那里等他，一边工作一边等，而肠胃却在抗议。

米歇尔·乔治-米歇尔[1]在他的《俄罗斯芭蕾舞团轶事》中，谈到了这一时期，当时您在位于伦敦戏剧街区一栋房子的八楼工作，那里类似一座谷仓。他写道："大家攀爬到那里，需要依靠一架看不到头的狭窄悬梯，一只手握着栏杆，另一只手抓着地窖里的老鼠。"有一天晚上，附近发生了一场火灾，您的布景被映成了橘色[2]，这是真的吗？

……之后还有一些道具需要制作，我已经在图纸上绘制过图样。除了克拉克森先生，我们找不到别的手艺人能做这些东西。包括皇帝的权杖和军刀等。一切都耽搁了。我很焦急，而狄亚格列夫这时却让我设计一块大幕。我冒失地告

1　米歇尔·乔治-米歇尔（Michel Georges-Michel，1883—1985）：法国作家。1913年至1929年间曾与狄亚格列夫在俄罗斯芭蕾舞团中共事。1923年出版了《俄罗斯芭蕾舞团轶事》。

2　在《俄罗斯芭蕾舞团轶事》中记录了一个片段，马蒂斯在为《夜莺之歌》制作布景时，邻近的一栋房屋失火，把强光打在了他的布景上面。马蒂斯评论道："看啊，在我的蓝色上面，红色的反光变成了橘色……"

诉他，我个人对于剧场大幕的看法是，它应该以一种特别的方式构思，应该和上演的剧目有所关联，做出来应该类似于一个盒盖，让人在看见这个盒盖的时候，就已经产生一探其中奥秘的欲望。于是他拼命要求我制作他的大幕，他说道："您和我说了大幕的必要性，而且说得这么好，您不能不把它制作出来。"我对他说，十九米长的幕布可不是件小事，需要构思设计，实在不是件简单的事，而且根据我们的协议，我并不欠他的。

事情就僵在了那里，悬而未决。一天，我非常焦躁，因为已经在伦敦停留了一个多月了，周日晚上，我去狄亚格列夫的房间找他，对他说道："我受够了。我把所有已经完成的工作都给您留下，我要回巴黎了。我不求任何回报。您不用付我工钱。我都无所谓。我留给您了，我要走了。"

狄亚格列夫沉着地对我说道："我亲爱的朋友，您冷静一下。我很熟悉这些故事。艺术家们有多少次在演出之前找到我说'结束了！我不演了，我会演砸的！'，等等。然后我们只要找到只言片语就能让他们冷静下来。他们自己也就清醒了。他们回到舞台上，而且演得很好。所以您的想法是什么？您为什么这么说呢？为什么这么烦躁呢？"

"因为您想强迫我制作一块大幕。我不会去做的，我宁愿甩手不干了，也不想尝试为您制作这块幕布。"他对我说："您这个样子可真是太不可思议了！不过，这其实很简单。"

他站起身，去一个纸箱里找来了一张白纸，一支铅笔，对我说道："总之，您想要做的大幕是这样子的，对吗？"他开始在纸上试图勾勒出我跟他说过的那些想法，多少有些模糊。我抗议道："啊！不是这样的！把铅笔给我。这是属于我的！"我开始勾画我的幕布：一个大框架，在正中间，有一块很大的木板，我在上面挂着三张巨大的戏剧假面，由几个吊钩支撑，这些巨大的中式吊钩是白色的，外面包裹着绿色的鬃毛，在整个布景中至少要三米高。在这些物件周围，布满了浅蓝色的花朵纹饰，花分五瓣，有点类似旱金莲。他随我怎么画，我刚一画完，他便对我说道："好啊，这不就得了！您的幕布完成了。看来大喊大叫还是值得的，您刚刚已经把它完成了。"

总而言之，狄亚格列夫把您搞定了！

我对自己的工作多少还算满意，就欣然接受了。从此以后，狄亚格列夫便存了一个念头，想让我再做一次布景。每年芭蕾舞团在蒙特卡洛[1]演出时，我都会见到他，他总是叫我给他布景。我们常常（一般是周日午后）和马辛一起乘

1　蒙特卡洛是摩纳哥的著名豪华街区，蒙特卡洛歌剧院所在地，位于法国尼斯以东约二十公里。

车去尼斯透透气。这是周日的消遣，因为工作一周对于马辛来说实在太辛苦了。狄亚格列夫还在和我聊制作布景的事。我对他说道："您为什么非要坚持这件事呢？您很清楚我一直都在对您说不。"他对我说："您听我说，我亲爱的朋友，我还会再问您四十九遍。您会回答我四十九次'妈的'，而到了第五十遍，您会接受的。"为了请我给他做布景，他拥有千奇百怪令人感动的理由，诸如："您为什么不想为我工作呢？在我的整个职业生涯中，我从未在艺术方面失手过。我在别的方面败过，但从未在艺术方面失手。"

事实上，他经常遇到各种困难。他从不节省任何财物上的开支，却不知道自己到底有没有钱支付。服装师常常在首演当天把演出服装带到剧场，等收到了钱才把服装交出来。甚至有人说过，有一次，狄亚格列夫没能要到服装，就跟巴黎歌剧院的经理借了一套《胡格诺教徒》[1] 的衣服，拿来演一出和那一时期完全没有任何共通之处的芭蕾舞剧。

加布里埃尔·阿斯特吕克说过，狄亚格列夫经常为了音乐与舞蹈（他还应该加上绘画）最大的荣光而透支钱财，

---

1 《胡格诺教徒》是德国作曲家贾科莫·梅耶贝尔（Giacomo Meyerbeer，1791—1864）创作的歌剧，1836 年在巴黎歌剧院首演。歌剧描述了 1572 年法国的胡格诺派教徒与天主教徒之间的剧烈冲突。

某些晚会上只好穿着破损的燕尾服和质量低劣的漆皮皮鞋。此外，狄亚格列夫虽然曾经掌管着百万家财，1929年在威尼斯去世时却一贫如洗，死于一场由疖病引发的血液中毒。这些服装和道具，必然花销巨大！

在《夜莺之歌》的道具中，有一条长袍：皇帝的长袍，一边是红色的，镶着金线，另一边则是黑色的。皇帝奄奄一息，躺在床上，他的身体应该被袍子的黑面覆盖着，换句话说，袍子要折起来。当他再次见到自己最喜爱的那只夜莺时，他复苏了，从床上坐了起来，他的床类似于一张王座，被安放在两米多高的地方，折拢的黑袍展开，铺成了一面至少四米长的旗帜，一面镶着金线的红色旗帜出现在整体布景之中，一群哭丧者跪倒在将死的皇帝面前，再加上灯光的渲染，整个布景氛围十分悲戚。这些哭丧者穿着宽大的白袍，袍上点缀着黑色倒三角图案，赋予整个布景一种凄凉的气氛。而红袍以及逐渐恢复的光照，则为整部戏剧重新赋予了生命力。

制作这件长袍需要一种红色丝绒，并在上面绣上一些中式动物象征。我们向当时一位重要的服装师预订了这件长袍，她之前已经为《夜莺之歌》制作了其他所有的服装。她跟我要去了我的设计图，转交给她的刺绣师，后者制作出一块极其精细的碎片，与戏剧的视觉效果毫无关联。于是她说道："绣出这件袍子需要三个月。"而我对她说："我三天就能做完。"她问道："您怎么做？"我说："我会把一块巨大的红丝绒三角面料铺在地上，然后找来市场上不同色泽、不同纹理的现成金色布料，把龙形图案从布料上剪下来，放在红色的底布上，逐渐把它们连在一起，缝在一起。"她回答我说："很好。不过，只要我还在这家店里，就永远不会制作这类东西。"

"为什么？"

"因为这有悖于服装业的惯例。"

过了几天，狄亚格列夫对我说："行了！我们就按照您设想的那样来制作这件长袍吧，普瓦莱[1]愿意让我们去他的工作坊搞。由您亲自指导。您想怎么做就怎么做，他手下的工人们任您差遣。"

一天早上八点，我和他一起去了普瓦莱的工作坊。在等待工作坊开门的工夫，我们开始查看不同质地的丝绒。这时，我对一种非同一般的丝绒材料一见倾心，它拥有一个天使般令人动容的名称："丝绒之轻颤"，是一种醒目的红色。我说道："这就是我们需要的。长袍就应该是这种质地。"他对我说道："可是我亲爱的朋友，这会很贵的！""也许并没有那么贵吧。总之，这是值得的。长袍是布景中最主要的一

1　保罗·普瓦莱（Paul Poiret，1879—1944）：法国著名服装设计师。

件服饰。就应该是这种色调。您得上上心。"

"可是我已经买好丝绒啦。"

我说："没错！您给我展示了一块红色的棉绒，这是一种子虚乌有的红色，一种阴暗、死板的绒布，完全没有表现力。您看这个，这才是它该有的样子。"狄亚格列夫对我说："我来搞定。"果然，他买下了那块极其昂贵、华美的丝绒。过了几天，他又对我说道："明天您就可以去普瓦莱那里制作您的袍子了。一切都由您调遣。"于是我去了普瓦莱那里。我们把这块华美的丝绒铺开，铺在一张大桌子上，桌子就像一块巨大的跳板。这件长袍由一整块裙片组成，每一边都有一块三角形布片。我找来了不同纹理、不同色泽的金色布料，脱掉鞋子，爬到红色丝绒上面，拿起这些布料，把它们剪成一条大龙的图样。我身边有四五个工人帮忙，袍子很快就做好了，可能也就花了两天时间。

一切完工之后，您有怎样的整体印象呢？

马辛根据《夜莺之歌》的布景，进行了极具表现力的编舞。他把身着相同颜色服装的演员安排在一起，根据每一群演员身着的颜色，让他们进行群舞以及变换队形。

布景的整体色调是绿松石式的青蓝色，建筑物是白色的。舞台地面是黑色的，顶部则由白色布料组成，剪切成宽大的巨型花饰并镶上了黑边。借助舞台顶部的各种灯光，这些镶有黑边的白色布料呈现出一种水晶吊顶般的效果，在白光和日光下闪闪发亮。

总而言之，我觉得这个布景成功了，一些人也觉得如此，不过也有一些人并不喜欢。我觉得斯特拉文斯基就不是很喜欢。更让我惊讶的是像德·法雅[1]那样让我非常敬佩的优秀作曲家，他当时也创作了一部戏，名叫《三角帽》，布景是毕加索做的。法雅对我说道："你为《夜莺之歌》设计的布景让我十分惊讶。在我看来，这个布景应该以黑色和金色为主。"然而，《夜莺之歌》阐释的是一出安徒生童话，童话带有春天的色彩，充满清新与朝气，我完全看不出黑色和金色这样的奢华之色到底能为戏剧注入什么东西。

我认为您没有做那种华而不实的东西，如此而已！

道具用过一段时间之后，有时候需要翻新，翻新时的仔细程度有高有低，有时候会交给布景师或服装师来完成，他们要么茫然无知，要么漫不经心。布料会遭到更换或者重新染色。我的《夜莺之歌》就经历过这些。狄亚格列夫去世

1　曼纽埃尔·德·法雅（Manuel de Falla，1876—1946）：西班牙作曲家。《三角帽》是他创作的独幕芭蕾舞剧，1919年由狄亚格列夫的俄罗斯芭蕾舞团在伦敦首演，马辛编舞，毕加索布景。

了。马辛离开了，剧团由一位退役的骑兵军官领导，他或许不太理解布景的特性，尤其是马辛的舞蹈需要创作者的个性与人格支撑才能保证万无一失。

结果，十年以后，我在蒙特卡洛再次观看《夜莺之歌》的演出时，编舞已经遭到了彻底破坏，被一种法兰多拉舞取代了，所有的颜色都混在一起，毫无章法可言，就像一罐水果糖！在走出大厅的时候，我备感失落。

在休息室里，我碰到了作曲家的儿子，他对我说道："喔！马蒂斯先生，我之前一直没有理解《夜莺之歌》最早的布景和舞蹈，而现在我发现它们简直棒极了。"

对您来说，您之前一直喜欢赋予各种事物决定性的尺寸，那块巨大的幕布对您的作品进行了放大，您看到它的时候应该觉得挺痛苦的吧？

喔！除了底布，全都是由我亲手制作的。

在您的整个职业生涯中，您从不接受别人对您已经创作出的东西进行歪曲吗？您一直待在那里直到制作完成吗？

绝对是这样。

后来，您不是还为蒙特卡洛的俄罗斯芭蕾舞团制作了第二个布景，就是那出《奇特的法兰多拉舞》的布景吗？

是的。原本我已经下定决心不再做芭蕾舞剧了，后来这个决定被打破了，因为我在1930年至1933年间为美国梅里翁[1]的巴恩斯基金会绘制了巨大的壁饰。当我正在绘制那块长达十三米的巨大墙板时，马辛，这位让我无比欣赏的《夜莺之歌》合作者，前来看望我。他被舞蹈中的大幅度动作吸引了，被画面中强烈的节奏吸引了，他对我说道："这就是我有朝一日希望看到的舞蹈！您不想帮我一把，把它弄成芭蕾舞的布景吗？"尽管马辛的恭维让我十分受用，但我还是拒绝了他，因为我自己还有一件这么巨大的作品需要完成，而且创作条件颇为艰苦，我需要直接下笔，没有模型，没有草稿，纯凭感觉。过了好几年，马辛一直没有放弃这个念头，他再次找到了我，想让我接受他的邀请。

我们花了一些时间去寻找合适的音乐。最开始我们打算用李斯特的协奏曲，最后马辛觉得还是用俄国青年作曲家肖斯塔科维奇的交响曲[2]更好。这首交响曲之前在纽约大获成功，并提供了伴舞的可能性。我按照第一次布景的原则，

1　梅里翁是费城的一个街区，巴恩斯基金会所在地。

2　即肖斯塔科维奇完成于1925年的《一号交响曲》。

开始制作一个等比例模型，把我在巴恩斯基金会装饰的巨大门拱安了进去。我把背景分成四种颜色：蓝色、红色、黑色与黄色，门拱则是白色的。

我让舞者们的衣着和背景颜色保持一致，穿上蓝色、红色、黑色、黄色和白色的紧身衣。马辛把舞者们分成不同的小组，让他们按照音乐的要求进行操练，同时还要兼顾色彩的组合。

这场芭蕾舞剧在巴黎产生了积极的反响，并且在美国大获成功，我相信它依然能引发人们的兴趣。

对此您自己满意吗？

是的，我很满意，因为我摆脱了一切与芭蕾舞的造型和动感无关的小道具。

那么您知道您制作的这两张大幕现在保存在谁手里吗？

俄罗斯芭蕾舞团后来分裂成了两个剧团。其中一个由巴希尔[1] 先生领导。《夜莺之歌》的大幕则属于马辛。

---

1 瓦西里·格力高里耶维奇·沃斯克伦森斯基（Vassili Grigorievitch Voskressenski, 1888—1951）：1932 年建立了蒙特卡洛俄罗斯芭蕾舞团，早年曾在沙俄军队中服役，因此被人称为"巴希尔上校"。

俄罗斯芭蕾舞团好像还在继续演出。

是的，在北美。

这会诱使您去尝试制作别的布景吗？

不会了。不过，对我做过的那些东西，我并不后悔，因为在设计它们的时候，我不必去担心那些在绘画中遇到的相同问题。在作画时，成功可能遥遥无期。而在制作剧场的布景时，首演前一切必须就绪，而且必须立即获得成功。狄亚格列夫给我转述过一段德彪西的话："在剧场里，不需要辉煌的失败。"在《夜莺之歌》上演时，来了一群立体派的党羽。所有那帮家伙跟我打招呼都很正常，背后却翻脸无情。所有的成功都必须指向毕加索布景、德·法雅配乐的芭蕾舞剧。狄亚格列夫大为光火，他说道："只有当艺术家是西班牙人、俄国人，或者外国人的时候，你们才会高看一眼。"

成功！在剧场里，当首演获得成功时，我们就不必再去碰它了。它把优点和缺点都集于一身。如果你想对其中某一点加以补救，你就反而有可能失掉其他东西。

第八次谈话

亨利·马蒂斯始终卧病在床，不过人已经好了很多。他把玩着自己的软帽，将它拿开又戴上，手指穿过袖孔，摸到了帽檐，把帽子拿下来，接着又重新戴起来，然后取下抓在指间晃来晃去，并在谈话间出神地打量它。他重新戴上软帽，把它向后推，又往前拉，接着重新取下，用指尖抓着，在他面前摇晃。随后，他用手指夹起一支笔，对我们先前的谈话记录修修改改。他的眼镜上闪烁着光芒。我们开始谈论宗教。马蒂斯说道："平庸的信仰，是资产阶级的信仰。"不过他承认，在与他的俄国秘书一起参加复活节弥撒时，自己还是被这些事情感动了。在我看来，马蒂斯忽然间更加能够理解别人的生活了。他与以前从未体验过的身体病痛的接触，手术的冲击，死里逃生的感受，以及与其他患者的来往——即便保持着距离，这一切都深化了他的心绪。今天是1941年4月19日。这是我们在里昂的最后一次谈话。和马蒂斯在尼斯会和之前，我必须先去一趟日内瓦。我希望，到了尼斯，能够再次见到马蒂斯在他的瑞吉娜公寓里重拾画板的样子。

您还没有谈论您的那些旅行呢，您完成的那场环球之旅。

我不是旅行家。我真的是一名居家工作者，每天早晨准时开启一天的工作，直到中午才告一段落，在精力允许的情况下，我会继续工作（我有午休的习惯），一直干到晚上。

我很能理解。旅行，有点像逃离自我。您从来没有忍受过旅行的诱惑吗？

没有。我是一名居家工作者。在我的幻想中，我的思想总会被阅读、被异国之物弄得兴奋异常。我经常在想象中旅行，鉴于我的创作主要以呈现光线的亮度为目标，我便寻思着：地球的另外半边会是什么样呢？二十年前，在尼斯时，我已经下定决心，有朝一日要去那里看看。这就是那场环太平洋远游的由来。

1933 年，当您从塔希提[1]旅行归来后，您曾在凯撒·弗

---

1 塔希提位于南太平洋中部，是法属波利尼西亚群岛中最大的岛屿，也译作"大溪地"。著名画家高更曾在塔希提长期生活、作画，也因此使得塔希提成为法国画家心中的圣地。

兰克街热情洋溢地和我谈论过这场旅行。

从本质上来说，我的目的已经达到了，因为那里的光线完全异乎寻常。太平洋上的光线具有这样一种特点，它能够让精神迷醉，类似于目光探入一只金色浅口杯内部时所感受到的质地。

天空是蓝色的，大海是蓝色的，树木是绿色的，尽管太平洋上的植被与我们这里并不相同。那是一种深绿色，非常绚丽丰富，类似刺蓟的绿色。灌木丛里绽放着许多木槿花，木槿的叶片坚韧肥厚，叶片间蜷曲着血红色的花朵。总体来说，那里的鲜花很少，灌木丛以及散发香气的树木却很多。剩下的植物则由面包树、芒果树以及沿海岸线生长的大量椰子树组成，总之都是可以在安的列斯群岛上看到的树种。在从塔希提回来的路上，我途经马提尼克岛[1]，我在岛上逛了一天，不由想道：我原本不必跑那么远，来一趟马提尼克就行了，距离法国只要十天，而不必花上四十五天时间坐船去塔希提。

不过当时我忘记了事情的关键点，那就是光线，这种诱惑早在二十年前便已经让我渴望着这场旅行！马提尼克的光线与塔希提完全不同。从巴拿马地峡出来之后，来到安的

1　马提尼克岛位于加勒比海地区，安的列斯群岛的一部分，是法国的海外领地之一。

列斯群岛，已经可以感受到一种与我们这里相同的光线，一种微微有些发冷的光线。它不再是太平洋上那种令人迷醉的光线了。

真有那么不同吗？

是的！因为为了从太平洋进入大西洋，必须花上一天多的旅行时间，穿过巴拿马地峡。你在法国旅行一天时间，从北部到达南部，就会发现光线的差别。例如，从巴黎到西班牙，一天的旅程，巨大的反差！有点类似于蔚蓝海岸与阿维尼翁之间光线的差异，甚至是里昂与巴黎之间光线的差异。所以这是我曾经期待的一场重要旅行。至于其他的旅程，实际上不过是出差而已，由于工作原因，由于各种情况而不得不走上一趟。

这么说来，塔希提之旅是您唯一真正渴望的旅行吗？

当然。当我决定进行这场旅行时，它就是我渴望的。一开始我对自己说："我要去看看太平洋。"当时正好发生了加拉帕戈斯群岛 [1] 上的德国探险者事件。您还记得吗？他们

1　加拉帕戈斯群岛位于东太平洋。

被发现时，已经被吃掉了，尸骨无存。

是的，那里有一个奇怪的德国女伯爵[1]，在报纸上被称为"加拉帕戈斯女王"。

我没有找到一起去太平洋的旅伴。我太太对我说道："为什么不去第一中转站呢？去塔希提。要在太平洋上漂流十九天！太平洋是一片巨大的沙漠。"于是我终于决定去塔希提。下定决心之后，我重新投入了工作，而我的女儿，杜图伊夫人，则负责处理所有的手续。

我继续在尼斯工作。在出发日期前一周，我女儿提醒我说，要动身了。我收拾好行李准备出发，心里对自己做出的这个决定还有点惊讶。对于这场旅行，我并没有兴奋过头，反倒是继续在工作。我甚至对启程感到无比惊奇，直到我登上途经纽约前往塔希提的"法兰西岛"号轮船时，这份惊奇仍未平息。在船上待了两天之后，夜晚对我而言就变得难以忍受了。船身的晃动、大海的涛声严重改变了我的日常习惯，令我惊慌失措。我待在船舱里，尽管是一间豪华舱室，却依然感到害怕。我匆匆走到甲板上，惶恐不安，也不

1　轰动一时的"加拉帕戈斯"事件中的女主人公，原名埃洛伊丝·韦尔伯恩·德·瓦格纳–布斯凯特（Eloise Wehrborn de Wagner-Bosquet），20世纪30年代她在两个情人的陪同下来到了加拉帕戈斯，风光一时，后来遭到了谋杀，但死因不明。

知道自己到底想要怎样，只希望能够逃离这里，拯救自己！我停下脚步，对自己说道："你想要怎样？"在我的想象中，我觉得唯一能够让我感到满意的事情，就是被一架飞机接走，把我带回法国。

您当时感觉失望吗？

不，那是一种恐慌！我寻思着："我到底来这儿干什么？我不必过来的！"在启程前一个月，我有过这种念头。之后，我又对自己的工作产生了兴趣，脑子一直留在尼斯。我脱离了自己身处的环境。在船上，我并没有身处自己原先预想的方向。于是，我对自己说道："这很简单，三四天之后船便会靠岸，我可以掉头回去。"这个想法让我平静了下来。我回到船舱，安静地睡着了。

我必须承认，一抵达纽约，眼前的见闻便让我喜出望外，于是再也没有动过回家的念头。那些望不到头的宽阔马路，道路两旁高大的建筑，这一切并没有造成我们想象中的那种压迫感或窒息感。我们看到的并不是一路上摩肩接踵的七十五层大厦，而是一条宽阔的街道，时不时出现几幢高楼，向天空伸出六十米或者八十米。这些高楼不会令人不安，因为随着它们不断变高，光线渐渐变弱，它们失去了强制力。每上一层，或者每隔四五层，都会有所收缩，这些高

226

楼的底部远比顶部宽大。为了让楼层变高，建筑师们必须遵守这种缩小法则。街道上的楼宇都被设定了一条屋脊线，所有的建筑都不得越线。为了把楼房建得更高，必须处于这条屋脊线的范围之内。

纽约的光线也同样是一件透亮非凡之物，犹如水晶般纯粹。以至于我一直在对自己说："行了！这就是新东西。我不知道自己还要去远方寻找什么。理智命令我留在这里。"不过，我还是把这个念头塞回了脑袋里，继续前进。我在纽约待了十来天，之后在芝加哥又待了几天。在去过洛杉矶和好莱坞之后，我抵达了旧金山，那里的画家碰到我，都和我说："既然您来了，我们得好好组织一场大宴。"我说："别，别！我不想这样。"还有人对我说："旧金山就是世界尽头。在这里我们都被人遗忘了。如果您能关注我们一二，同意共进一次午餐，让大家谈谈我们，这对我们而言会是一件好事。"我回答说："这不可能。"

于是有人在朋友的雕塑工作室里组织了一场小小的冷餐会。请来了几位画家。大家在几个托架上放了一块木板当成桌子用，在上面放了一些冷盘小吃之类的食物。氛围非常好。在纽约的时候，有人给我提供了一个法国文化中心的房间，提议让我给学生们做点讲座。我没有同意。那些记者整天在电话里嚷嚷："我想见您。""我想采访您。""我需要和您谈谈。"我的回答是："你们想怎么写我，就怎么写吧，我不反驳。"

"但我比这严肃多了。"

"这有可能，但对我而言，我不想接待记者。"

我待在船上。靠岸时，有二十多个摄影师正在等着给我拍照。我躲了起来。船务长对我说："您躲不过去的。就让这些把照片传得到处都是的人过来给您拍照吧。"一个记者问我："您要去哪里？""去塔希提。""去工作吗？""不，去休息三个月。""您独自出发吗？""是的！"

他在报纸上写道，我要去塔希提永久定居，而且还带了一个女人。这就是《芝加哥论坛报》的记者。

在我第二次纽约之行时，我碰到了一位记者。我对他讲述了这个故事，并加了一句："您明白吗，这会对我造成伤害。我已经结婚了。"他回答我说："您知道，先生，新闻业就是如此。如果我们仅仅陈述事实，那就没意思了，需要把话反过来讲，制造轰动效应。"但是对我而言，展示自己的绘画就已经很开心了，我不需要别的广告。

从旧金山出发，我登上了驶往塔希提的轮船"塔希提"号。它属于一家英国公司，从旧金山开往新西兰。

抵达塔希提时，我感觉多少有点疲惫。那是一座很小的城市，没有多么奇特非凡，只是一座拥有三千居民的殖民小城而已，被一座大山镇住了。那座大山有几千米高，从山脚到山顶都是一片绿意。绿色无处不在：那是一种炽热的绿色，以至于当我从塔希提回到法国，在马赛下船时，当地那些光秃秃的岩礁让我感觉丑陋无比。所有乘客都很伤心。身处这样的灾难面前，那些从未见过法国本土的塔希提人全都失魂落魄。

对于这些刚刚离开大洋洲炽烈植被的人而言，这真是糟糕透顶。只有诺曼底地区特鲁维尔、多维尔[1]附近的草木可以与大洋洲的植物相提并论。大洋洲的植被那么炽热，野草尽其所能地遍地生长。那里的花卉不是很多，因为被火山地层烧热了，更适合草木生长。道路是黑色的。海滩是黑色的。沙子也是黑色的，都是粉碎的熔岩。外观多少还是有点不同。

我在土阿莫土群岛[2]进行了一次小小的旅行，这些群岛有八十多个，散布在塔希提周围。它们都是些珊瑚岛，常常与海浪平齐。我去了其中的一个岛屿，叫作"阿帕萨基"，这八十来个小岛的行政官就住在那里。这座岛屿的周长大约有一公里。[3]行政官定居于此的原因是，这座岛屿遭受飓风侵袭的危险最小。

1　特鲁维尔（Trouville）和多维尔（Deauville）都是法国北部诺曼底地区毗邻英吉利海峡的法国城镇。

2　土阿莫土群岛是法属波利尼西亚群岛的一部分，是世界上最大的珊瑚礁群。

3　马蒂斯的记忆并不准确：实际周长为一百零六公里。——原注我还去了稍远一点的地方，去了法卡拉瓦岛[1]，它属于环状珊瑚礁的一部分，是周长八十公里的大环礁的一小块。不过，大环礁的全貌并非时刻可见，常常只有一些沙洲浮出水面。法卡拉瓦就是这些沙洲之一，大约有几公里长，三百米宽，[2]我去上面游览了一番。

　　在这座小岛上，我真的为那些沿海地带的美妙光线而感到惊喜。首先，这一小片土地远离尘嚣，完全与世隔绝。从最近的岛屿抵达这里，也要花上二十四个小时。这里没有任何河流，土壤是一种珊瑚礁质的混合土。居民很少。海水如远古般清澈。天空同样极其纯净，因为不受海风干扰。水中鱼类的色彩极其丰富。海水始终温热，入水十分容易。我们坐在一块珊瑚礁上，借助一个底部装有玻璃的小盒子，可以看见水中的景色。鱼群环绕在你身边，就像一群苍蝇飞进家里一样，毫无戒心。这些鱼类都是在水族馆（例如万塞纳动物园[3]）里才能见到的珍贵品种，在这里却自由自在，成群结队。在这片深达二十五米至三十米的水域中，除了极为绚丽通透的色彩随着时间不断变化，根据水深不同，还能看到不同品种、不同大小的鱼。在两片水域之间，我看见过巨大的海鳟鱼，它们就像深黑色的巨大汽艇一般，而在水底，我

1　法卡拉瓦岛是土阿莫土群岛的一部分。

2　该岛屿有六十公里长，二十一公里宽。——原注

3　万塞纳动物园位于巴黎东郊。

还看到鲨鱼在游动。

您提到的那个盒子有什么用处？

安装了玻璃的盒子可以阻止天空的各类反光。

您不怕鲨鱼吗？

鲨鱼在三四十米深的水底游动，而我们坐在礁石上，待在那里就不会太危险。因为鲨鱼是一种既胆小又笨拙的动物。它不会冒险游进礁石区，因为它在那里行动不便。鲨鱼不是很灵活，必须向前猛冲才能攻击它的猎物，对于这种可能把它困住的地方，它是不会过来冒险的。

我在那里看到了光线，尤其是白天的光线，它太特别了。天空的质地宛如某种未知之物，好似宝石一般。海水的颜色也丰富得令人难以置信。地上则是一种夹杂着橘色、黄色以及一点点绿色的混合土。

您之前和我说土地是黑色的！

在塔希提，土壤是黑色的，因为它是一座火山岛，而在土阿莫土群岛，土壤是橘色的，因为是珊瑚形成的。

所有这一切都显得非常绚丽丰富，而在这座岛屿上，除了海边的椰子树，没有任何东西能够生长，对此我们多少有些惊讶。椰子树是从海水里长出来的。当地居民为了获得一点蔬菜，必须挖掘一些五十厘米深的地沟。在这片空地中，他们填入一些由轮船运来的塔希提土壤，再埋进去各种家中的厨余垃圾，让土地肥沃起来。因此那里只有椰子树和从外面引进的柠檬树，那些柠檬树只能结出一些个头不大的小柠檬。

您在那里待了多长时间？

我不得不尽快结束自己的旅行（我一共待了三个月），因为我答应去参加卡耐基学院的评审会，我是评委之一。我之前答应要过去，我遵守了承诺。于是我从大洋洲经巴拿马、马提尼克、瓜德罗普回到了尼斯，在尼斯待了一个月，然后9月份动身前往匹兹堡。

为了不像去时一样，在酷暑中穿越整个美洲，我更倾向于在塔希提上船，乘坐海轮直接抵达马赛。从旧金山出发要二十天，这艘船则需要四十五天。

您离开时大概挺难受的吧？

不！我知道自己没办法留在那里，也无法在那边工作，我们没办法去那里定居和创作风景画。原本是应该留一阵子的：工作需要一段时间酝酿，需要适应当地的环境，适应一种新的氛围。

有很多人能够跑去一趟，并且运用他们习惯的色调作画，但是他们却无法传达塔希提的瑰丽。高更倒是表现出了这一地区的绚烂与忧郁。

我回到了马赛，面对城市的噪声、狭窄的街道及沉重的屋宇，我感到有些惊慌。这是一种可怕的、充满敌意的感觉。

我从马赛出发抵达尼斯。然而整个夏天——当时是 8 月，而在南方，8 月的草木已经有些灰枯了——我发现当地的植被极度贫瘠。再次看到普罗旺斯时，我有点幻灭，感觉再也看不出它原先的模样了。整个 8 月我都待在尼斯，留在我的太太身边，她当时身体不适。之后，作为卡耐基绘画沙龙的评委之一，我启程前往纽约、匹兹堡、费城和华盛顿。

那场比赛进行得怎么样？它是国际大赛吗？

艺术总监亲自选定参展的画作，并从法国、意大利以及欧洲其他国家各邀请一位画家来为奖项投票。所谓评审团，不是负责遴选作品，而是只管颁发奖项。

艺术家可以自己送作品过去吗？

是艺术总监负责，他每年都来一趟欧洲。他会去不同的艺术家那里，挑选一幅画作。至于那些成名的艺术家，他们想交什么就交什么。总而言之，这里面是有筛选的。受邀展出本身已经是一份荣誉了。

这是一个仅限于欧洲艺术的奖项吗？

不，是世界性的。

您碰到过其他法国画家吗？

没有。我是唯一的法国人。他们只请来了一个法国人、一个英国人、一个奥地利人或者一个意大利人。那一年意大利人很愤怒，因为请来了一个奥地利人。另外还有三位美国画家填满了评审团的位置。

他们给您留下了什么印象？他们在想法上足够超前、足够勇敢吗？还是说他们也和我们欧洲评审们的学院派思路一致呢？

这个问题比较难回答。当评审数量很少的时候，比如那一次，趋势就不大突出。每个人都有各自的想法，没有什么整体趋势，也没有足够明确的主张。

比较杂糅。

毫无疑问，而且这种杂糅是必要的。他们想要的，是呈现所有已经做过的东西，不过他们尤其希望展现的，则是那些能够代表欧洲艺术的东西。这是他们感兴趣的。

您当时在美国也算多少逛了一圈吧？

是的，在纽约、匹兹堡、费城及华盛顿的博物馆里，卡耐基评审团的评委们被介绍给了那些对卡耐基学院感兴趣的艺术爱好者。

您的那幅《餐具桌》[1]不是也得过卡耐基奖吗？

是的，那是更早之前。我去了这些城市，并在费城参观了巴恩斯基金会。这个基金会非常重要，是世界上最大的现代绘画博物馆，巴恩斯医生用他自己的积蓄建成了

1　此处提问者的记忆有误，得奖作品是 1924 年的《静物。花束与高脚盘》。——原注

这座博物馆，建筑石料都是他请人从法国都兰省[1]运来的。我想见见巴恩斯。他收藏了我的大量画作。他为我展示了整个展览厅，里面陈列着塞尚与雷诺阿极其精美的画作以及其他各种一流佳作，在欧洲已经看不到了。这座大厅有一个拱形的吊顶。巴恩斯对我说道："我一直等着您来装饰这块吊顶呢。"在吊顶上，有三块壁板需要装饰。我有些惊讶，请他让我好好想想。三个月之后，我决定接下这件工作。

于是您就创作了《舞蹈》（图 10），这件巨大的充满节奏感的作品。您是如何开始动手制作这件庞大壁饰的呢？

我又去了趟美国，脑子里装着制作壁饰的思路，去重新查看了场地。在那三块壁板面前，我一边打量它们，一边为自己之前想象的构图打起了腹稿。我把一切都记在了纸上，然后回到尼斯进行制作。这是一个重要的、有待于解决的全新问题。

根据我看见的一些照片，需要装饰的部分位于与墙面水平的位置，远高于观众的视线，这就需要对透视进行计

1　都兰省（Touraine）位于法国中部的卢瓦尔河地区，首府位于图尔，是历史上法国皇室的居住地。

算，而拱形结构产生的阴影则让事情变得更加复杂。

壁板位于六米高的地方。三扇玻璃门的顶部连接着每一个拱形结构。包括吊顶在内的整个墙面都需要与之进行对抗，需要在半明半暗之间大展歌喉。

我是这样解决问题的：吊顶位于六米高的玻璃门上方，大量光线从门中透入，导致吊顶上部明显发暗，我打算就在这个位置制作我的三块壁板。落地窗之间垂直的墙面也就是所谓"窗间壁"也同样灰暗模糊。

我明白了，您要与逆光作战。那么您如何做到令画面保持醒目呢？

我把三块壁板刚好安放在这些"窗间壁"上方，并在其中加入了一种比其他地方都要深的色调，表面是纯黑的，成了整体中最黑的部分。于是我在一整面墙壁的各个部分之间，在窗间壁与壁板之间创造出一种防卫性的感应。哪怕在看到透入窗户的光线时，黑色及其他色彩也同样清晰可见。

您在重重困难之中找到了解决办法，最终利用窗户作为立柱，支撑了柱顶的舞者，战胜了困难！这原本会把画家打败，而您却成功地让这一切烟消云散了！我记得，您提到过女性人物的舞蹈节奏是用一种相对中性的色彩绘制的，而鲜艳的色彩则主要位于画面后部，在围绕人物形象仔细构造的空间中发挥作用。这是您着手尝试的第一张大尺寸作品吗？

是的，这是第一幅大型壁画。

它是用什么材料绘制的？是用的壁画法吗？

……

对于单纯的墙体部分，您是如何处理的呢？

我需要完成十三米长的巨幅壁饰。我让人制作了三块五米长的大木板，以便能将它们汇集在一起（由于要把它们安放在拱形结构内，所以需要制作一些特制的画框）。把整个壁饰分成三个部分，画在三块木板上，这样方便得多。与此同时，我还让人准备了三块一米五长的画布，用来绘制小幅草稿。我寻思了一番，最终重新采用了《舞蹈》的主题，这幅画现在收藏于莫斯科，灵感来源于巴恩斯收藏的另一幅作品《生活之乐》（图17）。

所以说，这是在不同时期处理的相同主题，其中您进行了某种概括综合。

是的，我没办法用正常的手段处理我那一米五长的草稿，然后再把这些草稿转移到大画布上去。

那么您是怎么做的呢？

我找来了一个模特，让她站在我的空白大画布面前，然后我就开始绘制一幅与壁饰毫无关联的习作。在模特每次休整的间隙，我一边休息，一边漫不经心地端详那些巨大的墙面。在某个时刻，灵光乍现。于是我拿起粗炭笔，把它插在一根长芦苇上，开始绘制我那些女舞者的圆舞，从十三米长的墙面一端画到另一端。我开始动工，完全让想象去下笔支配画面。于是我没有照着模特去画，靠着感觉完成了画作。人们习惯于先画一张或大或小的草稿，然后在大画布上打格子，最后才开始绘图，这种程序摧毁了艺术家与其作品之间的关联，这样做与直接作画相比，再也不具备同样的内心冲动了。

肯定是这样。作品都是根据特定的尺寸构思出来的。它不是一架我们可以随意拨弄的手风琴。如果我们把它放大了，就不是同样的关系比例了。

对上次博览会[1]展出的那些画作，这套系统不是太方便。我们倾向于使用投影仪，也就是说先画一张素描，大小随心，比如十到二十厘米，然后把它投影在一面有可能长达十米的墙面上。接着艺术家使用炭笔勾勒出那些投射在墙上的线条。

对您来说，这比打格子更好吗？

这并不是很好。我在埃绍利耶的那本书[2]里说过。

自从巴恩斯之后，您没有再着手制作过大尺寸的装饰吗？

我再也不搞了，实在太难了。

洛克菲勒[3]也请您做过什么东西吧？

是的，但根本没法弄：他希望两个月内搞好。我做了另一个装饰，是一幅沙龙里的木板油画，在尼尔森·洛克菲

1　指1937年的"艺术与科技国际博览会"。——原注

2　在雷蒙德·埃绍利耶出版于1937年的专著《亨利·马蒂斯》中提到了这一点。

3　尼尔森·阿尔德里奇·洛克菲勒（Nelson Aldrich Rockefeller，1908—1979）：美国商人、慈善家、政治家、艺术品藏家。20世纪30年代他曾邀请马蒂斯和毕加索为洛克菲勒广场30号对门的墙面创作一幅壁画，但二人都没有接受委托，最终由墨西哥著名壁画大师迭戈·里维拉完成了这幅壁画。

勒位于纽约的家中。

这幅画在《艺术手册》[1]上翻印过吧？

是的。

您还去过阿尔及利亚和摩洛哥？

很久以前，大约三十年前，我去阿尔及利亚待过半个多月。我去了阿尔及尔，又乘坐夜车去了康斯坦丁[2]。早晨经过一片盐湖，一片雪白的盐晶，接着抵达巴特纳[3]。吃午饭的时候，我对面坐着一位俊美的阿拉伯人，就像一位阿拉伯王子，一头蜷曲的金发，一双漂亮的蓝眼睛，身上带着一种引人注目的纯净感。

我去比斯克拉[4]的绿洲里画了一幅风景画。我找到了一片绝妙的绿洲，那是一件沙漠中的清新靓丽之物，充沛的水流在棕榈树下、在花园中蜿蜒，蔬菜无比青翠，当我们穿过

1　《艺术手册》(*Cahiers d'Art*) 杂志创刊于 1926 年，是当时最著名的艺术杂志之一。

2　康斯坦丁是阿尔及利亚东北部城市，位于阿尔及尔以东约四百公里。

3　巴特纳是阿尔及利亚东北部城市，位于康斯坦丁以南约一百公里。

4　比斯克拉是阿尔及利亚东北部城市，位于康斯坦丁以南约两百公里，处于沙漠边缘。

沙漠抵达此地时，这样的景象多少让人有点惊讶。

不过这并不是一次旅行，是为了学习和工作出的一次差。

它在您的人生中留下印记了吗？

毫无疑问。因为我很少出行，所以我不需要在一个地方待很长时间，我可以在回忆中丰富自己，这些记忆在今天依然十分鲜活。

您和我说的这些话让我想起了柏格森[1]，想起了他关于编年时间与心理时间的理论。每一个独立个体都会在一次为期极短的旅程中感受到一种强烈的情绪。

如果在一个地方逗留的时间长一点，就会有很多日子让我们完全一无所获。不过必须说一点，在一个全新的国度无聊度日，有利于令这个国家的精神气质在无意识间渗透进你的思想。

1　亨利·柏格森（Henri Bergson，1859—1941）：法国著名哲学家。在 1934 年出版的《思想与运动》一书中，柏格森区分了"编年时间"（也就是随着岁月更迭自然演进的时间）与"心理时间"（也就是一个人自己感受到的时间）。

也就是说，只有我们在感到厌倦之时，才能真正认识一个国家！

在游览过程中，给你留下强烈印象的，完全有可能是这样一些东西，它们都和你通过读书、通过照片而了解和熟悉到的画面有关。如果长期逗留的话，那么你就有充分的时间感到厌倦，一些全新的东西就会进入你的体内，这些东西你以前从未刻意关注，但从长远来看，却能够在你身上形成一种对于该国的全新观念。

在阿尔及利亚之后，您又去了丹吉尔[1]？

六年之后，我决定去摩洛哥作画，去那里暂住一阵子。我出发的时候是 12 月或者翌年 1 月，到达时正在下雨。瓢泼大雨下了一个多月。我被困在坐落于丹吉尔最高处的"法兰西宾馆"。有些日子里，甚至连信件都收不到，因为一连几天船只都停在锚地里。

由于海况过于糟糕，船只无法卸货。在那段时间，我们也没办法离开丹吉尔，因为没有交通工具，道路也不通。卡萨布兰卡没有防波堤，无法靠近。只有一些用于内陆旅

---

1 丹吉尔是摩洛哥北部的一座滨海城市，位于直布罗陀海峡的西面入口处，是一座历史文化名城。

行的小径。必须组织一个由五六头骡子、一个厨子和一帮挑夫组成的车队，真是说来话长！我们不知道去一趟菲斯[1]到底要花多少时间。只要下一场大雨导致河流涨水，泥泞的小路就无法通行了。骡马在这种湿滑的黏土里蹦跶，经常把腿扭伤。

我们找来了擅长组织车队的人。必须三四个人一起出行。旅途有可能长达八到十天甚至三个星期。我们无法涉水渡河，一旦碰上一条水量猛增的季节河，就不得不等待河流的水位下降。

不过我想，雨过天晴之后，您还是得到了补偿。

雨只要一停，就会从地下冒出奇妙的球状花朵和绿色植被，丹吉尔周边的丘陵原本呈狮皮色，现在变成了一派非同寻常的绿色，天空中云层翻滚，就好像是在德拉克洛瓦的画里一样。总之，德拉克洛瓦的画作忠实再现了摩洛哥的景色，再现了从丹吉尔到得土安[2]那片树木遍布的区域。

我在丹吉尔一直待到了4月，我在那里作画，始终追寻着同一个目标，换句话说，就是通过不同的绘画主题去寻

---

1 菲斯是摩洛哥北部城市，古都，位于丹吉尔以南约三百公里。
2 得土安是摩洛哥北部港口城市，位于丹吉尔东南约六十公里。

找自我。我在春天回到了伊西莱穆利诺。在那里我又看到自己家过于局促的花园，与我在摩洛哥想象的完全不同。我以为自己再也不会对巴黎周边的那些小东西感兴趣了，不过我倒是发现家门口的草坪十分茂密，花朵触手可及，这让我体会到两地之间的差异。

第二年，我再次启程前往摩洛哥，不过为了度过一个晴好的季节，我对自己说："到了10月再去吧。"但是从10月开始直至来年1月，我发现摩洛哥不再是自己之前见过的那个摩洛哥了，满地枯黄，大地完全变成了狮皮的颜色，草木都被炎炎夏日烤焦了。看来为了找回那个一年前令我心醉神迷的春季摩洛哥，还是需要借助那些倾盆人雨才行。

我在卡斯巴[1]里的一间俯瞰整个港口的阿拉伯咖啡馆中作画，从那里望出去，我看到了德拉克洛瓦在他的《十字军占领君士坦丁堡》中复刻的整片风景。我曾照着这幅画绘制过一张极其精准的素描。我并不把这一发现归功于我自己：是别人向我指出来的。德拉克洛瓦在《十字军占领君士坦丁堡》中描绘的风景，是从卡斯巴眺望出去的风景，背景则是环绕丹吉尔的一座座丘陵。

我还留下了一段相当奇特的记忆，那是一次从丹吉

1　卡斯巴（Kasbah）是阿拉伯语里"城堡"的意思，也可以理解成"老城区"。

尔到得土安的旅程。在那个时候，我们只能骑在骡背上出行。

在"法兰西宾馆"里，我们和四五个旅店的寄食者一起出发，每人都骑着一匹骡子，坐在一个厚实平稳的马鞍上。那是一种阿拉伯式马鞍，我们相信可以坐在上面四十八小时而不至于感到任何不适。我们清晨出发，由两个阿拉伯人带领，一个是向导，另一个负责提供食物。离开丹吉尔之后，我们进入了一个优美而宽阔的山谷，那里长满了各种各样的野草、树木以及和骡马颈脖一般高的荒草，还有硕大的雏菊和金毛茛。我们在这片花海中前行，宛如步入了无人之境。这里没有被人踩踏过。我们在清晨的美景中进入了一片纯洁的、未经开发的草场。真是美妙至极。在我们周围环绕着一些丘陵，我在那一刻对自己说道："我见过这个！我知道这个！"这些景色对我而言并不新鲜，我后来才回想起来，自己当时在那里看见的场面，洛蒂[1]早已经描述过了。洛蒂曾经描写过这些山谷……真的，我当时对洛蒂这位描绘者怀着无限的敬仰之情。后来，我好像是在《一个北非骑兵的故事》里找到了这番描述。里面描写的就是丹吉尔附近的这些东西。

1　皮埃尔·洛蒂（Pierre Loti，1850—1923）：法国作家。1881 年出版《一个北非骑兵的故事》。

另一件在我脑海中留下印象的事情，则与我前一年的旅居生活有关：我在丹吉尔的一座大宅里作画。这座宅邸的主人精神抑郁，欣然同意我在他的大宅里工作。不过，对于我的工作地点，他不越雷池半步，后来我才得知，让我进到他家里，对他而言是一次巨大的牺牲。不过他家并不小，反而广阔无边，甚至还有一望无际的草原。我在一个角落里工作，那里种了几棵高大的树木，枝叶在高处尽情伸展。地上长满了刺蓟。以前我从来没见过刺蓟，只在柯林斯圆柱的纹样里见过，我在美院的时候画过。我觉得这些刺蓟漂亮极了，比美院里的图案有趣得多、鲜嫩得多！那些高大的树木也令我兴奋，树底下那些绚丽的刺蓟生长繁茂，与前者形成了一种注意力的平衡。我画了一张尺幅为三十[1]的大画。我在那里工作了挺久，大约有一个半月。回来之后，我对画面并不满意，便规定自己要在来年重画。那些在巴黎见过这幅画的人都兴致高昂，我打断他们并对他们说道："实际和这个不一样，比这个还要好。你们明年再来看吧，到时候我会重画一遍！"我带着画回到丹吉尔，站在那片风景面前，心里想着要如何修改我的作品。相比于我第一次看到它们的样子，一切都显得小了很多，我寻思着："那些我原以为没有

1　这幅画的实际大小是 115 厘米 × 80 厘米，按照当时的标准，尺幅实际上是四十。——原注

出现在我画中的东西，其实已经真真切切地出现在里面了，在这片风景中却并不存在！"于是，我没有对画进行任何修改就直接回来了。

您一直留着这幅画作吗？

它现在收藏在斯堪的纳维亚的一座博物馆里[1]。

您没有想过要去摩洛哥度过第三个冬天吗？

我在丹吉尔度过了两个冬天，在"法兰西宾馆"里作画。到了第三个冬天，我一切都准备好了，行李也收拾好了。当时我住在伊西莱穆利诺，兴致其实不高，因为我已经预料到，到丹吉尔安顿下来以后，看到的那些景色还是同一个主题。我完全没有动身启程的意愿，也不想去别的地方。我去圣米歇尔堤岸看望了马尔凯。他对我说道："来我家楼下住吧，有一间公寓在出租。"我参观了那间公寓，一下子就相中了。低矮的天花板赋予室内一种特殊的光亮，阳光从对面警察局的外墙上折射过来，使室内的光线变得温暖。那些行李没有去成丹吉尔，却来到了圣米歇尔堤岸。我在那里

1　即斯德哥尔摩现代美术馆中收藏的《摩洛哥风景》。

248

工作了几年，冬天住在圣米歇尔堤岸，夏天则住在伊西莱穆利诺，直到"一战"爆发。1917年我从圣米歇尔堤岸搬到了尼斯。

我想起了《摩尔人咖啡馆》这幅画。您是在摩洛哥画的，还是回来以后画的？

是在丹吉尔画的。

大部分关于摩洛哥的画作也都是在那里画的吗？

所有关于摩洛哥的画都是在丹吉尔画的。

您那些关于地毯的作品也创作于这一时期吗？还是说创作于之后或者之前？

您是说那幅收藏于格勒诺布尔博物馆的画吗？

您知道，画里有地毯，还有那些红黑相间的方巾……

有这么回事。那是很久以前在科利乌尔画的。这些画属于桑巴藏品的一部分。

马塞尔·桑巴[1]？那个社会党议员？

对。

桑巴撰写了第一部关于您的专著。他在其中谈到了这些地毯。他写道："所有这一切都将成为经典。"桑巴收藏的主要是一些新印象派绘画，不是吗？

是的，您知道，他把自己所有藏品都捐赠给了格勒诺布尔市。这些藏品成为格勒诺布尔博物馆中现代绘画展厅的核心展品。博物馆的创办人安德烈-法尔西[2]曾经专门为了这个展厅向所有艺术家寻求帮助。莫奈给了他一幅大画。

那您呢？桑巴的收藏纳入其中之后，您不是也把另一幅作品赠予了格勒诺布尔博物馆吗？

1　马塞尔·桑巴（Marcel Sembat，1862—1922）：法国政客，1920 年出版了著作《亨利·马蒂斯》。他和他的夫人乔尔吉特·阿古特-桑巴收藏了许多马蒂斯的作品。

2　安德烈-法尔西（Andry-Farcy，1882—1950）：法国艺术家，1919 年出任格勒诺布尔博物馆馆长。

我捐赠了一张巨大的木板油画[1]，使用了坦培拉[2]，是我在科利乌尔创作的。原本它属于斯泰因家族的藏品。迈克·斯泰因在彻底搬回旧金山之前，慷慨地按购买价把这幅画重新卖给了我（因为我的画之前已经价格大涨了）。

是一幅风景画吗？

是我工作室的内景，还加上了科利乌尔的山景。

在丹吉尔，您去了德拉克洛瓦曾经去过的地方，这一点相当令人好奇。

我已经去了一次阿尔及尔。我之所以到了丹吉尔，是因为那里是非洲。德拉克洛瓦离我的思绪很远。

旅行方面，他大概离得挺远。不过我知道您一直很喜欢德拉克洛瓦。

离开了丹吉尔，我还去了莫斯科。我还在德国待过

1　即马蒂斯的名作《带茄子的室内静物》，1911 年创作于科利乌尔，1922 年被马蒂斯捐赠给了格勒诺布尔博物馆，成为镇馆之宝之一。

2　坦培拉泛指一切由水溶性、胶性颜料及结合剂绘成的绘画，也常单指鸡蛋等乳性胶结合剂绘成的绘画。坦培拉绘画的艺术特色在于速干、技法自由、光彩自然、和谐悦目、色彩稳固、绘画耐久。

几天，因为在慕尼黑和柏林有我的展览。之后我还去过西班牙。

您的莫斯科之行是在前往美国之前，在您两次旅居摩洛哥的间隙，我估计，对您来说它是一次重要的旅行吧？

是的。史楚金叫我去参观一下他的收藏，给他提供一些陈列方面的建议。

史楚金对我说道："您会看到一些全新的东西，因为您熟悉地中海地区，对非洲也略有所知，但您不了解亚洲，您一定会在莫斯科产生一套关于亚洲的想法。"因为莫斯科就是亚洲。这不是一座城市，而是一个由木屋组成的巨大村落，每一条街道上都有一两座宫殿和两三个教堂。街道修得很草率，路面一向坑坑洼洼，一到下雨的时候，就会形成巨大的水坑，走路都困难。

当时史楚金已经得到您的《舞蹈》了吗？

是的，他已经得到了。在莫斯科，我在他家里看到了许多法国画派的绝妙藏品。

史楚金的藏品很有特点，包含了他购入的所有画作，第一张藏品是一幅拉布尔（一位法国艺术家沙龙里的画家，擅长绘制凡尔赛宫的内景）创作的凡尔赛宫宴会厅内景，画面非常精确，却毫无意义，最近购入的藏品则包括了毕加索、德兰、凡·高等人的画作。

还有马蒂斯，您可别忘了！

……还有马蒂斯。当时史楚金对我说道："我一直留着这些最开始购入的画作，以便向那些感到诧异的人展示现如今我所热爱的一切，以及我到底是如何起步的。我的这些藏品便是一位收藏者的历史。"

史楚金一直是您的老主顾吗？

是的，直至十月革命。他一直在持续收藏我的作品。他原本打算把自己的收藏捐赠给莫斯科市政府，不过要等到他去世之后。苏维埃加快了捐赠的进程[1]。

我从莫斯科回来之后，打算去丹吉尔过冬。因此我进行了一番长途跋涉，在此期间，我发现法国是旅途中最雅致的一段。莫斯科精美的圣像给我留下了深刻的印象，其中很多已经被收藏家们聚拢收藏了起来。在从巴黎经圣彼得堡到

1　十月革命之后，苏联政府充公了史楚金的全部藏品，并在此基础上成立了国立西方现代艺术博物馆。

达莫斯科的这一路上，我在喀山大教堂[1]看到了一支朝圣队伍，他们在这座巨大的教堂中排成了一条漫长的朝圣者队列，教堂里空无一物，连椅子都没有。队列里的成员形形色色：有资产者、官员、学生、不幸之人、穷苦之士，队列通向一座圣母的圣像，圣母像并不大，大家来到这里就是为了亲吻圣母的手掌，因为磨损严重，圣母之手已经不复存在了，只剩下小小一截。

史楚金告诉我，那些精通现代卫生规范的人曾经恳求牧师，对圣像的布置方式不能危害公共健康，比如在圣像外面加装一块玻璃，这样每个人都可以亲吻玻璃，然后每次把玻璃擦干净。牧师的回答是："你们错了。圣像不会带来疾病，因为它治愈疾病。"

牧师很有逻辑。要么相信，要么不相信！至于那些不相信的人，那些卫生学家，根本不必过去！

在听到"圣像"这个词时，亨利·马蒂斯的俄国秘书抬起了头（她本来在专心缝补一件衣物）："马蒂斯先生陪我去过一次午夜弥撒。马蒂斯先生是极易充血的体质，很容易

1 喀山大教堂位于圣彼得堡，1811 年建成。

感冒。在午夜弥撒过后，一队神职人员走出教堂，我们跟着队列，头上什么也没戴。这事发生在冬天。夜里很冷！我们走出教堂，跟着队列走了一圈，最后回到教堂。马蒂斯先生一直跟在队伍后面，头上也什么都没戴。他对仪式无比着迷，什么病也没得，一点儿感冒也没得！"

是的。我们举着蜡烛围着教堂走了一圈，又回到教堂门前，我们敲了敲教堂的门，宣告耶稣诞生。当时的场面让人非常激动。

您还去过西班牙。

在去莫斯科和丹吉尔之前，我在西班牙待过三四个月。这是继科利乌尔之后，我在西班牙的首次旅行。我是在完成史楚金的那幅巨大的木板油画之后去的西班牙。当时，我一方面被工作搞得筋疲力尽；另一方面，当时有些画商企图改变史楚金找我购买装饰画的想法，以便向他兜售皮维·德·夏凡纳为波士顿图书馆设计装饰时绘制的单色手稿。我被这些画商的诡计搞得心力交瘁，甚至有些反感。这些诡计没有得逞，史楚金对我的工作始终保持着极大的兴趣，这反而让我变得更加坚定了。不过我还是受了些刺激，等我到达马德里时才对此有所察觉，因为我惊讶地发现，住在马德里的第一夜自己根本无法入睡。第二天晚上，我还是睡不着。我去了科尔多瓦[1]，但失眠仍在继续。我从科尔多瓦出发又去了塞维利亚，在那里见到了在当地定居的米歇尔·布雷亚尔[2]，但我依然备受失眠困扰。当时我处于一种精神极度紧张的状态。

我担心自己的身体状况，便在塞维利亚留了下来。我想要彻底战胜失眠，于是开始泡温水浴。我每天泡三次澡，却依旧无法入睡。这种毫无睡意的状态持续了一个半月。我刚一打盹，立刻就会惊醒过来。我很疲惫，精疲力竭。因此，我在西班牙的见闻相对来说非常有限。我顶着倦意到处观光，有些地方并没有什么值得一看。当时是冬天。为了打发夜间时光，我就和伊图里诺[3]这个棒小伙子一起去一家私人俱乐部画裸女，俱乐部楼上有几间阅览室及一个小画室，可以容纳二十来位画家在里面作画。

塞维利亚是一座向内合拢的城市，在那里所有人都在严寒中瑟瑟发抖。咖啡馆里没有生火。只有一间非常奢华的

1　科尔多瓦是西班牙南部安达卢西亚地区的一座城市。

2　米歇尔·布雷亚尔（Michel Bréal，1832—1915）：法国语言学家，通常被视作现代语义学的奠基人。

3　弗朗西斯科·伊图里诺（Francisco Iturrino，1864—1924）：西班牙后印象派画家，与野兽派成员较为亲密。

俱乐部里有暖气，布雷亚尔经常过去，我也会去那里取暖。我租了一间画室，在里面放了一件静物以及一些我在当地购买的东西，据此创作了两幅大画[1]，当时我正在发烧。打个比方，我早上十点进入画室开始工作，我干了半个小时，最多四十五分钟，然后我的神经便躁动难安，工作也难以为继。我转身离开，第二天再来也只能工作一小会儿。余下的时间里，我只能忍受着疲劳与厌倦。

于是我把这些静物画带回了巴黎，等到了巴黎，我发现它们其实还不错。史楚金买下了它们，现在收藏于莫斯科的西方艺术博物馆。这是神经紧张之人的作品。

艺术家存身于他的一切创作之中。既然您和我谈到了神经紧张之人的画作，那么比如说凡·高的绘画，就是一位忧虑不安之人、反抗之人的绘画：他的绘画具有利爪和指甲，可以把人刺痛，而且常常使画面的中心发生偏离。与之相比，一幅塞尚的画作则拥有水晶般澄澈的统一性。

我之前和你说过，我为了俄罗斯芭蕾舞团的事情去了趟英国。我记得，有一天是周日，狄亚格列夫邀请我和马

1　即 1910 年至 1911 年间创作的《塞维利亚的静物》与《西班牙静物》。——原注

辛去伦敦郊外散步（即便是一个冬日的下午，褐红色的阳光透过薄雾，景色也依旧优美之极）。我们去观看了一批18世纪的绘画和肖像。其中有许多非常有趣的东西，但我们只是在路过时看了一眼，然后就继续远足去了。我们走进了一家疗养院，有一位俄罗斯芭蕾舞团的舞者在里面疗养，他在上一个季度由于精神失常被送了进去。这是一个十分温和、充满善意的小伙子，大约二十五岁。他优雅地接待了我们，然后便和我们交谈起来。他是西班牙人。他和马辛聊到了舞蹈的节奏问题，马辛则向他询问了一些细节。他们两个用手打着拍子，讨论着非常复杂的舞步。这个年轻的病人甚至跳起舞来。我们在那里停留了一段时间，可能有一个半小时或者两个小时的样子。场面非常愉快。在我们离开的时候，年轻人亲切地扑入了狄亚格列夫和马辛的怀抱。严重的疾病丝毫没有影响他的这份深情，对此我亦有所触动。

在我们法国，当我们面对一个疯子时，我们总有一种防御心理，我们会为自己担惊受怕，而俄国人则喜欢疯子。在村庄里，经常有一些古老的俄国童话里的天真汉。他们都相信这些人略微触及了一种神秘的恩典，一种已经从大地上消失的恩典。他们对疯子心怀眷恋，而在我们这里，情况恰恰相反，如果一位近亲是个疯子，那么他对于我们而言似乎已经是个活死人了。

的确如此。或许需要去波德莱尔和热拉尔·德·奈瓦尔[1]那里寻找一些受疯狂之奥秘吸引的高超思想吧。

被他们的疯狂所吸引。不过您本可以不把他们和疯子混为一谈的：他们本可以咬紧牙关并脱身得救。都是文学！

那么意大利呢？您不是也游览过意大利吗？

我刚结婚时去过意大利，去了佛罗伦萨，住在斯泰因家里。

在菲耶索莱[2]吗？

是的，在菲耶索莱。因为是列奥·斯泰因[3]拉我去的，所以我就一直和他待在一起。他带我去看博物馆，在博物馆里，他把我领到那些享誉盛名的杰作或者他觉得有意思的画面前，把我一个人留在那里，自己则偷偷走开。等我觉得看

---

1 热拉尔·德·奈瓦尔（Gérard de Nerval, 1808—1855）：法国诗人，法国浪漫派代表人物，患有精神病。

2 菲耶索莱是佛罗伦萨附近的一个小镇。

3 列奥·斯泰因（Leo Stein, 1872—1947）：美国艺术批评家、艺术品收藏家。格特鲁德·斯泰因的哥哥。

得差不多可以走人的时候，斯泰因就过来和我会合，并询问我："您觉得如何？"我简直无话可说。这种观展方式令我完全处于麻木状态，什么也看不进去，我在看画的时候脑子里总想着之后该说点什么。斯泰因把我领到安德烈亚·德尔·卡斯塔尼奥[1]的《亚当与夏娃》和《圣餐》面前。我这位朋友竭尽所能地让我享受这次意大利之旅。他向我展示了一些非常有意思的东西，其中包括皮耶罗·德拉·弗朗切斯卡[2]在阿雷佐[3]创作的壁画。但总体而言，我还是喜欢独自旅行，让自己被事物本身吸引。如果这么做的话，我也许会漏掉一些非常重要的作品，也许会被一些不那么重要的东西吸引，但这些东西照样会根据我的性情给予我养分。

我的第二次意大利之旅，是十五年前和家人一起去的。我参观了一些博物馆，去了那不勒斯和巴勒莫。由于我不是一个人，我并没有多少收获。这次旅行依然不是为了我自己，是一次有人陪同的旅行。我真的没有带回来任何特别的记忆：只有在孤独之中，事物才会给我留下强烈的印象。

至于我的第三次意大利之行，当时我唯一的愿望就是

1　安德烈亚·德尔·卡斯塔尼奥（Andrea del Castagno，1419—1457）：意大利文艺复兴时期的佛罗伦萨画家。

2　皮耶罗·德拉·弗朗切斯卡（Piero della Francesca，1420—1492）：意大利文艺复兴时期著名画家。

3　阿雷佐是意大利中部城市，位于佛罗伦萨东南约九十公里。

治好我的风湿病。我去了帕多瓦附近的阿巴诺温泉镇。每天下午，我都要去帕多瓦的斯科洛维尼礼拜堂，我在那里看到了乔托的画作，并得以怀着巨大的兴趣观看并研习。在那里，我孤身一人。在那里，我看到了。至于我的膝盖，它原本是我此行的目的所在，回程时病况却加重了，因为当时有一位帕多瓦大学的教授正好来到我居住的疗养院，我问他按摩是否可行。他对我说："可以，这里有一个非常好的按摩师。"这位按摩师是一个巨人。他抓住我的膝盖，一根筋接着一根筋地切割我的肌肉。他挖进我的骨骼与肌腱后面，把我的膝盖搞肿了。我向教授指出这么干不行。他回答我说："是的，他下手有点重！"

您还没有聊到德国呢，在那里有人给您办过好几次展览。

我在柏林有过两次重要展览：第一次展览是保罗·卡西雷尔[1]向我的画室经理提出来的，经理是一个德国人[2]。卡西雷尔对他说："我想举办一场马蒂斯作品大展，把那些油画、素描、版画、雕塑统统汇集起来。"我给卡西雷尔寄去了

1　保罗·卡西雷尔（Paul Cassirer，1871—1926）：德国画商、出版商、艺术评论人，在推广印象派、后印象派画家方面发挥过重要作用。

2　即前文提到过的汉斯·普尔曼。

我手头所有的作品以及一些私人藏家收藏的画，其中就包括斯泰因家族的藏品。当时斯泰因家里的画很多，都借出来了。

一天上午，画室经理过来对我说："听着，有一件非常糟心的事情。我刚刚收到一封卡西雷尔的来信，信里说马蒂斯的展览开幕了，不过他们没能把原本想要收入的作品都放进去，因为有些东西实在没有展出的必要。不过效果还是很好的。"

我说："不行！他给我找来这么大一份差事，却不全部展览出来，那他就必须把已经展出的作品也撤掉。我不接受这种做法。"

"这里头很复杂，"我的画室经理说道，"您愿意和我一起去趟柏林吗？"

"好的，明早出发。"

巴黎北站有一趟早八点开往柏林的火车。我们就这样出发了。上午我出现在了卡西雷尔的画廊，他的合伙人施瓦茨先生也在那里。他对我说道："卡西雷尔先生这会儿人不在。您的展览在这里。"

他们在最靠里的展厅挂了一些画，大约是我寄送数量的五分之一。画廊很深，靠外的展厅正在进行一位名叫卡尔克勒斯[1]的德国画家的大型展览。整整一天我们都没能找到

1　列奥波德·卡尔·瓦尔特·冯·卡尔克勒斯（Leopold Karl Walter von Kalckreuth，1855—1928）：德国画家。

卡西雷尔。他没有出现。第二天，卡西雷尔说："事情就是这样，这件事很难向您解释。我还是请您去见见马克斯·利伯曼[1]先生吧。"

我知道利伯曼的绘画。他是德国唯一的印象派画家。他有一些很讨人喜欢的风景画。他私下里是什么样的？

是一位六十多岁的男士。他收藏了一些非常漂亮的凡·高画作。利伯曼在德国为法国绘画做过大量的宣传。他住在他父母位于蒂尔加滕[2]的房子里。他友好地接待了我，对我说道："我看了您的展览。里面有许多非常有意思的东西。我觉得非常好。不过遗憾的是，里面有些习作不是用来展示的，因为我们希望您的展览大获成功。我们不想让人缠着您大喊大叫。有些作品会让人怒吼。不应该展示它们。"

我回答说："听着，马克斯·利伯曼先生，您是一位斗士。您本人也遭受过许多批评，最终您胜利了。您应该能够理解我。我并不执着于成功，我只希望得到我应得的，卡西雷尔邀请我做一个尽可能全面的展览，却不展出我寄过来的所有作品，鉴于此，我只是要求他撤下所有的展品而已。"

1　马克斯·利伯曼（Max Liebermann，1847—1935）：德国画家，德国印象派领军人物。

2　蒂尔加滕是德国柏林的一个街区。

"这不可能！如果您愿意的话，我可以和您一起去卡西雷尔的画廊布展，我会告诉您哪些需要撤掉。"

"不，先生！我不接受这种做法。如果您愿意的话，我可以先把画挂起来，不加任何拘束，按照自己的想法来布置。挂好了之后，您再过来，告诉我您的感觉。"利伯曼接受了，在他过来看展的时候，他目不转睛地看了一遍，然后说道："好，好，好。"

然而，当他走到画廊尽头，看到科恩小姐名下的那幅蓝色的裸体画像[1]时（之前我已经和您谈过这幅画的缘起了），他说道："啊！这就是我不想看到的。这东西太可怕了。我们那些年轻人要是照着这么画，都会被您搞昏头的。"但我坚持己见。卡西雷尔最终接受了。但他对我的画室经理说："马蒂斯是一个恐怖的人。他来我的地盘制定法律。我不习惯被这样对待。发号施令的人从来都是我。"他还说道："拉斐尔只有两只手用来作画。如果我愿意的话，我有二十只手，因为每天都有十位画家排队等着问我应该怎么画。而马蒂斯却在我的地盘给我定规矩。骇人听闻！"

当我回到酒店时，你猜我发现了什么？一些月桂枝，上面系着巨大的红色丝带。我的一位仰慕者，一个美国人，当时正好在柏林，而我毫不知情，正是他给我寄来了这顶巨

1　指《蓝色裸体》，见图22。

大的桂冠。

荷马的荣耀[1]！

我把这顶桂冠带回了巴黎，放在了我的画室里。那些同学过来问我："这是什么？""一顶桂冠，在柏林时，一个艺术爱好者送给我的。"

这便是对我穷追猛打的艺术评论家夏尔·莫里斯[2]先生在《吉尔·布拉斯》头版发表的长文中使用的标题："桂冠属于何人？"在这篇文章中，他谈到了这顶桂冠，谈到了这位头脑发热的画家自以为有多了不起，他在自己的画室中出现，高坐于王座之上，被一群弟子包围，头上戴着一顶桂冠。

这越来越像《荷马的荣耀》了！

夏尔·莫里斯还严肃地补充道，真正配得上这顶桂冠的人，是他喜欢的一位画家，后者刚刚完成了一幅向高更致敬的巨幅画作。

1　提问者在这里借用了美术史中的一个典故。《荷马的荣耀》是安格尔创作于1827年的一幅名作，在画作中，荷马正在被一位带翼天使戴上桂冠，周围则有四十多位古典时代的名人在向他致敬。

2　夏尔·莫里斯（Charles Morice，1860—1919）：法国作家。

我知道，他说的是吉里厄[1]。

当时我在想，关于这一神奇仪式的描述到底对应的是哪一出。它对应的是这个场景：我向一位同学展示了这顶桂冠，他拿起来想要戴在我头上。我一边笑着一边就戴上了。

回到柏林的展览。这个展览原本要展出好几个月，然而，在我们离开的第二天就被撤掉了，也就是说立马就被撤掉了。

大约十年以后的 1914 年，又有人向我提出要在柏林做一个展览。是时任弗雷德里克博物馆馆长的库尔特·格拉赛[2]和他的夫人。他们请我做一个油画展。我说："我手头没有。"他们又问："那斯泰因家族那边呢？"斯泰因家族那边回复说他们离不开我的画。格拉赛夫妇对他们说："你们都要去意大利消夏，你们 4 月出发，到时候把画作留给我们吧。我们展出一两个月，这段时间你们正好不在，等你们回来的时候就又能见到这些画作了。"

出于对我的善意，斯泰因家族很乐意接受这个提议。展览决定在柏林的一家画廊举办。

有一天，我去贝尔南的画廊，看见里什庞斯街的大门

---

1 皮埃尔·吉里厄（Pierre Girieud, 1876—1948）：法国画家。

2 库尔特·格拉赛（Curt Glaser, 1879—1943）：德国艺术史家。

里走出来三位绅士，分别是贝尔南父子和卡西雷尔先生。他们一看到我便惊叫起来："啊！他在这里！快来！"他们拉着我的胳膊，把我拽进画廊。卡西雷尔对我说道："我想和您说两句。"贝尔南父子打开了靠近入口的费内隆办公室的大门，把我和卡西雷尔推了进去，并说道："你们和解吧！"

于是卡西雷尔说道："我听说您要在柏林的某个人那里举办展览，这个人我很熟，是一家我支持过的画廊。这对我来说是一次严重的羞辱。您的展览应该在我那里办。您不能去别的地方搞。"

"卡西雷尔先生，为了上次那个让您如此渴望的展览，您对我耍了多少花招您心知肚明，为什么您还想让我去您那里办展呢？"

"因为当时时机未到。我不是一个人，我不自由。我后面站着很多逼迫我的人。"

总之，在表达过最诚恳谦逊的悔意之后，卡西雷尔总结道："我必须办这场展览。"

"我无法忘记那些发生过的事情。而且我已经向这家画廊承诺，展览将在他们那里举办，我不能言而无信。"卡西雷尔使尽了浑身解数想让我改变主意。我没有犹豫。展览在之前指定的地点举办了。只不过在展览开幕一周或者半个月之后，1914年的宣战文书就发布了。

您还记得那家画廊的名字吗？

……

然而，斯泰因家族的画都留在了柏林。起初，美国并没有参战。他们原本有一年的时间可以把画运出来，但他们十分谨慎，在打听过消息后，他们认定，把这些画从德国取走运往纽约，并不会比将它们留在柏林，暂存于地窖的风险小。他们于是决定将画留在柏林。

但是，美国参战了。画留在了柏林。一天，一位来自斯堪的纳维亚的挪威人[1]劝说斯泰因家族应该把画卖给自己。他是一位艺术品买家。他会把画留在自己家里，等到战争结束后，斯泰因家族可以用同等的价钱把画赎回。斯泰因家族接受了，然而那个家伙拿到画后，便为所欲为，把它们卖得七零八落。可怜的斯泰因一家因此遗失了他们的画，拿到的钱相比而言根本不值一提。如果说确实有人应该从这些画中获利的话，那么应该是他们这些慧眼识珠的人才对。这些画现在散落于世界各地，主要在巴恩斯基金会那里。

我在柏林的第三个展览是在"唐豪瑟画廊"举办的。这场展览非常重要，但我没有负责筹备，是我女儿组织的。

---

1 马蒂斯提到的这位北欧人士是克里斯蒂安·泰曾－兰德（Christian Tetzen-Lund，1852—1936），丹麦画商。他收购的马蒂斯画作一部分卖给了美国巴恩斯基金会，另一部分现存于哥本哈根国家艺术博物馆。——原注

我去了一趟慕尼黑，在当地每天要喝七升啤酒，这种情况持续了五六天。当时是夏季。早上八九点，我们便吃着香肠，喝着一升装的啤酒。然后我们去逛博物馆。中午回到酒馆，服务生给我们拿来一升装的锡盖陶壶和菜单。我们先痛饮一番，然后才点餐。我们很快便喝完了壶中的残酒，便向服务生再要一升啤酒。这已经喝了三升了。我们回到博物馆，一路观摩。下午四点时，我们口渴难耐，便又点了一升啤酒。这便是四升了。傍晚回到酒馆，服务员拿来菜单，又端过来一壶。我们很快喝完，然后再点一升：第六升了。到了晚上，我们还要再来一升：第七升了。我平时习惯喝点红酒，但每天不会超过三杯，这些啤酒简直令人上瘾，而且是空口喝。

您这么做很像居斯塔夫·库尔贝。当年他得了肝病，住在瑞士的拉图尔德佩勒[1]，每天要喝十二升红酒。这一点得到了他的主治医生保尔·科林的证实。

那他应该醉了吧？

造成了肝硬化。

1　拉图尔德佩勒是瑞士西部市镇，位于莱芒湖边，靠近洛桑。

这些啤酒都不醉人，只是会让人昏昏沉沉。我当时和画室经理普尔曼以及他的一些朋友待在一起，其中一位在"一战"中去世了。四五天之后，在宾馆里，普尔曼问我："您没有什么新情况吗？"

"啊！有啊！"我得了腹泻。他对我说："我也是！现在我们去供应红酒的餐厅吧。"

慕尼黑"皇家酒馆"的啤酒统治就这么结束了。

这让我想起一张漫画，一个德国人坐在桌边，桌上摆着很多大啤酒杯，另一个德国人问他："你过来吗？"他回答说："我不能过去，我没有体重。"

我敢打赌您是在《飞舞的树叶》[1]上看到的！这些啤酒应该让您这样一位善于品鉴波尔多红酒的人发生了变化。

我并没有发现德国和我的故乡圣康坦有多大的不同。法兰德斯[2]与德国是一以贯之的，就如同意大利与法国地中海沿岸地区的关系一样，最深层的乡俗是一致的。而且德国人能够认可并且尊重法国的创造精神。

1 《飞舞的树叶》（*Fliegenden blätter*）是德国的一份讽刺周报，创刊于1845年，1944年停刊。

2 法兰德斯是欧洲历史上的一个地理概念，包括法国北部、荷兰南部以及比利时的一部分地区。马蒂斯的故乡圣康坦也可以算作法兰德斯的一部分。

我的第一次英国之行是 1898 年新婚之际。我去英国度蜜月，唯一的目标就是看一看特纳[1]的作品。毕沙罗之前跟我提到过特纳。于是我去了博物馆。当时是 1 月份，天色非常暗。但凡有一点阳光，我就去博物馆看画。我终于看到了那些水彩画，在特纳的作品中，我看到了传统向印象派的过渡。特纳想要画出克劳德·洛兰[2]的感觉，不过克劳德画作的氛围无比澄澈，而特纳的作品则如同棉絮一般。

我完全同意您的看法。如果特纳确实想模仿克劳德的话，那么他只是个庸才而已。他仅仅提取了克劳德最薄弱的部分：那些千篇一律的主题。克劳德·洛兰的天赋，在于《示巴女王在海港起航》（图 26）中镉黄的使用，在于光线在水面的波动，这种波动恍若永恒，而不在于他的那些装饰！我更喜欢那个画火车穿过桥面的特纳。我不知道在哪里读到过，特纳把自己关在一间黑屋子里，待上一周，然后猛然间让人在太阳落山时打开他那扇朝向泰晤士河的窗户，以便更好地感受色彩的冲击？

---

1 约瑟夫·马洛·威廉·特纳（Joseph Mallord William Turner, 1775—1851）：英国著名画家，以水彩闻名。

2 克劳德·洛兰（Claude Lorrain, 1600—1682）：法国画家，古典风景画的标志性人物。

这有可能。人们还说，特纳经常更换居住的街区。他拥有多处住所，在每一个地方都用不同的名字和人打交道。他更换街区是为了图清静，为了不被人认出来。我很理解这一点。

我还听说，那些东方人，有可能是日本人（我记得好像是龚古尔兄弟[1]讲的），在他们的人生中，会多次改名，从而避免一辈子都成为他们所作所为的奴隶。这一点我不能理解，因为在我的想法和所作所为之中，我都保持着一种连贯性，我认为有必要呈现我的完整道路，以便让别人认同我的努力，即便这些努力并没有带来我所希望的所有结果。

我们忘了谈您的第一次旅行，是去了科西嘉吗？

是的，我在那里接触到了南方，接触到了地中海，那是 1898 年。我不知道您是否把法国境内的差旅也称为"旅行"。如果是的话，那么我的第一次旅行是和韦里一起去布列塔尼。之后，我去了科西嘉，之后又去了科利乌尔。我还去了瑞士，在那里画了一些风景画，一些瑞士的景观。不过，我只在瑞士待了十天，我每天画一幅木板油画，视角非

---

[1]　龚古尔兄弟即埃德蒙·德·龚古尔（Edmond de Goncourt, 1822—1896）与于勒·德·龚古尔（Jules de Goncourt, 1830—1870），都是法国小说家，为了支持小说的发展设立了法国文学界的重要奖项"龚古尔奖"。

常客观中立，就像是画一张明信片。我只是看景，而不让自己进入那种需要我花费更长时间投入的激昂与凝神的状态。

我记得您好像是在维拉尔[1]。

是的。

您知道这些习作的去向吗？

卖掉了。有一幅在毕加索那里，他从沃拉尔那儿买来的。

沃拉尔拥有全部的习作吗？

没有。继瑞士之后，我还在比斯克拉画了一幅画，一幅绿洲中的小景观。

我很想知道，哪些旅行让您留下了最鲜活的回忆，给您的印象最为深刻？

我也不知道。这取决于当时的心境。并不是说风景最

1　维拉尔是瑞士西部山区小镇。

优美的地方就势必让我们印象最深。塔希提让我感觉非常奇特，有点像另一个世界。我受到的第一次冲击，是在旺代省横渡耀岛去巴拉尔德蒙[1]的时候。但就重要性来说，则是地中海之行。当时，作为北方人的我并不了解地中海，它给我留下了最为深刻的印象。之后则有莫斯科这样一座亚洲式的城市，包括它那些色彩斑斓的教堂、尺寸统一的街道还有低矮的木屋。路面则草草了事，他们根本不注意自己的脚底。有人说莫斯科拥有金制的头颅，双脚则深陷泥泞之中。

您画过莫斯科的风景吗？

没有，完全没有。我去看了史楚金的收藏。

我见过您为史楚金绘制的肖像。他非常英俊。那张素描很妙，又有点怪。

那张素描具有一种亚洲特质，史楚金对此并不喜欢。他非常看重自己作为欧洲人的身份。我把他亚洲的特点提取

1　巴拉尔德蒙是法国西部旺代省的一座滨海小城，耀岛则位于巴拉尔德蒙西南外海约三十公里。

出来，我想这让他有点尴尬。不过正如博纳尔所言：一幅肖像终归是与本人相像的。

一般来说，无论在哪里，我总会在人们身上发现一些相似之处。在大洋洲，那里的人举手投足都非常优美雅致，我对他们说："如果万一可以改变你们，如果只需要去市政厅提出让人变更你们的习俗，你们就会成为白种人，那么不会有多少人留在家里，每个人都会跑去见市长的。"他们对我说："是的，这就是异域的吸引力。"

正如东方对我们的吸引一样。

又或者仅仅是想成为英国人。英国迷已经存在很久了。当我们说到伦敦……！

是的。我们总想去别处。这是"旅行之邀"[1]。就像您一样：您也被吸引去了东方。

是的，但我没有想过要成为中国人。我很开心重新找到自己的国家。我尤其不想独自在祖国以外的地方终老。

1　"旅行之邀"是波德莱尔《恶之花》中一首名作的名字，提问者在这里借用了这一典故。

死亡意义上的"终老"吗？

是的。

这有点奇怪。似乎到了那时候，周遭环境应该是最不重要的才对。

不是的，这并不是最不重要的。当我们生命不断衰竭的时候，我们喜欢在自己家中和亲人们待在一起。这样不会感到那么迷失。

我们体会到一种安全感。

是的。比起海外，尤其是气候不那么友好的东方，在家里我们没有那么迷失。那些在印度支那[1]或者赫布里底群岛[2]死于疟疾的人应该感觉非常痛苦。

的确。我们喜欢回归故土，那里有联结的纽带，因为我们喜欢体验那些曾经生活过的，如今会以完全不同的视角重新观看的地方。

1　印度支那即现在的中南半岛，包括越南、老挝、柬埔寨，当时是法国殖民地。

2　指南太平洋上的新赫布里底群岛，即现在的瓦努阿图，当时是英法两国共管的殖民地。

我认为当我们生病时，在自己家里会感到比较舒服，比起别的地方要好很多。回归故土的感觉让人安心。此外，总体而言，我喜欢法国。每次从国外回来，再见法国时我都满心愉悦。我曾经从莫斯科出发去丹吉尔，一路上都在看风景。我发现法国是一座花园，一束万物丛中的奇异花束。

是的，哪怕是我们去了意大利也一样。在法国的某些地区，比如德龙省、阿维尼翁、多尔多涅省和法兰西岛[1]，我们发现它们更加优美，显得没有那么暴烈，那里有一种光，一种明亮的灰色，它在意大利的土地上是找不到的，意大利的排场更大，但常常旋律欠佳。

是的。法国具有更多的柔情。从美国归来，早上在勒阿弗尔上岸时，我在一片秋意中穿越了诺曼底。当时天气依然很好，小花园里鲜花盛开。看着那些诺曼底的小房子，那些开满鲜花的庭院，自然界的活力，美丽的森林，它们都给予我巨大的喜悦，这些都与辽阔但缺少私密性的北美形成了反差。加利福尼亚同样带给人这样的感觉，它是放大的蔚蓝

1　德龙省位于法国东南部，毗邻阿尔卑斯山区。阿维尼翁位于法国南部的普罗旺斯地区。多尔多涅省位于法国西南的阿基坦地区。法兰西岛则包括首都巴黎及其周边地区。

海岸，它的尺寸与人类相比显得过于庞大。

这是您之前在法国无线广播电台谈过的内容吧？

是的。他们今年冬天采访了我。

您谈到了您的旅行吗？

没有，那是一档关于尼斯的节目。他们让我谈谈尼斯，让我绘制、描画一张尼斯的风景，就像我能把它画出来一样。我回答说这似乎有困难，不过我可以告诉他们为什么我在尼斯待了二十四年。我讲述了原因。他们还让我的鸟儿对着话筒鸣唱。

访谈成功吗？

还不错。

您为我讲述了您所有的旅行片段，但我们还不清楚这些旅行的准确日期。这是一位深居简出之人的环球之旅。我认为如果您能按照时间顺序做一番回顾会很有意义。

顺序如下：

科西嘉，1898 年。

英国，1898 年，蜜月旅行。

意大利，1898 年至 1899 年，在我刚结婚的时候。在佛罗伦萨我住在斯泰因家。

德国，1904 年至 1906 年，为了卡西雷尔画廊的展览去了柏林。1918 年，在"唐豪瑟"画廊的第三次展览期间又去了一次柏林。当时我还去了慕尼黑痛饮啤酒。

西班牙，1909 年至 1910 年，是我到科利乌尔之后的首次西班牙之旅，在完成史楚金的巨幅木板油画之后。我在西班牙住了三四个月。

阿尔及利亚，1910 年。我在那里只待了半个多月。

瑞士，和我父亲在维拉尔待了十天。

摩洛哥，1916 年至 1917 年以及 1917 年至 1918 年，在阿尔及利亚之行的六年之后，我两次旅居摩洛哥，在那里工作了好几个月。

莫斯科，1917 年，当时我去那里观看史楚金的藏品。我从莫斯科出发回到丹吉尔过冬。

英国，1920 年以前。和狄亚格列夫一起为俄罗斯芭蕾舞团工作。

意大利，1926 年，那不勒斯、巴勒莫。之后，我又重返意大利，前往阿巴诺温泉镇疗养。

美国及南太平洋岛屿，1933 年以前，包括纽约、旧金山、塔希提，还有许多岛屿。回到尼斯，再次动身前往美国，参加卡耐基基金会的评委会，行程包括纽约、匹兹堡、费城、华盛顿。去了梅里翁的巴恩斯基金会。

回顾完这些日期并且重新体验过这一段段旅程之后，亨利·马蒂斯停顿了片刻。我能感觉到，如今所有这一切都已经留在他的身后了，有如一系列无法挽回的事件，已然时过境迁，再也无从更改。他的目光愈发活跃，思维正在转向新的可能性，赋予他的话语一种充满希望的情绪，以及一种带有全新风险的重担。马蒂斯继续拾起话头。

不过，我完成过的一次最重要的旅行，并非那些我之前和你谈到的国家，而是我刚刚在里昂，在公园诊所完成的这次，我在这里待了三个月。我忍受了一次重要的高难度手术，在这次手术之后，我在很长一段时间内昼夜承受着极度疼痛的折磨，以至于我扪心自问，相比于忍受这种折磨，一死了之是不是更好。不过，在两次疼痛发作之间短暂的平息期，我在脑海中勾勒出一座坟墓的内部画面：一个彻底封闭的、没有门窗的狭小空间。我对自己说道："不，我还是更喜欢在这里忍受痛苦！"

我把这段诊所的住院经历视作一件非常有意义的事情，因为当时我属于一个全新的世界，一个由痛苦与献身精神组成的世界。

　　在我存身其中的这个大地上的小小角落，我看到身边围着许多著名的外科医生。他们极为质朴、极为谦恭，由一群充满献身精神的女性辅佐，竭力从死神手中夺回那些愿意将身家性命托付给他们的人。我对这家诊所的好感不正是来源于此吗？而这一时期[1]，人的生命恰恰一文不值，在世界各地，大家都在绞尽脑汁以便毁灭尽可能多的人。事实千真万确，以至于我们不再谈论人命伤亡。我们在报纸上读到，或者有人在广播中宣布，一艘万吨货轮沉没了，却一刻也没有提及上面搭载的旅客……

　　是的。这里面存在一种彻底失去理智的失调。

　　我必须承认，我在手术过程中承受了很多痛苦，在术后三个月亦备受折磨，然而我回到诊所时却满心欢喜，我回到这里，完全不像是回到了一个充斥着糟糕记忆的地方。

　　您的喜悦或许还来自，我们可以认为一切都过去了。

　　我的状态确实比以前好了，然而，疾病难免还会反复。

1　即二战期间。

不过，待在诊所，我很有可能会感到无聊，但事实却是我从来没有无聊过。我在孤独状态中度过了三个月，其间只有十次来访，而且这些来访并非我主动要求的。勒里什医生每天都会在两场手术间隙来看望我几分钟。他给我讲故事，想让我发笑，还给我带来一颗从厨房餐盘中偷拿的李子。这很可爱。然而，我还是有大把的时间独处。这并没有让我厌倦。手术及其并发症让我稍受影响，但尽管如此，我并没有感到厌烦。我的脾气很差，而身边的人都热诚无比而且充满耐心！我有一种清醒的妄想症，导致我和所有人唱反调，让我讲出了一些最苛刻、最不公正的话。我能立刻察觉出我的精神状态，这些思绪我自己都无法理解。

您是感觉到了自己的双重人格吗？

不是双重人格，而是一种连续性。

在最痛苦的时候，那些小修女对我说："您应该把您的痛苦献给善良的主！"我回答道："我的修女，我很想这样，但我不知道应该怎么做。"在我备受痛苦折磨之际，我说道："在经历过这一切之后，你们依然希望有地狱吗？"她们回答道："您在尘世受过的所有痛苦都会在天上得到清算。您把这一点告诉自己，您就会觉得热爱您的这些痛苦了。"

其中有一位修女叫作玛丽－安吉，她是一个小个子女人，因工作繁重而显得疲惫。她要管理整整一层楼，非常睿智。她是图卢兹附近的一个农妇。我一开始称她"女士"，后来唤她"我的修女"，最后叫她"我亲爱的小修女"。她对我说道："这是表白！"

她在我的伤口上倒酒精，跟我说那是热水。我对她说道："我亲爱的小修女，别把我弄疼了！"我的女儿在我旁边，在包扎伤口时，那一刻大家都神经紧绷，她非常严肃地回了修女一句："好的，我的阿姨！"在我们都不想笑的时候，这句话让我们笑出了声。

您看，我有过地狱般的经历。真的是地狱！我们还是能够找到自我折磨的办法的！我去金头公园[1]散步。在那个非常漂亮的公园里，生长着许多奇妙的树木，还有秀丽的湖泊以及繁花朵朵……我看到了许多开满鲜花的树木，是一些木兰……

您一直很喜欢木兰。您画过一幅《躺在木兰旁边的宫女》。站在这幅画面前，我好像嗅到了木兰花令人心醉神迷却又略带不祥的清香。

1　金头公园是里昂最大的城市公园。

回到诊所，我和一位修女说起公园里的木兰，我告诉她，这些大片盛开的无叶木兰，让人联想到圣母的罩袍。修女看着我，既惊奇又满足。

她肯定以为您皈依了！

我要回尼斯了。我希望旅途一切顺利。目前我的精神状态适合回忆，但到此为止了。现在我不工作，因此可以在这些回忆中表现我的活力，但到了尼斯之后，我就没有什么可以补充的了。我会再次见到我的太阳、我的画室、我的植物和小鸟。我会在修道院漂亮的花园里漫步。工作狂回来了。我会慢慢地让工作重新来到我身边。我希望能够再好好干几年，创作一些画，清晰地呈现我曾经的心愿，为我一生的工作进行一个总结。

是您现在的心愿，因为您曾经的心愿，您已经在绘画中准确地表达出来了。

对我来说还没有，不然我就不再工作了，就没有必要再工作了。

第九次谈话

亨利·马蒂斯在他位于尼斯的〝瑞吉娜〞公寓中，介绍了他的生活环境、工作情况以及他为图书设计的插图。从1917年起，马蒂斯便定居于此。他和我说起他第一次旅居尼斯的事情，当时他退隐此地是为了更好地静心思考。

我在"一战"期间画了很多画，因为当时我感觉有必要忘掉一些东西，这导致我一干就是一整天。我从早上八点开始和模特一起工作，一直工作到中午，然后去吃午饭。上菜的速度很快。员工们对我这样的劳动者心怀敬意，至于那些来尼斯闲逛的人，那些游手好闲，总是对自己的房间、床铺、食物挑三拣四的人，这样的敬意，他们是享受不到的。酒店经理对我说过："您简直无法想象，让他们满意到底有多么困难。床不是太硬就是太软，至于食物嘛，永远不够丰盛，尽管他们都有肝病。他们把全部的时间都花在投诉上了。"

吃过午饭之后，我会去睡一会儿，午休一下，为下午做准备，两点半重新投入工作。到了冬天，一般来说天光大亮的时候我会画油画，如果要用电灯，我就画素描。在冬季那些白昼最短的日子里，在两点半到三点半之间（因为之后天色就太暗了），我来不及画油画，所以我在午休时把百叶窗关上，起来之后就不打开了，我直接开始画素描，一直画到晚上七点。这让一位来尼斯闲逛的朋友感到吃惊，他说我消灭了尼斯下午一点直至第二天早晨的阳光。我一天中有半数以上的时间身处黑暗之中。我住在"地中海酒店"，画了四年。

您不是还拉过小提琴吗？

是的，拉小提琴是我的娱乐消遣。

您学过琴吗？

我在很小的时候就开始拉琴了，之后中断过。等我到了巴黎，我参加了周日的乐团。但是我并没有特别想要拉琴的欲望，也没有那么多时间，而学琴需要花很长的时间。我放弃了。

您能拉出一些曲子吗？

可以，可以拉一些莫扎特的奏鸣曲。

您已经达到这样的水准了吗？

达到这样的水平是很快的。这取决于拉琴的手法以及对完美的要求。不是所有人都像蒂博[1]那样。我还拉过一些巴赫的曲子。业余爱好者拥有一种巨大的优待：他们用自己的心拉琴，却并不去听自己的琴声。如果他们听了，就拉不了琴了。他们对别人苛刻，对自己却无限包容。同样的道理，一些真正的绘画爱好者，他们画画的方式相当拙劣，但照样乐此不疲。

对于艺术家而言，艰难的时刻，就是当他们询问自己到底身处何处之时。

是的。展览对此非常有益。我们和同行们突然站在自己的画面前，为了针对同行，激发出批评意识，有时候便可以像评判别人那样评判自己。

您总是能够头脑清醒地看清自己身处何处吗？

---

1 雅克·蒂博（Jacques Thibaud，1880—1953）：法国小提琴家，天才少年，十六岁便获得了巴黎音乐学院的小提琴一等奖。

多多少少吧。我尽力而为。

难道没有那么一刻可以让我们更容易进行自我评判吗？我猜想，尤其在起步阶段，自我评判或许会有些难度吧？

我认为相当困难。雷诺阿晚年时曾说过："我亲爱的朋友，二十五年之后人们才会知道我的画的价值所在。必须让它走出自身的时代，才能看清它留下了什么，只有脱离整体的运动，我们才能了解它作为个体的分量。"

您认为雷诺阿本人也对自己的绘画抱有轻度的怀疑吗？

是的，不过毕竟雷诺阿在作画时，从来没有抱着创作杰作的念头。他画画是为了自我满足。所以，他怎么会知道呢？他很清楚自己的优点所在。然而，我们见过很多拥有巨大优点的人却在很长一段时间内被人遗忘了，甚至被遗忘了好几个世纪。看看格列柯就知道了。一直要等到我们这个时代，才有人把他挖掘出来，大加颂扬。要等到塞尚来给予他应有的位置。

有人说，泰奥菲尔·戈蒂耶[1]曾用一块面包的价钱买到了一幅格列柯的画作。

二十五年前，有人用一块面包的价钱在普拉德[2]市政厅的办公室里买下了格列柯的《耶稣受难》。这幅画当时售价两万五千法郎，没人想要。这是一幅巨作，非常漂亮。现在收藏于卢浮宫。

您说得千真万确，真正的艺术家为了他们的乐趣而创作。

他们创作并不是为了荣誉，而是为了自我表达，这就是他们终究能够得到欣赏的原因。

当艺术家为别人创作时，他便一事无成。

德拉克洛瓦每次想要完成一份订单，一个构思过于刻意的大家伙，往往都会失手。而在他的草稿和中等尺寸的画作中，当他为了自己的兴趣动笔时，他便是一位无比伟大的艺术家。

1　泰奥菲尔·戈蒂耶（Théophile Gautier，1811—1872）：法国浪漫派诗人，"为艺术而艺术"理论的创始人。

2　普拉德是法国南部一个毗邻西班牙的市镇。

他的巨幅画作《十字军占领君士坦丁堡》并没有失败。

是的，《十字军占领君士坦丁堡》《阿尔及利亚妇女》……《希阿岛的屠杀》也没有失败，《48年革命》[1]也没有。

是的。不过在他的许多巨幅画作中，难道没有一些一以贯之的东西吗？

有的。在小幅作品中，困难要小一些。创作一幅大画要求更大的结构、更高的质量，与之相比，在小画中更容易展现画家的某些优点。

自从您来到尼斯之后，您见过哪些有意思的人吗？

没有认识什么新人。我又见到了鲁维尔，他曾经是莫罗的学生。

安德烈·鲁维尔是一个非常独特、非常聪明的家伙，是一位高水平肖像画家。我看过他那本在法兰西信使出版社出版的《闺房》。

---

1 应该指的是德拉克洛瓦为纪念1830年革命而创作的名画《自由引导人民》。

我还遇见过于勒·罗曼[1]、安德烈·纪德[2]、罗杰·马丁·迪加尔[3]以及亨利·德·蒙泰朗[4]。

你们之间没有聚会吗?

我会去他们家,当时经常来往。

您不是还划过船吗?

五十五岁左右的时候,我觉得自己有点笨重,有点迟钝。我在床上翻身都不大容易,感觉自己不够灵活。我想找一项自己能够从事的运动,最终发现了划船。我每天都去,上午十一点到尼斯的海上俱乐部,十一点到十二点划一个小时船。下雨天不能出门的日子,在本该下水的时间,我什么都干不了。我一年内划了 134 次,得了一个竞赛奖,这个数字挺惊人,因为年轻人也划不了那么多。第二年,我划了154 次,而那一年我有三个月的时间都待在巴黎。下一年,

---

1　于勒·罗曼(Jules Romains,1885—1972):法国作家。

2　安德烈·纪德(André Gide,1869—1951):法国作家,1947 年诺贝尔文学奖得主。

3　罗杰·马丁·迪加尔(Roger Martin du Gard,1881—1958):法国作家,1937年诺贝尔文学奖得主。

4　亨利·德·蒙泰朗(Henry de Montherlant,1896—1972):法国作家。

我又得到了竞赛奖第一名，俱乐部副主席、曾经的赛艇冠军送给我一块金牌，一块货真价实的1914年以前的奖牌，他还让人在上面刻了我的名字。这是我一生中得到的唯一一块奖牌。

这可比美院的奖牌有分量多了！

您的早期作品都是一些写生，您是怎么上手的呢？

我最早的写生作品，构图一直很简单，或者更准确地说，根本没有构图。我当时认为，大自然已经如此美丽，只需要用最简单的方式将其重现即可。我置身于那些引起我注意的物品面前，与它们融为一体，试图在我的画布上为它们创造出一个复像。不过，有一些感觉介入其中，让我摆脱了视觉的假象，苹果的绿色与我调色盘中的绿色并不相符，而是对应于某种有待于发现的无形之物。我还记得，有一次，我对着一颗放在黑色壁炉上的柠檬沉思。等我能够成功复制出这颗柠檬之后，我还能得到什么更多的东西吗？它为什么让我感兴趣呢？这是一颗漂亮的柠檬吗？是最漂亮的柠檬吗？既然它的那些同类，一颗实实在在的水果，在我看累了之后都能为我提供一份清凉美味的饮品，而且始终可以再次激发我的赞叹，我为什么要如此大费周章，只为看到它在我的画布上永存呢？最终，推理来推理去，我察觉到，让我感兴趣的，是我的凝视在这些当下存在的物品之间所创造出的关联：柠檬皮的黄色紧贴着壁炉冰冷的黑色大理石。与此同时，还必须创造出一些东西，能够与我的感受相对应，也就是从这些摆在我面前的物品之间诞生的情感交融。

这些物品的聚合，有时候并不是主观选择的结果。在我画室的一张桌子上，一个物品偶然地放进了另一个物品，直到在整体上出现某种令我陶醉的东西，让我驻足不去。

面对一个按照规定摆好的物品，我几乎无法下笔。我需要自己的兴趣在某些未知之物面前受到出其不意的冲击。我认为雷诺阿也是这种情况。他对我说过："我会花时间去摆弄一束花，在我感觉已经摆得差不多的时候，我就把花束转个身，去画它陌生的、我原本并不想画的那一面。"

我还想起来，那些作为写生对象的食物，我从来都没法品尝，即便摆在那里并没有破坏食物的新鲜度。我最近画了一些生蚝，每次写生时我都会换新的，尽管我很欣赏它们的味道，却从来没有想过要把它们拿来当午餐。写生的过程使得它们在我眼中已经与它们那些摆上餐桌的同类不一样了。

您说的这些让我想起您早年的卢浮宫暗色系静物。后来您变了：您的那些沉闷的暗色变成了强烈的亮色。您的底色明亮了许多。您是如何改变您的用色习惯的呢？

当时，我每天下午在卢浮宫画画，在我自己的作品中保留了一些古代大师，尤其是荷兰画家的茶褐底色。

是大卫·德·海姆的色调吗？

是的。那时候，我和我的一位邻居一起去布列塔尼旅行了一趟。

是韦里吗？

是的，是韦里。我们去了大西洋美丽岛[1]。写生完成之后，我们一起讨论各自的创作，我受到他的引导，注意并且开始重视印象派画家明亮的色彩及其对棱镜分色的混合。我发现在与大自然接触时，尤其在露天状态下，这更加逼真。

所以，等我从布列塔尼回来时，心里便有了改变用色习惯的念头。我必须指出，我的同伴也发生了转变，卢浮宫里的大师之作对大自然的表现灵活而便利，这影响了他，让

---

1 大西洋美丽岛也译作"贝勒岛"，是布列塔尼西部外海的一个海岛，度假胜地。

他彻底变了……

他的做法和您正好相反？

是的。韦里完全改变了自己的常用色系，这让他在香榭丽舍美术沙龙里获得大卖，并因此接到了不少装饰画的单子。

啊！这真稀奇。

是的。立刻就变了。他非常精明，非常机灵。

我对韦里完全不了解。我知道的只有您告诉我的这些内容。

卢森堡博物馆里收藏了他的一些大画。

这是您转变的第一步吗？

是的。我是 10 月份从布列塔尼回来的，正是大家从乡下回城的时候。

您的那幅《圣母院》，略带点彩手法，属于新印象派风格，不就是在那之后创作的吗？

您等一下，您等一下，不要把我带到不属于我自己的路子上去。

之后，我去圣特罗佩[1]工作了一个季度。我住在西涅克[2]家附近，旅居期间我去见过他。在他那里，我接触到了新印象派的用色习惯，它以视觉融合以及色彩的互补与明度为基础。我就是在那里完成了那幅现在收藏于西涅克夫人手中的画。

是您的《圣母院》吗？

不是。那幅画叫作《奢华、宁静与快意》[3]（图3）。

这是一个波德莱尔式的主题。

是的。这是一张横版画，画了河边的一艘船。

我想到了《奢华》。不是同一幅作品吗？

不是同一幅。这幅画在独立艺术家沙龙上展出过。我本以为自己符合新印象派的理论，但在询问过克罗斯[4]的意见之后感到有点幻灭，他对我说："我不相信你会在这些规

1　圣特罗佩是法国南部小城，度假胜地。

2　保罗·西涅克（Paul Signac，1863—1935）：法国画家，点彩派代表人物。

3　马蒂斯这幅画作的题目取自波德莱尔《恶之花》中的名篇《旅行之邀》中的一行诗句："那里的一切都是秩序和美丽／奢华，宁静与快意。"

4　亨利·爱德蒙·克罗斯（Henri Edmond Cross，1856—1910）：法国新印象派画家。

则中停留太久。"当时我没法跟他说明原因。很久以后，我明白了，在新印象派的理论中，所有的画作都是由支配色构成的，这些支配色由各种补充色支撑，但这些补充色却臣服于支配色，因此重要性就变低了。而在我的画中，这些次要的色彩却被赋予了和主色同等的重要性，这便引导我产生了一个想法，要把各种颜色并置在一起，每种色彩在表达整体性时都在发挥各自的作用，正如乐曲和弦中的不同音符一样。这就是我如何被引向了匀色绘画的原因。

这其中还要加入一幅我在科利乌尔创作的尺幅稍大的画，名字叫作《生活之乐》（图 17）。现在收藏于巴恩斯基金会。

您的《生活之乐》总是让我想起斯特拉文斯基后来创作的《春之祭》。

这幅画的创作方式，是把彼此独立构思的东西放在一起，再从整体上进行统一安排。不过在那之后，我试图在接下来的创作中寻找更多的统一性，比如从《生活之乐》中提炼出来的那幅留在莫斯科的《舞蹈》（图 27）。莫斯科的那幅《舞蹈》是从整体上进行构思的……

拥有节奏的统一性？

是的。

您知道吗，普桑曾在《吗哪》中尝试分别绘制其中的每一组人物。

让我照我的思路讲下去……梅里翁巴恩斯基金会的壁饰也是从整体进行构思的。

在一幅绘有旱金莲的画作中，您再次触及了这一主题。

是的。新印象派的理论是一个非常便利的东西，因为它自身是完整的，但对于表达一位艺术家的思想和创作来说根本不够。它拥有巨大的优势：它可以指导艺术家便捷地按照比例去调配色彩，因为我们使用细腻的笔触去上色，并且一旦去掉几笔，就可以完全改变色彩之间的调和关系。

笔触的分割会对某些构图造成妨碍，尤其是那些以线条为主的构图。其次，新印象派的色彩重复率较高，损失了一些极具表现力的颜料的好处，比如土色系：包括赭石、锡耶纳土红[1]等，尤其是黑色，因为在新印象派的理论中不存

---

1 锡耶纳土红得名于意大利古城锡耶纳，是一种特殊的红褐色，自文艺复兴以来一直是艺术家最常用的棕色颜料之一。

在黑色。他们利用色彩之间的关系进行创作，两种对比色是黄色和紫色。

这是对彩虹进行分解的结果。

是的，我认为，作为一种理论，作为一种理论性思想，新印象派理论十分令人舒心，这也使得新印象派最优秀的画家之一曾经这样说道："我经常感到困惑，但每当我注意到自己的理论知识，我便会告诉自己，至少它是准确的。"它的确非常准确，它与自然毕竟存在关联，不管怎么说，它终究为不同的画派带去或增添了种种贡献，即色彩的明度以及对比色的表现力。

本质上这还是一种视觉现象吧？

是的。

同时还是物理方面的科学现象，这是谢弗勒尔[1]的理论，成体系的理论。修拉[2]确实应用得非常得心应手。

修拉有点特殊，不过必须承认，修拉的笔触非常细腻，

1　米歇尔·欧仁·谢弗勒尔（Michel Eugène Chevreul，1786—1889）：法国化学家，在对染料的研究中发现了色彩的对比原则。

2　乔治-皮埃尔·修拉（Georges-Pierre Seurat，1859—1891）：法国新印象派代表性画家。

完全没有破坏他的构图。

我还发现，这种理论如果被严格应用的话，对于统合那些极具表现力的色彩是有妨碍的，而且从装饰的角度来说，用到的色彩也极为有限，永远是紫色，永远有点像彩虹，就是个六孔竖笛[1]。

您难道不觉得，在您改变用色习惯的故事里，还应该加上一条：在您早期给画作调色的过程中，当您不知道涂哪种颜色的时候，您就会涂上黑色。

这是一种本能。最终我把色彩视为一系列"力"，必须根据其带来的灵感去进行组合。色彩会根据各种关系而发生变化，我的意思是说，如果把黑色放在一种偏冷的色调，例如普鲁士蓝旁边，黑色就会变成红黑色，如果把它放在一个底色极暖的颜色比如橘色旁边，黑色就变成了蓝黑色。于是，从那时起，在绘画过程中，我便开始为每一幅画调制一种独特的用色，最终让我得以在画中废除主色，例如红黄蓝，这与新印象派理论背道而驰，基础是视觉融合与色彩的约束机制，每一种色彩都有它的反作用力。例如：如果有红色，就要有绿色。

1　暗示这种绘画的表现力就和六孔竖笛一样非常有限。

总而言之就是补充色。

是的。新印象派的反作用力在一幅画中包含了支配色。这些支配色创造出一些反作用，但它们必须始终处于主导地位。

您绘画中的反作用力在我看来属于另一个范畴，它们在您的画作中并非处于从属地位。

我的反作用力没有屈服于支配色，而是作为一种强度加入进去的。

这就回到了我们说的：在您的绘画中，不存在支配色？

是的。所有的色彩共同歌唱。它们对于合唱而言具有不可或缺的力量，正如音乐中的一个和弦。

您重建了色彩的墙面构架。

是的，重建了一面墙。

我发现，在您的艺术转变中，存在某种关键性的东西。

您讲述的这些细节有助于我们理解您在新印象派影响下走过的道路，以及您究竟如何成为今天这样一位完全掌握色彩大师手段的人。我们还谈到了您"主动的对抗"。您的老同学让·皮伊在他的回忆录中提到，您曾经用黑白两色临摹过德拉克洛瓦的《劫持瑞贝卡》。

在我犹豫到底涂哪种色彩的时候，我会涂上纯黑，然后我继续作画，直至找到可以替代黑色的那种颜色为止。从本质上来说，我的黑色也是一种力，甚至是一种与其他颜色相同的色彩。只不过在我使用黑色时，在我等待合适的色彩出现之际，我把它视为一种略显中立的东西。

黑色是一种载体。

是的。在有光线的情况下，涂上深色是为了与浅色作对比。没有对比，就没有光线。一张纸是白色的，什么也不是。需要在其中加入一种关系，为了把光线加进去，就需要涂上黑色。

在科利乌尔的时候，我动笔时想到了一种理论或者说一种癖好，叫作"终极笔触"，这个词是我从维亚尔那里听来的。当时，我根据维亚尔和博纳尔这一时期的作品，试图向自己解释"终极笔触"到底是什么意思，然后我明白了，这些画家在表现某个物品时，必须下定决心选定一种色彩，并且禁止自己回头重复使用这种色彩，他必须涂上第二种色彩，然后第三种、第四种，下笔无悔，不加修改。这套做法对我很有用，因为我对于物品的着色有所感触之后，便确认了我心目中的色彩，这就是我的画中的第一抹色泽。

接着我在画中加入第二种颜色，如果第二种颜色看起来似乎和第一种颜色不搭，我不会去做修改，而是加入第三种颜色，它必须和以上两种颜色搭配起来。必须照着这种办法继续下去，直到我感觉自己在画中创造出了一种完整的调和关系，并且摆脱了自己一开始投入工作时的那种情绪。

另外我还注意到，在我的画中，很多地方都没有被色彩覆盖，白色画布出现在各种颜色旁边，利用这些颜色产生对比，足以呈现出补充色的效果。

这就是您在 1912 年的那幅《石膏头像与花束静物》中进行留白的原因。

留白很有意思，但不能一直这么做，因为一幅画原则上要把颜色涂满。而且，我始终是从白色出发的。当时我希望能够从白色之外的底色出发，但从未成功过。我想这是我接触了新印象派画家的缘故，他们把白色视为一种纯净的载体以及一切创作的起点。

不久之前，我见到博纳尔，我和他谈起"终极笔触"，他完全不明白我在说什么。这相当奇怪。人们创造出他们的信仰，真的是因为他们需要证人和证据吗？

需要一个公设。

于是人们创造，就像穆罕默德获得启示一样。而在我身上，这一切都完全是无意识的。

这些画布上的留白，您现在会把它们视作某种意外吗？

不会。这些留白存在着，不过它们把我限制在颜料的统治之中。

我感觉，您主要是在绘制那些摩洛哥题材画作的阶段，才开始让留白发挥作用的吧？

颜色之间的这类调和极其脆弱，任何轻微的色彩变化都会大大改变画作本身。

您谈到了皮埃尔·博纳尔。有一天他和我说（当时我们待在他那间位于蒙马特公墓北边图尔拉克街的画室里）：
"您看，我们这一代画家面临的最大问题，就是我们每个人都要依靠自学。我们没有得到过任何纯粹属于材料方面的教育。"（当然，博纳尔谈论的并不是美术学院里的错误教学。）

今天，如果有人教粉刷匠[1]刷墙，那么就会教育他，某种涂料的量应该取用多少，让它足够黏稠，不至于流下来。在过去的绘画学校里，大家都用双手来学习这一职业，而自从浪漫派以来，人们便根据各自的灵感行动了。凡·高没时间拿画笔，他抓住自己的颜料管，直接将其碾碎在画布上，不过！

您想说不过这并不是缺点，而且这并没有妨碍凡·高获得一种极具表现力的技巧，而在那之前，他只是规规矩矩、安安静静地画他的皮鞋，就像您以前画巴黎的桥梁、塞纳河沿岸风光以及摆放餐具的桌子一样。不过我能够想象，在将画布打造成一种能够将您手中的材料纳入其中的载体之前，您曾经不得不多少次与画布上的颗粒进行抗争。

当我们在一块纯净洁白的画布上作画时，第一次画起

---

[1] 在法语中，粉刷匠、油漆工和画家都被称作"peintre"，马蒂斯在这里用粉刷匠的工作影射画家作画。

来很简单。画布的白色及颜色的透明为我们提供了便利。透过我们涂上的那一层颜料，画布的白色依然是透亮的。但当我们涂上第二层颜料时，我们便熄灭了所有这些轻微的颤动，画布变硬了，像纸板一样干硬。必须勇敢地再次从这种干硬出发，借助某些极具表现力的色调来战胜这种难看的材质。

这有点像建筑粉刷工手底下的连续涂层。

这让我想起了一个故事。我和韦里在布列塔尼的时候，我们住在野性海岸附近的克维拉霍恩[1]，有时候我们想去岛上的首府勒帕莱[2]。我们要去买一些东西，但没有任何通勤车辆。于是我们想去租一辆渔夫太太的车，一架毛驴拉的小车。我们无法驾着这头毛驴上路，因为它已经习惯被两个女人驾驭：一个女人拉缰绳，另一个女人握着一根棍子，一旦毛驴显露出放慢步伐的迹象，握棍子的女人就抽它的屁股。由于我们内心敏感，我们不想这么做，这种做法让我们不大舒服。我们下了车，不知道应该怎么做才

---

[1] 克维拉霍恩是大西洋美丽岛上的一个村庄，1896 年马蒂斯与韦里游历布列塔尼时曾在当地暂住。

[2] 勒帕莱是大西洋美丽岛上的主要市镇，位于克维拉霍恩东北约七公里。

能让这头该死的驴子往前走。韦里对我说道："用荆豆枝就可以了。"于是我们各自折了一段荆豆枝，分别走在毛驴两侧，一旦它不走了，就用荆豆枝扎它一下，然后在它重新上路之前迅速爬上小车。等我们回来的时候，那位太太发现她那头毛驴的腿上、肚子上沁出了红色的汗珠（荆豆很刺人！）。她看上去忧心忡忡。然后她对我们说道："先生们，我想重新粉刷我的小车，你们做这个要收多少钱？"我们回答她说："免费，就当是路费了。"于是我们两个一边把她的小车刷成绿色，一边开着玩笑，互相说笑，并且自诩作为艺术家，我们真是没有架子，甘愿做马车油漆工。

　　这还让我想起我的朋友莱昂·瓦索[1]，他是慈悲医院[2]的见习医生。他和我说，他的指导医师讲过一件事，说他住在勒韦西内[3]的时候，被村里的邻居梅松尼耶太太叫去看病。到达之后，她对他说道："医生，我请您过来是为了我的小狗。"他没有多想，检查了小动物并开具了处方。在他离开的时候，梅松尼耶太太问道："医生，我要付多少钱？""喔！太太，我只需要让人重新粉刷一下我宅邸的栅

1　莱昂·瓦索（Léon Vassaux，1872—1958）：马蒂斯儿时的玩伴，后在巴黎地区行医，与马蒂斯维持了一生的密切友谊。

2　慈悲医院（Hôpital de la Pitié-Salpêtrière）是巴黎的一家著名医院，建于17世纪。

3　勒韦西内是位于巴黎西北近郊的一个市镇。

栏。您叫梅松尼耶[1]先生来一趟吧。"

　　我们还应该谈一下您在卢森堡公园及布洛涅森林里的创作。

　　好的，这是风景画方面的内容。

　　当时我有一个同伴，马尔凯，我们每天都待在一起。夏天的时候，我们没钱去乡下，就去巴黎近郊画风景。我们下午去阿尔克伊[2]，我们画了一条当地的小路，那条路现在还在。上午我们去卢森堡公园作画，就在离果树园不远的位置，那里有许多非常漂亮的树木。当时正好是假期。乌泱泱一帮小孩在保姆们的陪同下也跑过来了。他们都是一些好孩子，不是捣蛋鬼。他们从一幅画边上跑到另一幅画边上。马尔凯和我画着各自的风景，彼此相隔二十五米。

　　那些小家伙很喜欢去找马尔凯，但在我的画面前，他们就没法弄明白那到底是什么了。

　　当时，马尔凯对我说："如果你要在你的风景画中加入

1　欧内斯特·梅松尼耶（Ernest Meissonier，1815—1891）：法国画家，擅长历史军事题材及风俗画。

2　阿尔克伊是巴黎东郊小镇。

一只鹦鹉，你会怎么做？"

　　每一位画家都有权拥有某种理论。每种理论都具有各自的要求。马尔凯总能把鹦鹉引入其风景画中。总之，如果他想要的话，他就必须对此加以考虑。他必须小心谨慎。马尔凯是一个彻底的写实主义者，他从不阐释某种色彩，从不进行主观判断。对他而言，重要的是明暗浓淡以及各种线条。

　　对我来说，我通过色彩去进行感知。当他对我说这些话的时候，就像是有人对交响乐乐手，对柏辽兹式的色彩大师说："如果您要再现一场暴风雨，您会怎么做？"这是一回事。对我而言，一种色彩，就是一种力。我的画作由四五种色彩构成，它们之间彼此碰撞，释放出能量感。我涂上绿色的时候，并不是指青草。我涂上蓝色的时候，也不意味着天空。

　　非常到位。在马尔凯的画作中，色彩对于他所表现的事物而言是描述性的。我很喜欢马尔凯的画，在展现某个具体的物品方面，他的画作要比您的画作介入更深。他可以把鹦鹉引入画面，但您不能。您在自然世界中看见的，是您歌声的出发点，是机遇，是令缤纷旋律得以悦动的些许音符。

是的。在我的绘画中，最主要的元素是由色彩组成的构图。正是这些色彩在观众的思想中创作出某种表现力，一种由色彩混合而成的表现力。

休息片刻之后，我向马蒂斯提问。

您在布洛涅森林里画过一张风景画（图28），它标志着您艺术生涯中的一个重要阶段，不是吗？

继卢森堡公园之后，有一段时间，我会一大早独自一人去布洛涅森林画画。我住在树林附近的街区。早晨六点，我就到了。在那里，我按照自己的想法画了一幅画，根据线条的方向进行构图。在布洛涅森林一角，右边有一片湖泊，湖泊的一角，有一个斜坡，坡上长着一些树木。我选中了一棵树，它是那个角落里我最喜欢的一棵树，很漂亮。为了在画布中为这棵树确定位置，我会借助手中的铅垂线，来尝试确定究竟哪一棵树长得最直。我会把它在一个小木框里标出来，就像柯罗做过的那样，他当时拥有一个小小的取景框，用这个取景框把他的写生主题框起来，这已然意味着他的画作了。

在画面横向三分之二的位置，我画上了那棵树，添上竖线，并说道："从这儿起，画就不动了。"

您在寻找某种稳定性吗？

我之所以在寻找一些固定点，是因为面对一片风景时，我会产生一连串的印象，令我持续不断地受到冲击。如果中间隔了些日子，情况就更加明显了。今天，周二，我们看见了某种景色，思绪清晰而鲜活，留下了某种印象。周三再回到那里，一切都变了，即便风景没换，还是会有变化，因为你思维的活跃方式不同了。因此每天都要能够恢复到之前的状态。

您在着手一张风景画时，心里已经有了某种充分展开的想法吗？

啊！完全没有。我想要找到一种办法，能够以明确的方式标定画中的各种元素在画布上的位置，让它们不要一直乱动。当时我这么做是无意识的，现在则是有意识的。因此我想在构图中找到那些固定点。这样一来，这棵树明天，一周以后，永远都在那里，它不会再移动了。

然后，我就去寻找一根与这条竖线垂直的线条，在枝叶之间寻找一根与树干垂直的枝条，借助尺子或铅笔，我寻找并将其标出。这是我的第二个线条方向。接着我还会寻找一些成四十五度角的斜线。所有这些都是为线条准备的。

至于色彩，这是一种极具诱惑力和欺骗性的东西。根据你精神状态的不同，鲜艳的色彩带给人的触动或大或小。比如绿色，它每天打动你的方式是不一样的。但我作画时想要的是一些固定的元素，使用一些不会变化的东西。我会带上一小块黑色的玻璃，透过这片玻璃去观看风景。这片黑玻璃的特性在于，它可以抹除一切色彩方面的感知，比如说猩红色，如果我们不透过玻璃去看它，那么它就好像来自景观之外一样。这是在风景里开一个喇叭，对我来说这行不通。所以我希望自己每天都可以重新找回一种合理的构架，任何东西都不要越过它。

这是一种对印象派的反抗吗？

是的。我想起柯罗的一句话："我涂上最深和最浅的颜色，然后我会加入居于二者之间的浓淡色彩。"我照做了，并且完成了一张坚实、稳固的风景画，很成功。现在保存在莫斯科史楚金的藏品中。鲁塞尔[1]也看过这幅画。我跟他解释了我的做法。他看不上眼，无法设想这样搞出来的画里面

1　弗朗索瓦·扎维·鲁塞尔（François Xavier Roussel，1867—1944）：法国画家，纳比派成员。

还能保存什么鲜活的东西。

当我们根据某种方法作画时，想要保持感知的鲜活度，难度显然会大大增加。不过我很能理解鲁塞尔为何感到惊讶：他画得杂乱无章，仙女和林神都在其中迷路了。这与马拉美在《牧神的午后》[1] 中严密的构建相隔甚远！方法是必要的，但天才则是冲出树篱疯长的野草！

"一切超出我圆规尺度的东西都是我的个性"，你知道吕德 [2] 的这句话吧？我也按照同样的原则行事。在布洛涅森林的那幅风景画中，我得走出那些尺度，唱出我自己的音调。

地点的选择是谁的指引？

这是我自己的口味……你走在路上，看到两百个女人，你都走过去了，之后有一个女人让你停下了脚步，你并不知道为什么。

---

1 《牧神的午后》是马拉美的一首名诗，鲁塞尔在 1930 年前后画过一幅同题油画。

2 弗朗索瓦·吕德（François Rude，1784—1855）：法国雕塑家，新古典主义与浪漫派转变期的代表人物。

选定的地点是一种宣泄渠道吗？

这是一种具有解放意义的冲击。请原谅我下面描述的这个令人不快的画面，这就像一把小刀划开了脓疮。你已经积蓄了、承载了那么多感受……

您是易感体质？

是的。早上，为了良好地开启我的一天，我必须拥有杀人的欲望，必须有东西可以给予，有能量去释放。当你处于这种状态时，你离开家，突然出现在一个引发情绪外泄的对象面前，你就必须去描绘它。这个对象始终存在。是你的情绪把你和它绑定在一起。为了表达你的情绪，你必须描绘这个对象。

（前来尼斯与我们汇合的斯基拉说道：）这完全符合天文学里的经纬仪，情绪源、画家、画作、观众。这一切都一分为二：一部分属于太阳，一部分属于黑夜，或者如果你愿意的话，一部分明亮，一部分晦暗[1]。

---

1 这句话或许可以按照以下方式进行解读：太阳是情绪之源，地球被照亮的部分是艺术家，地球晦暗的部分是画作。因此，对于观众而言，画作间接代表了情绪的源头。——原注

哟……这很有道理。这话是谁说的？

（斯基拉）是我说的。我有时候会把这个理论阐述给一些朋友听。

对，你是对的。为了创作一件艺术品，需要艺术家、对象、作品以及观众。如果没有观众，就没有艺术家，这一点千真万确。雷诺阿说过："山村里没有画家。"他的意思是，在一座荒岛上你是不会去画画的。

我承认自己有点惊讶。从我的角度来说，我很难相信，一位真正的艺术家失去了希望就无法创作。对我而言，艺术似乎首先是一种内在的必要性，一种从生活中逃离的需求。这确实是一种神秘主义者的观点，而艺术家如果不是直接为了同代人创作的话，至少在期待着未来的回响。不过，我还是把这个问题又问了一遍：

即便一位真正的艺术家也无法在荒岛上作画吗？

不行。绘画是一种交流工具，是一种语言。艺术家是暴露狂。如果你剥夺了他的观众，暴露狂就会双手插兜，扬长而去。

公众是你作画的素材。你看不到公众的脸，那是一大片广阔无边的人群。所谓公众，就是某天遇到你，并对你说这些话的家伙："马蒂斯先生，我实在太喜欢您在某个沙龙里展出的那幅画了。"而这个家伙是一个从来无法在绘画方面投入一分钱的小职员。公众不是买家，而是一种感性材料，你希望在他们身上刻下一些印记。

公众通过画作回到了情绪的源头。

是的，艺术家就是演员，是需要倾诉、喜欢诉苦的人。

我承认您几乎说服了我。这有点像那些撰写日记的作家，比如阿米尔[1]和安德烈·纪德。如果他们心里想着，我只为自己而写，那么他们就是在自我欺骗，因为他们内心都想着有朝一日被人读到。

他们也是为了公众而写的。

您的这张布洛涅森林风景画很有意思。我们能够感觉到，您在其中想要摒除一切让您分心的东西。

1　亨利·弗雷德里克·阿米尔（Henri-Frédéric Amiel，1821—1881）：瑞士作家，以其长篇日记而著名。

这是我的起点。我以一件稳固之物，以真实、准确为出发点。由此，我得以大胆地挥洒颜料，让自己变得更加自如一点。我得以下定决心，在我的彩色构图中做出一些与绘画主题的准确性并不始终相符甚至极少相符的决定。

就像现在，您会画出一张十分精准、详细的草图，然后您会弄出一个大相径庭却又与之神似的东西。您是在向着真实迈进，而非朝着准确前行。

是的，当我面前站着一个模特的时候，我首先会画一张如实的、近乎照片的肖像，让我能够沉浸于模特的性格和人物特征之中。然后，当我感觉到自己真正接触到模特的时候，我就让我的手自由发挥了。

这有点像行走江湖的魔术师吧?

我们需要与模特合二为一，这样我们才能感觉到和他产生关联，在自己身上感觉到他的存在。我们需要让模特融入己身。因此我会首先做一个评定。

这是为了让您之后把最本质的东西表达出来。依靠这些您观察到的常量，您重新创造出物品或者模特，让它们以另一个形式，以独属于您的形式现身于世，与此同时，物品或者模特的特点、类型依然清晰可辨。

是的。如果我要为一根无花果树枝画一张油画或者素描，我会首先画出一系列就其本身的特点来说最有代表性的叶片，最后，我会根据枝头这些各不相同的叶片进行创造，完成我的画。我对这一切进行了归纳概括。

您必须彻底掌控您的模特！

尤其是必须通过细节将其再现出来。那些不属于模特的东西不应该成为想象力的出发点。

在一些模特身上行不通吧，不是吗？

是的！有一次，我想和一位叫作小露露[1]的模特合作，她充满魅力，始终精力充沛，娇艳俏丽。凡·东根[2]和她共过事，这让我产生了雇佣她的想法。我把她找了过来。她

1　即露露·布鲁迪（Loulou Brouty），马蒂斯的模特之一。但除了马蒂斯提到的事例，二人还有许多成功的合作。

2　凡·东根（Van Dongen，1877—1968）：荷兰画家，后定居巴黎，是野兽派风格的重要艺术家之一。

戴着一顶与众不同的绿色帽子。我让她把衣服脱光，戴着帽子，穿着丝袜（一种当时流行的丝袜），坐在凳子上，我想把这个场景画下来。她准备就绪了，那一具娇小的粉色胴体……这一切都很有魅力。我投入工作。第一次效果还不错，非常有风情，但对我来说还不够。我想要呈现出模特的个性。第二次就不太好了，开始变得乱七八糟。到了第三次，我画了一只被绑起来的剃过毛的鸡。那就是一团肉，除了一团肉什么都不是。我画了一只鸡，而凡·东根有可能画出一只洋娃娃。

（斯基拉）这体现出凡·东根系画家与马蒂斯系画家之间的差别。

这让我想起来，我根据巴里的原作创作的那件雕塑《美洲豹活剥一只野兔》。当时总有一些东西令我无从把握。我寻思着："如果我进行一次解剖研究呢？这或许对我大有帮助。"当时，我进出美院还很方便，尤其是解剖课。我询问助教，是否有办法弄到一只猫。两天之后，我得到了一只猫，它被精细地剥掉了外皮，钉在一块案板上。实在太棒了。肌肉结构非常完美。它……

非常适合食用！

是的。我画了一张非常棒的解剖素描，但它对我推进美洲豹的创作完全没有帮助。我没有办法把素描安插进去。这涉及两个大相径庭的门类：科学和直觉。你从一件事物中获得了灵感，如果破除它的外壳，灵感便不复存在了！我无法做到大卫[1]那样，他在绘制《网球场誓言》的时候，构图时使用了一些男性裸体，之后给他们穿上了衣服。

说到大卫，您知道他画《列奥尼达》的情形吗？大卫画了一幅骨架，然后是一张去皮的肌肉图，最后用猪油制作了一位主人公。大卫总是能搞出各种办法，他有点过于偏执了。当他不知疲倦地绘制肖像时，真的非常厉害。

当我想要画一个人物时，一位穿着得体的年轻女性站在我面前，我打算画她，我会问："这里是一块骨头吗？""是的，是的！"过一会儿我又会问："这里也是一块骨头吗？""是的，是的！"最后，我往往很难理清思路。当我打算着手一件略显严肃的事情时，每一次我都必须从深层动工。一位女性把她的裙子撩到膝盖，我画了一张素描。但

1　雅克-路易·大卫（Jacques-Louis David，1748—1825）：法国画家，新古典主义的代表人物。

这张素描只能用来绘制一个把裙子撩到膝盖的女人。如果我要画一张裸体，那么裸体与穿着衣服的人物形象就毫无关联，不过，当我与模特合而为一，我就能对其深入了解，模特在与我融合之后就能重新凸显出来。

在这种情况下，就很不同了：您绘制一张习作，是为了以一种私密的方式更好地掌控模特，超越了一切外在的描绘。

我画过一幅阿拉伯舞女，背景是蓝色的遮窗格栅。模特一身东方打扮，站立着，穿着一条绿色的裤子和一件浅色的薄纱短衫。她在头顶摇着铃鼓，做出跳舞的动作。我为这张画创作过许多场景。我总是会先画上一小时的素描，选择的视角并没有出现在我的画中。然后我从正面入手。某一天，我站到模特背后，画一张从背面看过去的动作素描。换了一天，我画她全身的四分之三。每天我都会画一张新的素描。我也画过她裸体拿着铃鼓的样子。这一切只是为了热身而已，是一种体操，让精神灵动起来，以便全方位对动作加以感受。

这是为了确保您即将呈现的事物不至于僵化。

是的，为了感受舞蹈。

您和我们提到过您与马尔凯在自由画室中进行的批评与筛选。您当时非常严格吗？您不放过任何东西。

　　我们让自己的批评能力变得敏锐，一种资产阶级意义上的敏锐，也就是不能犯错！我们炮制了一套理论，来自美院的教育，这套理论是用塞尚所谓"大师的边角料"制作出来的，是那种让智慧失色的古老沉渣。在绘画理论中，存在构图、浓淡、色彩、层次。我们对自己的画进行分析，认定不能存在过于严重的缺陷或者错误，比如某个层次需要出现在正确的位置，比如浓淡变化不能弄成一个窟窿，等等。我们过于苛刻，以至于没办法作画了。我记得有一次去卢浮宫参观，我们发现没有一幅大师之作是完美的。鲁本斯《乡村婚礼》的左半部阴影有点凹陷。结果我们发现每一幅画都有缺陷，要么缺少氛围，要么缺点别的东西。

　　总体上您当时是根据学院派理论进行批评的。您要求一幅画汇集绘画的所有优点，却没有考虑到，很多优点彼此之间往往不可调和。每一位画家笔下都缺少一些东西。这根本不可避免。

　　是的。库尔贝的画没有氛围。即便是一张库尔贝的佳作，也像一块大理石，是某种硬邦邦的东西。

不过在《沉睡的裸女》中还是有点料的：那些散落的床单，以及与风景形成对比的厚重窗帘，不过这是特例。

不。创造氛围的人是你，而不是库尔贝。他多半没有感受到这种氛围，这导致他风景画中的裸体看上去好像和背景粘在一起。这里面没有对比。把库尔贝的画放在阴影里，你是看不见的，而一幅德拉克洛瓦的画放在阴影里，你却看得见，因为后者有对比。反过来，扎实与丰富属于库尔贝，不属于德拉克洛瓦。那些在提香画作中存在的东西不会在拉斐尔的画作中出现。库尔贝笔下有提香的感觉，库尔贝是一位非常、非常伟大的画家。

当我们求学的时候，我们只追寻一个目标，就是不要犯错。这很糟糕。那些错误我们都一目了然。至于优点，我们却看得不太分明。优点更容易受到质疑。我们不想犯错……我们过于克制自己的本能了。不过，从那以后，我们都迎头赶上了！至少我自己是这样。

雷米·德·古尔蒙[1]说过："当我们满脑子想着自己的风

1　雷米·德·古尔蒙（Remy de Gourmont，1858—1915）：法国象征派作家。

格时，就会写得很糟。"我感觉和您待在一起，我们永远不够勇敢、不够大胆。必须去尝试、去冒险。您还记得德拉克洛瓦的那句话吗？他说："既然我们拥有过去可以损害，那么放肆鲁莽就是力量的最高标志。"不过，哪位艺术家没有过去可以损害呢？如果没有风险，也就没有发现了。您始终在自我更新。我们在您的绘画中发现了一场真正的革命，因为您最终创造出一种全新的事物：您把传统绘画中的明暗浓淡变化替换为色彩的比例、强度与力度，替换为您身上那些无法解释的、神秘的东西。这就是您之前谈到的黑色幕布的故事。在您寻找这种全新表达的过程中，您发现仅仅利用色彩就可以去表现明暗浓淡，这种从旧观念向新观念的过渡，是一蹴而就还是几乎毫无察觉呢？

这个过程并不快。我现在正在做的事情，以前已经做过了，但当时没有充分意识到要把它们保持并继续下去。这就像一个杂技演员，人们会说："太了不起了，他耍铅球可以抛六米高。"其实几年前他就可以把球抛那么高了，但当时他接不住。我以前也可以把一些让我感到放松的色彩拼接在一起，就像一个野人，高兴起来就手舞足蹈，蹦得老高，但我当时无法把这样的色调延续下去。

您最近的一批画作就是按照这种思路绘制的。这算是您的个人特点吗?

是的,当一个缺乏训练的人去走钢丝,手里还没有平衡杆,你看着他,就会寻思:"你啊,你要摔一个狗吃屎的!"你确实没弄错。

关于这个话题,我还想向马蒂斯询问更多东西,但我看见他把手挡在了眼前。

你现在让我做的事情,我正在做的事情,是愚蠢的。我回来是为了休息,为了什么也不干,可以上午散个步,下午再散个步,让自己彻底清静下来,而你却让我说个不停,一直在说……我重新审视自己的生活,而且我的睡眠很差,但不是因为这些事情让我操心,而是事实就是这样,我的睡眠很差。你把我变成了一个生活荒淫的放荡之徒。

马蒂斯说这番话的时候语气和蔼。他有时候喜欢戏弄我。他的气色不错,而且我从他的眼角捕捉到一丝笑意,这些都促使我继续用各种问题去叨扰他。我暂停片刻,好像是为了让他略做休整。接着:

您之前和我谈到过一件非常有意思的事情:艺术家不

是在自然世界中捕捉光线，而是去创造属于他自己的光线。当我们想到伦勃朗，想到柯罗，想到您时，这的确非常正确。

是的，通过对深浅色调的巧妙使用，艺术家呈现出一种感觉，一种光线的等效物。如果你拿来一个白色的物体和一个黑色的物体，二者之间的碰撞与对比将会呈现出一种与光线近似的精神运动。这就是关系问题。

那些临摹画作的人，会去临摹天空，临摹一座深色的钟楼，以及一片颜色略浅的屋顶，等等。他们使用的颜色就是物体自身的颜色，根据一些有损创造性的规则，这些颜色或多或少会变得柔和一些。他们"逐字逐句"地模仿，却无法复制光线。我们感受光线，并通过颜色、构图等方式去对它加以表达。我们创造一种等效物，通过这种等效物去进行创作，而不是靠模仿。我们无法复制光线。

那些伟大的艺术家，在调配画作中的光线时，布局方式就和他对构图与形式的安排一样。

他们利用其中的对比来进行创作，以便绘制出一个有头有尾的东西，一个闭合的、完整的东西。不过这与从外部总结出来的定见毫无关系，后者在我看来是贫乏的，对于艺术家而言是一种让自己原地踏步、进行欺骗的方式，给予观众一种完成品的幻觉。塞尚在眉弓中画了一笔阴影，这一笔道劲雄浑、直来直去，让人联想到眼睛与目光，而梅松尼耶则借助另一种能力去画眼睛，让我们能够数出睫毛的根数，细致地展现亮度，您之前和我说过，这种眼眸的亮度让马克森斯心心念念，其中映照着窗户以及窗户的倒影，还有倒影的倒影。艺术被封闭在一定比例的空间中，它束紧自身，像一颗纯净的钻石般闪耀。为此艺术家必须对材料进行质变。正是他赋予事物以思想。德拉克洛瓦说过，大自然是一部字典。我们还可以加上一句，不应该向字典索要现成的语句！

是的，应该投身于自然，然后把那些随之而来的东西全盘接收。有时候随之而来的东西是好的，有时候不好。必须接受它们。前期的研习越多越好，把它们作为你的参照。如果你有天赋，如果你是色彩大师，如果你有构图感，那么就要对自己的天赋坚信不疑，把自己交付给面对大自然时产生的灵感。

有一些艺术家，在得到批评家赞美时，会越画越好。一般来说，这些都是差劲的艺术家。更优秀的艺术家，一般来说是那些对批评家的判断做出回应的人，因为觉得这些判断并不准确。他们想要证明，想要进一步确认自己需要表达的东西。这才是批评的意义所在。

结论就是：当艺术家终于与公众发生接触，而且批评家开始对其大唱赞歌之时，艺术家就会发现自己缺少了一个作画的理由。他缺少了战斗的亢奋。

您真是太了不起了！感觉您是一位不知疲倦的老战士。

在很长一段时间内，我都在受人攻击。甚至当时有一份报纸每天都对我喋喋不休，对我的作品进行嘲讽。《幻想》杂志[1]复制了一尊我的雕像，旁边写着批语："在德国也有这种人！"

有人在蒙马特的墙头贴了一些纸片，上面写着："马蒂斯把人搞疯了。"甚至还有人搞了一场仪式，是由一些社会名流、知名文人以及一流画家组织的。他们在驴尾巴上绑了一只画笔，蘸上颜料，然后在驴尾巴旁边摆上一块空白画布。他们撩拨那头驴子，把它搞得兴奋起来，强迫它晃动自己的尾巴。画笔拍在画布上，形成红色、蓝色、绿色等各种色块……他们还会更换画笔！最终他们完成了一幅涂鸦，在独立艺术家沙龙上展出了，署名"博若纳利"[2]。

1　《幻想》(*Fantasio*)是一份法国的讽刺杂志，创刊于 1906 年，1948 年停刊。

2　这幅画作的题目是《亚得里亚海落日》，作者为虚构人物约西姆-拉斐尔·博若纳利（Joachim-Raphaël Boronali），实际作者则是一头驴子。"Boronali"是"aliboron"（法语中意为"驴子，傻瓜"）一词调换字母顺序以后创造出来的。1910 年，画作在独立艺术家沙龙上进行了展出，轰动一时。

他们影射的是我在科利乌尔创作的一些画作。当时，我受绘画主题启发，会在白色画布里涂上一笔，然后换一种颜料再涂一笔，接着又加一笔，以至于画面最终呈现出一种略显不同寻常的面貌。而这一点恰恰是蒙马特那些伟大的革命者无法忍受的。

您知道这场仪式是在哪里举行的吗？

在蒙马特索勒街上的"狡兔酒吧"，用的是老板弗雷德的驴子。我事后才得知这些，不过对我没有多大的影响。我照画不误。

当时，还有另一群人，他们已经在乔治·佩蒂画廊获得了成功。他们是战神广场沙龙里最活跃的一群人，在创立"新协会"[1]之后开始受到关注，是佩蒂画廊签下的一个艺术家小团体。总之，有人转告我说，这个团体里的头号艺术家，队伍的领军人物声称："马蒂斯就是绘画中的梅毒！看过他的画之后，我们并不喜欢，但它们却让你对别人的画倒尽胃口！"

---

1 全名为"画家与雕塑家新协会"，创立于1899年，1914年解散，协会包括多国二十余位艺术家。

在我看来，这同样证明了您的分量。相比您的美国崇拜者送上的桂冠，这种赞美还显得更生猛一些！

在生涯早期，我说过自己总是在战斗，因为有很多人在反对我，不过不能忽视一点：一方面，我太太无私的爱意给予了我莫大的支持，她始终与我心心相印，懂得如何倾听我的抱怨，总会在我需要的时候给我鼓励；另一方面，虽然常常受人中伤，总在忍受各种不公正的评判，一个念头始终支撑着我——别人也许是对的，他们之所以被我激怒成这样，是因为我还没有把自己想要表达的东西说清楚，所以我的东西确实还不够好，等到我真正做好了，能够清晰地展现自己的所思所想了，那么所有人都会被触动，我也就不会再受人非议了。因此，我提醒自己不要被蛮横而贫乏的仇恨情绪裹挟，从而得以保持头脑清醒。

每一位勇敢的艺术家都遇到过不被人理解的情况。这并不新奇。面对一种带来新事物的艺术，眼睛也需要适应新的调和方式。那些古典大师几乎都是革命者，后来才被公认为奠基人。您肯定知道这句名言：面对天才，公众永远是一台走慢了的时钟！

我并不把自己视作天才。我认为自己是一个试图表达自身感受的人，同时我认为，如果别人不理解，那是因为自己表达得不够清晰。这就导致1914年开战之际，一群人骂骂咧咧，高喊着"冲到柏林去！"我站在他们中间，感到自己孤身一人。我感到自己真的只有一个人，因为我一点恨意都没有。我最终杀死了仇恨。这样的结果也不错，但在当时来说这没什么了不起，我看起来就像是个失败主义者。

我最近重读了马塞尔·普鲁斯特。透过他那些沙龙闲谈，那些闲言碎语，看着字里行间浮现出普鲁斯特笔下令人赞叹的年轻女孩，我从中发现了属于您的，属于马蒂斯先生的年轻姑娘。您或许会觉得我夸张，但我确实看到了这些。

我没有这么觉得。曾经有一位小说家和我说过，我画中的那些年轻姑娘有时候会让他想起弗朗西斯·雅姆[1]笔下的女主人公们，让他想起克拉拉·伊丽莎白[2]。

---

1 弗朗西斯·雅姆（Francis Jammes，1868—1938）：法国诗人、作家。

2 克拉拉·伊丽莎白是雅姆笔下的一位女性角色。他曾在一首诗中写道："来吧，来吧，我亲爱的克拉拉·伊丽莎白，/继续爱我吧，如果你依然存在。/古老的花园里生长着古老的郁金香。/赤身裸体地来吧，哦克拉拉·伊丽莎白。"

图 1: 马蒂斯,《女读者》, 布面油画,
61.5 厘米×68 厘米, 1895 年

图 2：马蒂斯,《海滨丽岛》, 布面油画,
46×38 厘米, 1896 年

图 3：马蒂斯，《奢华、宁静与快意》，布面油画，
98.5×118.5 厘米，1904 年

图 4：马蒂斯,《科利乌尔室内景》, 布面油画,
60×73 厘米, 1905 年

图 5：马蒂斯，《科利乌尔的门窗》，布面油画，116.5×89 厘米，1914 年

图 6：罗斯科，《向马蒂斯致敬》，布面油画，
268.5×129.5 厘米，1954 年

图 7：马蒂斯，《带茄子的室内静物》，布面油画，212×246 厘米，1912 年

图 8：马蒂斯，《舞蹈》第一版，布面油画，344×402 厘米，358.2×499 厘米，344×398 厘米，1931 年

图 9：马蒂斯，《舞蹈》第二版，布面油画，355×1271 厘米，1932 年

图 10：马蒂斯，《舞蹈》终版，布面油画，503.2×1034厘米，1932—1933年

图 11（1）：马蒂斯，《蓝色裸体 II》，纸上剪纸、拼贴并裱于画布上，103.8×86 厘米，1952 年

图 11 (2)：马蒂斯，《蓝色裸体 III》，纸上剪纸、拼贴并裱于画布上，112×73.5 厘米，1952 年

图 12（1）：戈雅，《青年或信件》，布面油画，
181×122 厘米，1814—1819 年

图 12（2）：戈雅，《老者或时间》，布面油画，
181×125 厘米，1808—1812 年

图 13：夏尔丹，《烟斗》，布面油画，32.5×50.5厘米，约 1737/1740 年

图 14：委拉斯开兹，《菲利普四世》，布面油画，
200×102.9 厘米，1624 年

图 15：鲁本斯，《海伦·芙尔曼和她的两个孩子》，布面油画，115×85 厘米，1635—1636 年

图 16：莫罗，《在罪犯中间的耶稣》，布面油画，
210×120 厘米，约 1870 年

图 17：马蒂斯，《生活之乐》，布面油画，
175×241 厘米，1905—1906 年

图 18：马蒂斯，《带黑色餐刀的静物》，布面油画，
59×81 厘米，1896 年

图 19：马蒂斯，《戴帽子的女人》，布面油画，81×60 厘米，1905 年

图 20：马蒂斯，《科利乌尔敞开的窗户》，布面油画，
55.3×46 厘米，1905 年

图 21：马蒂斯，《躺卧的裸体 I》，青铜雕塑，
35.5×50.5×28 厘米，1907—1908 年

图 22：马蒂斯，《蓝色裸体（比斯克拉的记忆）》，布面油画，
92.1×140.3 厘米，1907 年

图 23：雷诺阿，《富尔奈斯小姐的肖像》，布面油画，73×93 厘米，1879 年

图 24：柯罗，《身着蓝衣的女人》，布面油画，
80×50.5 厘米，1874 年

图 25（1）：马蒂斯为《夜莺之歌》设计的服装，1920 年

图 25（2）：马蒂斯为《夜莺之歌》设计的服装，
1920 年

图 26：洛兰，《示巴女王在海港起航》，布面油画，149×196 厘米，1648 年

图 27：马蒂斯，《舞蹈》布面油画，
260×391 厘米，1909 年

图 28：马蒂斯，《布洛涅森林》，布面油画，81.5×65 厘米，1902 年